Michael Fröhlich

Begleitest du noch oder lehrst du schon wieder?

Über guten Unterricht

Vandenhoeck & Ruprecht

Mit 9 Abbildungen

Bibliografische Information der Deutschen Nationalbibliothek
Die Deutsche Nationalbibliothek verzeichnet diese Publikation in der
Deutschen Nationalbibliografie; detaillierte bibliografische Daten sind
im Internet über http://dnb.d-nb.de abrufbar.

ISBN 978-3-525-70247-5

Weitere Ausgaben und Online-Angebote sind erhältlich unter: www.v-r.de

Umschlagabbildung: © Michael Fröhlich, Gebilde mit Kind

© 2018, Vandenhoeck & Ruprecht GmbH & Co. KG,
Theaterstraße 13, D-37073 Göttingen /
Vandenhoeck & Ruprecht LLC, Bristol, CT, U.S.A.
www.v-r.de
Alle Rechte vorbehalten. Das Werk und seine Teile sind urheberrechtlich
geschützt. Jede Verwertung in anderen als den gesetzlich zugelassenen Fällen
bedarf der vorherigen schriftlichen Einwilligung des Verlages.
Printed in Germany.

Satz: SchwabScantechnik, Göttingen
Druck und Bindung: ⊕ Hubert & Co GmbH & Co. KG,
Robert-Bosch-Breite 6, D-37079 Göttingen

Gedruckt auf alterungsbeständigem Papier.

Inhalt

1 Alles Beispiele oder was? – Einleitung 7
2 Begleitest du noch oder lehrst du schon wieder? –
   Problemlagen 18

Fundamente und Gerüste
3 Sind sie zu laut, bist du zu nachgiebig! –
   Eine Lernatmosphäre aufbauen 33
4 Planen Sie einfach mit einem guten Thema! –
   Lerngegenstände formen 49
5 Wo ist die Selbstständigkeit? Du Schuft! –
   Steuern, Aufgaben stellen und begleiten 69
6 Üben. Und der Input ist gegessen –
   Lernphasen akzentuieren 91
7 Viele, viele bunte Lernplakate! –
   Unterricht phasieren 117

Tragende Balken, Wände, Fenster und Decken
8 It's not a trick, it's a Problem – Problemorientierung:
   mehr als Leitfragen 145
9 Wissen heißt jetzt Können! – Kompetenzorientierung:
   mehr als Zweckrationalität 157
10 Alles, außer gleich – Individualisierung:
   mehr als Differenzierung 178
11 Außen Teilhabe, innen Differenzierungsraum – Inklusion:
   mehr als Umgang mit gestiegener Heterogenität 198

Dachterrassen und Ausblicke
Eine vorläufige Bilanz 219

12 Sie baden gerade Ihre Hände darin – Gemeinsam lernen:
mehr als Lernfortschritt für Einzelne 223
13 Genau meine Welt – Bildung: mehr als Verstehen 238
14 Wahrnehmung macht den Meister! – Können:
mehr als Struktur 259

Danksagung 267

Literatur 268

1 Alles Beispiele oder was? – Einleitung

Was guten Unterricht auszeichnet, bildet den Mittelpunkt dieses Buchs. Warum noch ein Buch dazu, wo es bereits so viele gibt? Zum einen pendeln Überlegungen zur Qualität schulischen Unterrichts bisweilen zwischen Extremen. Mal liegt dieser große Begriff im Zentrum, mal jener, dann gilt wieder eine Variation des ersten als Maß der Dinge: Schülerorientierung, Projektunterricht, Kompetenzorientierung, Differenzierung, Individualisierung. Gemeinsames Lernen, Kanon, Fachlichkeit, Steuerung, Lehren, Instruktion. Konstruktion, Lernbegleitung, entdeckendes Lernen. Feedback, Evaluation, Inklusion, Verstehen, Bildung. Die pädagogische Landschaft ist gesegnet mit normativen Ansprüchen. Die Vielfalt der Meinungen in den Diskursen um guten Unterricht scheint mir davon geprägt, welchen Begriffen der Vorrang gebührt, welche als veraltet oder als einzig richtig anzusehen seien.

Zum anderen scheint mir das Verständnis dessen, was Unterricht als ›gut‹ qualifiziert, in den vergangenen Jahren zugenommen zu haben. War es spätestens ab den 1980er-Jahren bereichernd, vielfältige Methoden einsetzen zu können und Unterricht zu öffnen, so wurden ab dem PISA-Schock seit der Jahrtausendwende Individualisierung und Differenzierung, Kompetenzorientierung und kooperatives Lernen ins Zentrum der Betrachtungen gerückt. Die Lehrkraft sollte dabei einen Wandel hin zum Lernbegleiter vollziehen. Seit Bekanntwerden der Hattie-Studie wurde ab ca. 2012 der Lehrkraft wieder größere Aufmerksamkeit gewidmet.[1] Und schließlich wurden alle diese Diskurse durch das Themenfeld der Inklusion überlagert, das wahlweise wieder die Differenzierung, gemeinsames Lernen oder schulsystemische Fragen in den Mittelpunkt rückte. An allen diesen Ausrichtungen und Fokussierungen unterrichtlichen Geschehens ist

---

1 Vgl. John Hattie: Lernen sichtbar machen *(visible learning)*. Baltmannsweiler 2013.

etwas Gutes; man darf sie nicht gegeneinander ausspielen. Es wäre aber gefährlich, würde beispielsweise in der Betonung einer aktiven Rolle der Lehrkraft geschlussfolgert, nun sei Förderung von Selbstständigkeit nicht mehr wichtig, oder es würde wegen der im Rahmen inklusiver Schulen gestiegenen Heterogenität keine zentralen Unterrichtsphasen und gemeinsames Lernen mehr geben können und sollen. Es ist heute ein Stand erreicht, bei dem verschiedene Annahmen darüber, was guten Unterricht auszeichnet, nebeneinander bestehen und in einem Zusammenhang entfaltet werden können. Einen solchen Strukturzusammenhang versuche ich in diesem Buch darzustellen. Mich leitet dabei die Erfahrung, dass viele Lehramtsanwärterinnen und -anwärter das Gefühl entwickelt haben, dies sei ihnen hilfreich. Und die Befürchtung, das Pendel könnte im didaktischen Diskurs bald erneut in eine Richtung schwenken, die alle anderen ignoriert.

Was die Inhalte des Buchs betrifft, so wird es nur kurz um pädagogische Grundlagen wie das Menschenbild gehen, und es werden Fragen nach der Schule als System ausgeklammert. Das geschieht nicht in der Annahme, dies seien unwichtige Themen, sondern schlicht aus methodischer Begrenzung des Gegenstandsfeldes und deshalb, weil es hierzu bereits qualitativ hochwertige und konkret ausgearbeitete Grundlagen gibt.[2]

Ich stelle mir als Lesende interessierte Menschen vor – seien es Referendare, erfahrene Lehrerinnen, Seminarleiterinnen, Studenten, neugierige Laien oder mit schulischen Fragen befasste Bildungspoli-

---

2 Vgl. Quellen zur Gestaltung der Lernatmosphäre siehe Kapitel 3; zu schulsystemischen Aspekten u. a. Herbert Altrichter/Wilfried Schley/Michael Schratz (Hg.): Handbuch zur Schulentwicklung. Innsbruck, Wien 1998; Silvia-Iris Beutel/Katrin Höhmann/Hans Anand Pant/Michael Schratz (Hg.): Handbuch Gute Schule. Sechs Qualitätsbereiche für eine zukunftsweisende Praxis. Seelze 2016, S. 114 ff.; Andreas Helmke: Unterrichtsqualität und Lehrerprofessionalität. Seelze-Velber 2009, S. 304 ff.; Leonhard Horster/Hans-Günter Rolff: Unterrichtsentwicklung. Grundlagen, Praxis, Steuerungsprozesse. Weinheim 2001; Hans-Günther Rolff: Studien zu einer Theorie der Schulentwicklung. Weinheim 2007; Annemarie von der Groeben: Verschiedenheit nutzen. Besser lernen in heterogenen Gruppen. Berlin 2008, S. 168 ff.; Annemarie von der Groeben/Ingrid Kaiser: Werkstatt Individualisierung. Hamburg 2012, S. 120 ff.

tiker –, die sich fragen: Wenn ich jetzt eine Schulklasse unterrichten soll, worauf kommt es dabei an? Wie könnte ich vorgehen, was sollte ich berücksichtigen, wie sollte ich mich vorbereiten, welche Ziele gelten, und wie kann ich dazu beitragen, dass die mir anvertrauten Kinder oder Jugendlichen sie erreichen?

Das Buch folgt einem systematischen Ansatz, daher kann es selbstverständlich in der Abfolge der Kapitel gelesen werden. Da ich einen weiten Adressatenkreis mit unterschiedlichen Praxiserfahrungen ansprechen möchte, könnten sich unterschiedliche Einstiege in das Buch als hilfreich erweisen; mit Blick auf das Inhaltsverzeichnis seien Hinweise formuliert, wie unterschiedliche Leserinnen und Leser mit der Lektüre beginnen könnten. (Darüber hinaus habe ich durch eine Reihe von Vor- und Querverweisen versucht, Zusammenhänge zu verdeutlichen.) Mit wenig Unterrichtserfahrungen mag es anregend sein, mit Kapitel 3 *Eine Lernatmosphäre aufbauen* zu beginnen. Wer Unterricht planerisch durchdenken will, sollte mit den Kapiteln 4, 5 und 6 beginnen. Eher pragmatisch lässt sich zum Zweck der Organisation von Unterricht ein Einstieg mit Hilfe des Kapitels 7 finden. Einen konzeptionell entfalteten Zusammenhang für Lerneinheiten findet man als Leser in den Kapiteln 8 und 9. Wer eigene Erfahrungen nicht nur in gegenwärtigen Diskussionen, sondern darüber hinaus auch historisch und kulturell verorten will, mag mit dem Kapitel 2 *Problemlagen,* dem Kapitel 10 *Individualisierung* oder dem Kapitel 13 *Verstehen* beginnen. Individualisierung zielt auf *Selbstbestimmung* oder Selbstständigkeit, die in Kapitel 13 von *Bildung* ›überwölbt‹ wird. Derjenige, der sich damit auseinandersetzen will, was Bildung heutzutage bedeuten kann, könnte auch mit den Kapiteln 11 und 12 beginnen, in denen es um Inklusion und Gemeinsamkeit geht. Schließlich bietet es sich zur Orientierung über derzeitige Problemlagen bezüglich guten Unterrichts an, zunächst mit Kapitel 2 zu beginnen. Eine kursorische Lektüre der vielen Unterrichtsbespiele, die ich in diesem Buch nenne und beschreibe, kann dabei unterstützen, sich für einen individuellen Einstieg in die Lektüre zu entscheiden.

Was erwartet Lesende in den einzelnen Kapiteln des Buchs? In Kapitel 2 gebe ich einen kurzen Überblick über unterschiedliche Ansätze zur Gestaltung von Unterricht. In diesem Kapitel entfalte ich die Annahme, zur Gestaltung guten Unterrichts sei hauptsächlich auf die in ihm stattfindenden *Lernprozesse* zu blicken. In Kapitel 3 werden Modelle zur Zusammenarbeit zwischen Lehrkraft und Lerngruppe vorgestellt. Verbindlichkeit herzustellen wird als zentrale personale, zwischenmenschliche, pädagogische und didaktische Aufgabe dargestellt; genauer werde ich auf ein Modell zur Beförderung der Entwicklung durch eine bestimmte Gestaltung der Interaktion eingehen.

In den Kapiteln 4 bis 6 werden Modelle zum Verständnis des Lernens dargestellt und beleuchtet: in Kapitel 4 das Didaktische Dreieck, Ebenen der Didaktisierung und die Formung von Lerngegenständen; die Berücksichtigung von Denkebenen und Anforderungsbereichen in Kapitel 5; Lernphasen gemäß der Didaktischen Route und des Modells von Hans Aebli in Kapitel 6. Weil es sich für eine beginnende Lehrkraft anbietet, Aufgabenstellungen im Zusammenhang mit der eigenen Sachanalyse und der Didaktischen Analyse zu entwickeln, werden in Kapitel 5 verschiedene Möglichkeiten der Aufgabenstellung erläutert und diskutiert, beispielsweise operatorengestützte und komplexe; damit verbunden stelle ich die Berücksichtigung unterschiedlicher Arten dar, in denen Lernen gesteuert werden kann. In Kapitel 6 zeige ich im Zusammenhang mit Lernphasen Möglichkeiten, wie Lernende sich etwas verständlich machen können, handelnd, bildlich, symbolisch-operational, begrifflich, reflexiv. Die Kapitel 4 bis 7 entfalten den gesamten Zusammenhang dessen, was jemand braucht, der beginnen möchte, gut zu unterrichten. Um diesen Zusammenhang konkret sichtbar zu machen, wird (in Kapitel 7 im Rahmen der Gestaltung von Unterrichtsphasen) bereits die Darstellung kooperativer Lernformen eingeflochten; die Gestaltung von Einstiegen, Arbeitsphasen und Schlussphasen – Auswertung, Weiterverarbeitung, Sicherung, Reflexion und ihr Zusammenhang – werden hier entfaltet und diskutiert.

In den Kapiteln 8 bis 11 werden gängige prinzipielle Rahmungen der Gestaltung von Unterricht beleuchtet und geprüft, Problemorientierung, Kompetenzorientierung, Individualisierung und Inklusion.[3] Das zuvor entfaltete Verständnis wird so vertieft, und Schattensei-

---

3 Dabei werden in den Kapiteln 3 bis 9 vorwiegend gängige Strukturierungen betrachtet, entfaltet und diskutiert, ab dem Kapitel 10 eher eigene Gedanken und Reflexionen in den Mittelpunkt gerückt.

ten bzw. Fallstricke dieser wertvollen Prinzipien werden untersucht. Die Kapitel 4 bis 7 und die Kapitel 8 bis 11 verweisen wechselseitig aufeinander: Die Prinzipien guten Unterrichts stellen eine Bedingung für Didaktisierung, Lernphasen und Unterrichtsgestaltung dar. Daher ist es merkwürdig, sie nicht zuerst zu behandeln. Aber die Art der Realisierung der Prinzipien und ihre Begrenztheit zeigen sich erst, wenn man eine Praxis- und Strukturierungsfolie im Kopf hat, vor deren Hintergrund verallgemeinernde Prinzipien auf ihre Tauglichkeit und auf Chancen und Fallstricke ihrer Umsetzung hin geprüft werden können. Man kann eine gute Sache durch ihre Realisierung ›verschandeln‹, Unterricht lässt sich nicht am Reißbrett entwerfen. Das gilt für das Wissen und Können eines guten Lehrers, und es gilt ebenso für Theorien guten Unterrichts.

Abschließend widme ich mich exemplarisch einigen Aspekten guten Unterrichts, in denen das Herzstück einer guten Lehrkraft, nämlich ihr flexibles Können und facettenreiches situatives Urteilsvermögen im Mittelpunkt steht. Dabei erweitere ich die zuvor etablierten Rahmungen erneut. Ich diskutiere die Bedeutung gemeinsamen Lernens und die Rolle von Gemeinschaften in der Schule, nehme Reflexion als Ergänzung zu verstehensorientiertem Lernen in den Blick und beleuchte die ästhetische Seite jeden Unterrichts. Damit ist allerdings nicht primär eine künstlerische Betrachtung intendiert, sondern die Beachtung der einzelnen unterrichtlichen Situation und damit die Schulung von Wahrnehmung. *Verstehen* als Kern des Lehrens und Lernens herauszustellen, zeichnet in Ablösung von der Orientierung an Kompetenzen einige derzeitige Diskurse über guten Unterricht aus. Was Verstehen ist, wird dabei oft nicht präzise benannt; Rückkehr zur Fachlichkeit und zu konkreten Lerngegenständen scheinen ebenso im Mittelpunkt zu liegen wie Reorganisation, d. h. die Verinnerlichung von Deutungen, und gemeinsames Lernen (vgl. zur Bedeutung für die Art der Didaktisierung Kapitel 4).

Zum Schluss dieser Einleitung möchte ich auf zwei Spezifika eingehen. Zum einen ist dieses Buch keineswegs meine originelle Leistung. Es ist vielmehr aus unzähligen Diskussionen entstanden, im Kollegenkreis, mit schulischen Ausbildungspartnern, durch Lektüreanregungen und nicht zuletzt mit vielen, vielen Lehramtsanwärtern.

Die verwendeten Modelle stammen auch nicht alle aus der Referendarsausbildung, in der ich tätig bin. Einige sind lang bewährte und manchmal wieder vergessene universitär verwendete Konzipierungen wie die von Hans Aebli, die bereits in den 1960er-Jahren verfasst wurde, einige sind von Lehrerausbildern der zweiten Phase strukturiert worden wie das der Didaktischen Route von Vreugdenhil, andere entstammen dem so genannten Didaktischen Training, einer systemischen Lehrerfortbildung, die seit vielen Jahren in Hamburg praktiziert wird.[4]

Zum anderen betreffen sie den Stil der Untersuchung. Meiner Einschätzung nach benötigen angehende Lehrerinnen und Lehrer konkrete, klare und handhabbare Strukturierungen, die es ihnen erlauben, Erfahrungen zu machen und ein inneres Strukturgerüst aufzubauen. Sind solche Strukturen verinnerlicht, können sie im Nachhinein als zu begrenzt aufgefasst werden. Ich halte es für nützlich, bisweilen zu vereinfachen, zu reduzieren, auch erfahrungsnah zu schreiben und nicht immer jede Möglichkeit zu nennen, die eine Struktur zwar adäquater, aber noch komplexer und daher verwirrender und weniger leicht merkbar macht. Ich schreibe also in gewisser Weise instruktiv und begebe mich damit in die Gefahr, ein Modell zu etablieren, das später erweiterungsbedürftig ist. Ich hoffe dabei auf das Urteilsvermögen der Leserinnen und Leser und auf ihre verstehende Nachsicht: Es geht mir darum, zu gutem Unterricht zu befähigen.

Warum so viele Beispiele in diesem Buch? Um das Allgemeine verstehbar, d.h. Begriffe induktiv erwerbbar zu machen? Benötigen Lehrerinnen und Lehrer mehr Beispiele, um zu verstehen, als andere Berufsgruppen? Ganz entschieden nicht! Sondern, weil es zum erfolgreichen Ausüben des Lehrerberufs gehört, Bilder und Erfahrungen je neu zu justieren und zu ändern, und weil Lehrerinnen und Lehrer Urteils*vermögen*, nicht nur Urteils*kraft* aufbauen sollen, d.h. differenzierte Bilder und Entscheidungsgründe, die je nach

---

4 Das Didaktische Training ist aus dem so genannten »Regionalprojekt Schulentwicklung im System« erwachsen, für das Kerstin Tschekan und Joachim Herrmann mitverantwortlich waren/sind. Vgl. http://www.bildungsserver.de/innovationsportal/blk_set.html?Id=360 von 2003 (letzter Aufruf: 08.06.2017).

Alles Beispiele oder was? – Einleitung

Situation variieren und einen Reichtum an Möglichkeiten ergeben. Unterrichten zu können, erfolgt nicht *nach Maßgabe* von Modellen, sondern in einem komplexen Entwicklungszusammenhang, in dem Modelle, ihre Reflexion, Bilder, Erfahrungen, Beispiele, Vorbilder, Gesehenes und Praktiziertes verwoben werden, gerade ohne feste Maßstäbe, aber *an ihnen entlang*.

Handlungsleitende Theorien sind Annahmen darüber, ob ein Modell zu realen Situationen passt, sie behaupten eine Ähnlichkeit zwischen einem Modell und der Wirklichkeit. Wer ihnen folgt, nimmt an, die Wirklichkeit sei nicht nur so ähnlich wie das Modell, sondern, sich am Modell auszurichten, verbessere die Wirklichkeit, diene mit anderen Worten ihrer Gestaltung. In solcher Urteilskraft, in der Modelle angewendet werden, wird ein Ausschnitt der Wirklichkeit zwar begrifflich analysiert und also differenziert in den Blick genommen. Situationen aber können auch einen Eigensinn aufweisen, möglicherweise bleibt etwas in ihnen unbeachtet, beleuchtet man sie nur mit Hilfe bestimmter Modelle. Ich habe wiederholt die Erfahrung gemacht, bei mir und anderen, dass sich die Wahrnehmung für eine konkrete Situation verringert, dass sozusagen der Blickwinkel zusammenschnurrt, wenn man das vor einem liegende Ereignis nur intentional gemäß vorab festgelegter Modelle zu gestalten sucht – und in der Verwendung zentraler, normativ aufgeladener Begriffe liegt die Gefahr, dass jeder höchst Unterschiedliches begreift.

Ich stelle mir vor, dass jemand, der eine so komplexe Tätigkeit wie Unterrichten lernen will, Zugang zu unterrichtlicher Wirklichkeit auf unterschiedlichen Sprachebenen und in unterschiedlichen Graden der abstrahierenden Beschreibung von Unterricht benötigt: erfahrungsnah bebildernd, analytisch mit Hilfe von Strukturierungen modellierend, Zusammenhänge zwischen vereinfachenden Modellen und Realitätsbeschreibungen untersuchend und reflektierend.

Dass ich gewissermaßen dialogisch, bisweilen pointiert-verkürzend, dann wieder Gedanken reflexiv abwägend schreibe, hängt auch mit meiner Auffassung darüber zusammen, was Lernen und Denken ist, kurzgefasst: ein Gespräch. Das wird sich besonders in den Kapiteln 12 bis 14 eröffnen.

Es ist schwer, instruktiv zu schreiben, ohne unzulässig zu verallgemeinern. Die All-Sätze scheinen mir ein zentrales Problem in der

Pädagogik zu sein: ›Immer‹ sei das und das so und so. Empfehlungen sind als Stützen notwendig. Es scheint hier aber so zu sein wie bei Wittgensteins Leiter: Man muss erst auf ihr hinaufgestiegen sein, um sie dann wegwerfen zu können.[5] Daher ist neben einigen Modellen und Empfehlungen auf das Prinzip der Funktionalität der eigenen Handlungen zu setzen. Funktionalität und Reflexion ermöglichen einer Lehrkraft, situative Entscheidungen auf der Basis handlungsleitender Modelle durchzuführen, die jedoch je neu angewendet und reflektiert werden müssen. Das Wissen erfolgreicher Lehrkräfte ist zwar theoriebasiert, aber es übersteigt das schematische Anwenden und wird schließlich zur impliziten Könnerschaft, in der Regel bisweilen munter durchbrochen werden.[6]

Den Kern des Buches bilden Unterrichtspraxis und allgemeine Didaktik, jedoch nicht als deren Theorie verstanden; das Buch ist praxisreflexiv, -anleitend und strukturierend. Ich versuche, eine Struktur gelingender Praxis zu beschreiben, ohne im engeren Sinn wissenschaftlich vorzugehen – beispielsweise sind längst nicht alle Publikationen zu allgemeiner Didaktik aufgenommen. Es wird auch keine fertige und durchgearbeitete Theorie begründet oder expliziert, sondern ein Strukturzusammenhang mit Bildern und Erfahrungen erläutert.

Auf keinen Fall möchte ich bestehende Praxis oder ihre Theorie diskreditieren. Auf Einseitigkeiten in theoretischen Konzeptionen und auf Fallstricke der Gestaltung von Praxis, die Einseitigkeiten folgt, möchte ich allerdings aufmerksam machen. Die Prüfung des Gesagten möge Leserinnen und Lesern überlassen bleiben; niemand möge sich durch hier Geschriebenes agitiert oder in seiner Praxis entwertet finden. Ich verwende allerdings Beispiele, von denen ich

---

5 Vgl. Ludwig Wittgenstein: Tractatus Logico-Philosophicus (1921). London 1922, Satz 6.54. »Meine Sätze erläutern dadurch, dass sie der, welcher mich versteht, am Ende als unsinnig erkennt, wenn er durch sie – auf ihnen – über sie hinausgestiegen ist. (Er muss sozusagen die Leiter wegwerfen, nachdem er auf ihr hinaufgestiegen ist.)/Er muss diese Sätze überwinden, dann sieht er die Welt richtig.«

6 Vgl. Georg Hans Neuweg: Könnerschaft und implizites Wissen. Zur lehrlerntheoretischen Bedeutung der Erkenntnis- und Wissenstheorie Michael Polanyis. Münster 1999, S. 263 ff., S. 376 ff.

mich abgrenze, um meine eigenen Gedanken zu illustrieren. Solche Beispiele habe ich oft beobachtet, an anderen und an mir. Praxis ist komplex, und jeder Praktiker begeht Fehler oder kann sich dabei ertappen, eigenen Annahmen auf den Leim zu gehen, die er erst nach jahrelanger Praxis erkennt. (Wobei das Wort ›Fehler‹ bereits suggeriert, man solle sich an genau einer richtigen Lösung orientieren, dabei ist die Fähigkeit, zu unterrichten, stilgebunden; sie lässt sich eher in einem künstlerischen als in einem wissenschaftlichen Modell beschreiben.) Schließlich dienen solche Beispiele lediglich der Illustration: Was hier in einzelnen Sätzen der Verdeutlichung halber möglicherweise kritisch herausgegriffen wird, kann in einem anderen Kontext lernförderlich und hilfreich sein; eben das ist die Tücke aller Versuche, jenseits geteilter Praxiserfahrungen über Praxis zu sprechen.

Neben eher instruktiven Partien enthält das Buch Abschnitte, in denen ich reflektiere, bisweilen darüber, was gerade zuvor als nützlich dargestellt wurde. Dies soll das Gegengewicht gegen allzu große Vereinfachungen sein, und es soll Leser und Leserinnen selbst zur Reflexion animieren. Die Nachdenklichkeit, die bisweilen und wiederkehrend im Buch auftaucht, ist auch aus meinem Nachdenken über solche Aspekte guten Unterrichts erwachsen, in denen sich Bezüge zu unserer gesellschaftlichen Situation auffinden lassen. Einige Annahmen darüber, was zu tun in der Schule gut sei, sind von allgemeinerer, schulübergreifender Relevanz. Schule ist teils Ausdruck oder sogar Vorbote gesellschaftlicher Tendenzen, teils deren verspätete Realisierung. Bei der Inklusion ist das offensichtlich, bei anderen Annahmen weniger. Es wäre jedoch bedauerlich, an diesen Stellen den Rahmen, in dem man denkt und in dem man handelt, nicht mit zu reflektieren, denn dann bestünde die Gefahr, gesellschaftliche Trends unbewusst und sozusagen blind zu tradieren.

Einige Modeglaubenssätze will ich nennen und damit einen Ausblick auf Problemlagen geben, die im nächsten Kapitel behandelt werden:
- Die in Lernentwicklungsgesprächen gut gemeinte partizipative Idee, Schülerinnen und Schüler sollten selbstständig über ihren weiteren Weg mitentscheiden, läuft Gefahr, eine subtile Praxis

der bisweilen verschleiert manipulativen Steuerung des Willens zu etablieren, wie etwa Foucault sie bereits kritisierte.[7]

- Die Idee der Passung von Lerngegenständen läuft Gefahr, Schülerinnen und Schülern nicht mehr abzuverlangen, sich mit ihrer Umgebung auseinanderzusetzen und Anstrengungsbereitschaft zu entwickeln.
- Die Idee der Entfaltung der Individualität als Bildungsziel und die Konkretisierung der Differenzierung in der Sozialform ›Einzelarbeit‹ kann dazu führen, den Trend zur Atomisierung und Auflösung jeglicher Gemeinschaften weiter voran zu treiben, statt ihm etwas entgegenzusetzen.
- Die Idee der Kompetenzorientierung kann dazu führen, den Vorrang von Zweckrationalität in unserer Gesellschaft unreflektiert mit zu befördern, denn es ist die Idee der Ausrichtung aller Aktivitäten auf die Zukunft. Die Gegenwart wird als Mittel, als Baustelle angesehen, während der ursprüngliche lateinische Wortsinn von Schule ›Muße‹ ist, und die ursprüngliche Idee von humanistischer Bildung Zweckfreiheit und Wahrnehmung, Versenkung in Betrachtungen, Handlungen und Denken. Es ist mindestens erstaunlich, dass es noch vor 30 Jahren als hohes Gut in einer Unterrichtsstunde galt, wenn alle Beteiligten die Zeit vergessen, während heute Wecker, Minutenangaben und Countdowns den Takt vorgeben.
- Schließlich wird in unseren effizienzorientierten Zeiten Lernen als gewissermaßen abhakbare Sache angesehen; es wird ständig gefragt, was jemand kann, was er versteht, was er erklären kann. Es ist höchst nützlich, sich darüber als Lehrkraft Rechenschaft abzulegen, zweifelsohne; aber der Unterricht ist dadurch eher dem Modell des Herstellens einer Sache als dem des Handelns verpflichtet. Ich wünsche mir manchmal beim Beobachten von

---

7 Vgl. Roswitha Lehmann-Rommel: Reflexion und Kritik – eine professionstheoretische Bilanzierung. In: BAK (Hg.): Reflexion und Kritik in der 2. Phase der Lehrerbildung. Hohengehren 2016, S. 32–45, hier 41. Vgl. Michel Foucault: Die Geburt der Biopolitik. Geschichte der Gouvernementalität. Band 2. Frankfurt/M. 2004, S. 150; vgl. Michel Foucault: Ist es also wichtig zu denken? (1981) In: Ders.: Schriften in vier Bänden, Bd. 4. Frankfurt/M. 2005, S. 219 ff. (Nr. 296).

Unterricht, es würde darüber hinaus neben dem freien und perspektivreichen Handeln und neben dem nutzlosen kontemplativen Wahrnehmen das Nichtverstehen (bzw. ein parallel mitlaufendes Wissen des Nichtverstehens) kultiviert: im Prozess, als Haltung und der Sache, d. h. der Erkenntnis wegen (vgl. Kapitel 13). Wie viel rätselhafter ist doch unsere Wirklichkeit als in Schulbüchern mit aller Sicherheit und ihr zuliebe erschlossen, und wie viel stärker dient die Kultivierung des Nichtverstehens dem Fortschritt.

2 Begleitest du noch oder lehrst du schon wieder? – Problemlagen

Um einige gängige und teils bereits wieder als überholt geltende Grundannahmen zu konkretisieren, wird einführend leicht humoristisch verfahren – daran anschließend seien grob die Gedanken entfaltet, um die es in den folgenden Kapiteln geht. Viele der Appelle, die Lehrkräfte an sich selber und andere richten, werden so allgemeingültig formuliert, dass ein Außenstehender quasi automatisch schmunzelt; Interne jedoch, also Lehrerinnen und Lehrer, erkennen im Bedürfnis nach schneller Umsetzung all dieser Appelle ihren humoristischen Charakter möglicherweise nicht mehr. Distanz zu den eigenen Annahmen und zu kämpferischer Umsetzung dessen, was man für richtig erachtet, tut schlussendlich aber pädagogischen Diskursen und Schülerinnen und Schülern gut.

Begleitest du noch oder lehrst du schon (wieder)? Warum aller Jubel über allgemeingültige Methoden im Unterricht gegenstands- oder subjektlos ist – so könnte ich die folgenden Gedanken überschreiben.[8] Jede Zeit hat nämlich ihre Giftschränke. In ihnen wird aufbewahrt, was gängigen Anschauungen zufolge gerade nicht gilt, was verpönt und gebrandmarkt ist. Was hierin enthalten ist, ist quasi automatisch schlecht. In der Pädagogik gehören dazu derzeit etwa das fragend-entwickelnde Unterrichtsgespräch, der so genannte Frontalunterricht, bis vor kurzem der Lehrervortrag, lehrerzentrierte Wissensvermittlung und alle Verfahren, in denen alle Schüler *gleich* behandelt werden – dann werde schließlich ja nicht differenziert. Wer Worte aus dem pädagogischen Giftschrank benutzt, darf, genau genommen, gar nicht mitreden.

Jede Zeit hat auch ihre bevorzugten Arzneien, Erste-Hilfe-Koffer und Patentrezepte. Bestimmte Auffassungen und Worte gelten als

---

[8] In Anlehnung an einen Essay von Hans Magnus Enzensberger: Das Nullmedium oder Warum alle Klagen über das Fernsehen gegenstandslos sind. In: Der SPIEGEL 20/1988. Mittelmaß und Wahn. Frankfurt/M. 1988, S. 89–103.

automatisch gut, sie tragen ihre Bewertung schon in sich, ohne dass noch über sie gestritten werden muss. *Sozial* war in den 1980er-Jahren von dieser Art, ebenso wie *marktwirtschaftlich* in den 1990ern. Heute gehören in der Pädagogik zu diesen Patentrezepten beispielsweise *Feedback, Individualisierung, Kompetenzorientierung, Lernbegleitung, Konstruktivismus, Aktivierung* und *Inklusion*.

Giftschränke und Medikamente spiegeln unsere Auffassungen wider, und sie bestimmen und leiten unsere Praxis in Gestalt von Selbstappellen und Handlungsanweisungen. Das kann ebenso normal wie fatal sein, dann nämlich, wenn übersteigerte Fehlvorstellungen ganze Generationen prägen und wenn Argumente nicht mehr ins Spiel kommen dürfen. Irgendwann stellt sich bisweilen heraus, dass eine ganze Generation an ihren Arzneien erkrankt ist – worauf sie zu Giften erklärt werden. Dafür muss natürlich der Giftschrank wieder entleert werden ... Entweder entstehen so extreme Pendelbewegungen oder jemand entdeckt, dass es sich bei all diesem Hin und Her um des Kaisers neue Kleider handelt.

Ein paar der gängigen Sätze aus dem Arzneischrank möchte ich anschauen.

- Wenn alle Schülerinnen und Schüler aktiviert werden, ist der Unterricht gut.
- Das Zeitmanagement muss stimmen.
- Jeder braucht eine für ihn passende Aufgabe.
- Immer die Selbstständigkeit fördern!
- Der Lehrer soll Lernbegleiter sein.
- Kompetenzrasterarbeit führt zur Selbststeuerung.
- An Kompetenzen muss gearbeitet werden, nicht an Inhalten.
- Eine bunte Präsentationsphase, in der alle Beiträge gewürdigt werden, zeugt von Erfolg.
- Immer den Lernprozess reflektieren.

Nicht nur, dass solche Sätze überfordern können. So häufig sie formuliert werden, so klar ist: Sie können gar nicht allgemein stimmen. Ich argumentiere dafür einmal aus dem Giftschrank und formuliere um:
- Hauptsache beschäftigt?
- Eine bloß organisatorische Struktur zwängt ein und lenkt ab.

- Einzelarbeit ist soziale Verwahrlosung. Und muss alles mundgerecht dargeboten werden?
- Viele Schülerinnen und Schüler brauchen Strukturen und präsente Menschen, vor allem dann, wenn sie sie zu Hause nicht erleben dürfen.
- Wenn es auf einer Safari (so wie beim Vorankommen im Lernen) schwierig wird, will ich keinen Begleiter, sondern einen Reiseführer haben!
- Nur an Rastern zu arbeiten, hilft bloß zu Trainingszwecken und technisiert Unterricht.
- Manche Inhalte sind für sich genommen wichtig.
- Auch der letzte Unfug wird beklatscht (»toll!«).
- Was hilft eine Daumenprobe für den weiteren Unterricht?

Unkenrufe aus dem, was bis vor wenigen Jahren noch als Giftschrank galt, lassen sich so zusammenfassen:
- Wo bleibt die Lehrkraft?
- Wo bleibt die Steuerung des Lerngeschehens?
- Wo bleibt das gemeinsame Lernen statt Struktur und Technik?
- Wo bleibt die Fachlichkeit?

Es ist das Verdienst von John Hattie, die drei Aspekte der Lehrperson, der Lernprozesssteuerung sowie der Beziehung und Kommunikation wieder in den Fokus gerückt zu haben. Aber es steht zu fürchten, dass nun der Ruf nach »den guten alten Zeiten« unverbunden neben der Verteidigung »moderner« Pädagogik steht.

Betrachtet man die in solchen verkürzten Imperativen verborgenen Spannungsfelder, so sind sie letztlich rückführbar auf unterschiedliche Auffassungen über das sinnvolle Verhältnis des Einzelnen zur Gemeinschaft und auf die Rolle der Gemeinschaft und Erfahrener bei der Entwicklung von Schülerinnen und Schülern. Die Förderung der Selbstständigkeit steht im spannungsvollen Bezug zur Steuerung des Unterrichts durch eine Lehrkraft, Differenzierung in Form von Einzelarbeit an unterschiedlichen Aufgaben muss mit gemeinsamem Lernen ausgemittelt werden, Instruktion mit Konstruktion und die Entfaltung der Individualität darf nicht gegen die Inkulturalisation stehen, die Schulbesuch auch darstellt. Bildungsziele sollen Kompetenzen abbilden; das darf aber nicht dazu führen, dass Bildungsinhalte austauschbar oder irrelevant werden. Jedenfalls so lange nicht, wie man noch davon ausgeht, dass es in der Schule darum geht, unsere Wirklichkeit besser wahrzunehmen, zu verstehen und zu gestalten.

Will man keine unfruchtbaren Gegensätze etablieren und kein »Zurück!« zu alten Zeiten (die auch nicht besser waren), dann kann man sich dem, was guten Unterricht auszeichnet, argumentativer und genauer auf drei Arten nähern. Zum einen durch entscheidende Prinzipien, von denen aus das überhaupt entscheidbar ist. Zum anderen lassen sich einige richtige Intentionen zu den genannten Sätzen (und zu solchen aus dem Giftschrank) markieren, aber auch Gefahren, die mit einer übersteigerten Handhabung einhergehen. Und schließlich können ein paar Modelle und Methoden genannt werden, die geeignet sind, Ankerpunkte für Diskussionen um guten Unterricht darzustellen.

Schule mag unter anderem ein Hort der Vorbereitung auf die Arbeitswelt oder gar der Weltverbesserung sein, aber im Kern geht es in allen Schulen darum, dass Schülerinnen und Schüler: *lernen*. Daher sei hier einmal kurz der Zweck des Lernens eingeklammert und nicht die Frage gestellt, ob es bei allem Lernen um Berufsvorbereitung, um humanistische Bildung, Mündigkeit oder um Schlüsselqualifikationen gehe. Damit werden sich die Kapitel 8 bis 13 beschäftigen, es wird unter anderem bei den Diskussionen um Inklusion und um die Rolle der Beförderung von ›Verstehensprozessen‹ im Unterricht eine Rolle spielen.[9]

Lernen – dazu gehören stets zwei Seiten: die Seite des *Lernsubjekts*, des Lernenden, und die Seite des *Lerngegenstands*. Denn es gilt: Immer lernt jemand *etwas*, und immer ist es *jemand*, der lernt. Das gilt auch dann, wenn eine Person etwas über sich selber lernt oder über Methoden.

Lernen kann als Weiterentwicklung der gedanklichen, emotionalen oder der Handlungs-Strukturen von Menschen verstanden wer-

---

9 Die Unterschiede zwischen verschiedenen ausgesprochen oder unausgesprochen leitenden Bildungszielen spielen natürlich gleichwohl eine Rolle bei der Auswahl von Lerninhalten und Lernmethoden.

den.¹⁰ (Solche Strukturen können sich auf Wahrnehmungen oder auf Handlungen beziehen und auf Fragen der Beurteilung von Handlungen.) Das ist in seiner Einfachheit höchst folgenreich. Denn um verstehen zu können, wie guter Unterricht aussieht, kann ich fragen: In welcher Weise wird hier gelernt? In welcher Weise spielt hier das Lernsubjekt (auch für die jeweils Lehrenden) eine Rolle? In welcher Weise taucht der Lerngegenstand auf? Die Funktionalität des Unterrichts und jede Art des Lehrens, der Lernbegleitung und Lernprozesssteuerung erweisen sich dann als gut, wenn sie Lernen zur Folge haben und wenn Lernen Bildung fördert. Unterricht dient darüber hinaus natürlich faktisch noch weiteren Zielen, aber diese machen ihn nicht zu gutem Unterricht *für die Beteiligten*. Selektion, Disziplin und Aufbewahrung mögen wichtig sein; für die beteiligten Schülerinnen und Schüler sind sie wertvoll, wenn sie etwas dabei lernen, sei es Teilhabe, Auseinandersetzung, Konzentration, Wahrnehmung der Interessen anderer oder sinnvolle Zeitgestaltung. Hier wird eine weitere methodische Begrenzung des vorliegenden Buchs deutlich: Guter Unterricht wird nur soweit beleuchtet, wie er für die beteiligten lernenden Subjekte gut ist.

Lernen erfordert, so kann für schulische Zusammenhänge pointiert werden, Aufmerksamkeit auf den Schüler/die Schülerin als Lernende und Aufmerksamkeit auf den Lerngegenstand. Wird eine dieser beiden Seiten zu wenig berücksichtigt, so ist der Unterricht subjektlos oder gegenstandslos.

Diese beiden Aspekte des Lernens sind zwei Seiten des so genannten Didaktischen Dreiecks, in dem ›Schüler‹, ›Sache‹ und ›Lehrer‹ aufeinander bezogen sind.¹¹ Was eine Lehrerin bzw. ein Lehrer in diesem Dreiecksverhältnis zu suchen hat, erschließt sich zunächst

---

10 Vgl. Christian Fischer: Individuelle Förderung als schulische Herausforderung. Berlin 2015, S. 25; vgl. Hauptseminarleitungen LIA2 Hamburg, Lernen und lernförderlicher Unterricht (2015). In: http://li.hamburg.de/contentblob/4566800/89ba3e1cc4d806c723d9d0ea87fa5b66/data/pdf-lernen-und-lernfoerderlicher-unterricht.pdf. (letzter Aufruf: 29.06.2017); vgl. Helmke, a. a. O., S. 68 ff.; vgl. Michael Schratz: Guter Unterricht ermöglicht einzigartige Lernwege. Die Perspektive der Wissenschaft. In: Beutel, a. a. O., S. 78.
11 Das Didaktische Dreieck geht auf Herbart zurück. Vgl. Dietrich Benner/Johann Friedrich Herbart: Systematische Pädagogik. Weinheim 1997, S. 49.

über die Beziehung zwischen der ›Sache‹ und dem ›Schüler‹ – durch die die ›Sache‹ zum Lerngegenstand wird. Denn die Lehrkraft sorgt dafür, dass eine solche Beziehung zustande kommt. Damit ist klar: Eine Lehrkraft gestaltet, steuert und ermöglicht die Auseinandersetzung von Schülerinnen und Schülern mit Lerngegenständen.

Blicke ich auf die Beziehungen zwischen jeweils zwei Elementen des Didaktischen Dreiecks, so kann deutlich werden: Lernen erfordert – im Bezug vom Subjekt zum Lerngegenstand – Konstruktion und Wahrnehmung (Aufnahme), es bedarf – im Bezug der Lehrkraft auf einen Lerngegenstand – der Fachkompetenz und Strukturierungsfähigkeit, und schließlich sind – im Bezug der Lehrkraft zu Schülerinnen und Schülern – Kommunikation und Unterstützung sowie die Herstellung einer lernförderlichen Atmosphäre zentral.[12]

Insgesamt lässt sich, fokussiert man Unterricht vom Lernen aus, folgern: Unterricht ist eine zu steuernde Angelegenheit. Dabei lasse ich eine grundsätzliche Frage hier bewusst offen, nämlich die, wie im Lernvorgang eine Erkenntnis der Wirklichkeit zustande kommt. Sie lässt sich nämlich weder allein als Konstruktion begreifen – dann wäre jede Art des Sichausdenkens von Zusammenhängen schon eine Erkenntnis – noch kann sie als bloße Aufnahme von Wissen gedacht werden – dann würden alle Menschen alle Lerngegenstände gleich denken, wohingegen Erkenntnis immer auch Interpretation ist.

Eine naiv realistische Erkenntnistheorie betont wohl, wird sie der Art der Gestaltung schulischen Lernens zugrunde gelegt, über

---

12 Genauer lässt sich ergänzen: Das Didaktische Dreieck wäre kein Dreieck, wenn die Beziehung zwischen zwei Elementen nicht auch mittels des dritten Elements eine Rolle spielte. Die Beziehung zwischen Lerngegenstand und Lerner – vermittels der Lehrkraft – kann beispielsweise in Fragen und Erklärungen oder der methodischen Gestaltung eines entdeckenden Lernzusammenhangs gestaltet werden, die Beziehung zwischen Lehrkraft und Lerngegenstand – ausgerichtet auf die Unterstützung des Lernens der Schülerinnen und Schüler – wird beschritten, indem die Lehrkraft antizipiert, wie Lernende sich den Lerngegenstand strukturieren und welche Wege zum Verstehen, zur Auseinandersetzung oder Wahrnehmung führen können – hier ist Didaktische Analyse gefragt –, und schließlich wird die Beziehung zwischen Lerner und Lehrkraft – vermittels der Sache, d.h. dem Lerngegenstand – gestaltet, indem beispielsweise die Gesprächsführung die Sachauseinandersetzung in Gesprächen fördert.

die Maßen und allein den Lerngegenstand, und eine radikal konstruktivistische Erkenntnistheorie betont in übertriebener Weise das Lernsubjekt. Wenn Lernen aber Konstruktion ist, dann bedarf es der Qualitätsmerkmale, die anzeigen, dass eine Konstruktion gut oder angemessen ist. Lernen kann Konstruktionserweiterung und Ko-Konstruktion sein, nicht aber ist jede Konstruktion Lernen.

Ich betrachte auf dieser Grundlage – dass ein konstruktivistisches Lernverständnis Missverständnisse und Fehlvorstellungen begünstigen kann – Vor- und Nachteile einzelner Rezepte für schulischen Unterricht und beginne mit der *Aktivierung*. (Gedankliche und handelnde) Aktivierung ist, soweit die Vorteile, eine höchst wichtige Grundlage für Lernen, denn Lernen selbst ist ein aktiver Vorgang. Alle Maßnahmen, die Schülerinnen und Schüler aktivieren, bereiten also Lernen sinnvoll vor. Daraus folgt aber nicht, dass jede Art Aktivität schon Lernen beinhaltet. Das wäre ein konstruktivistischer Fehlschluss: Nicht jede Konstruktion ist Lernen und führt zu ihm. Außerdem muss natürlich bei höchst aktiven Schülerinnen und Schülern noch nicht einmal etwas konstruiert werden. Daher zeigt Aktivierung allein keinen guten Unterricht an; sie ist nur ein erster hilfreicher Schritt, und Unterricht darf nicht enden, wenn Konstruktionen der Schülerinnen und Schüler bunt und vielfältig präsentiert werden.

Würdigung als Grundprinzip von Unterricht, beispielsweise in Präsentationsphasen, kann der Beziehung der beteiligten Personen zuträglich sein und Selbstwirksamkeitsüberzeugungen der Lernenden stärken. ›Ressourcenorientiert‹ gedacht ist die Vergewisserung der eigenen Stärken eine Grundlage des Erwerbs neuer Fähigkeiten. Dennoch ist bisweilen eine geradezu menschlich und sachlich falsche Würdigung im Schulunterricht festzustellen. In ihr wird alles gelobt, gleichgültig, ob sachlich berechtigt oder nicht, gleichgültig, ob die jeweilige Lehrperson wirklich der Auffassung ist, dieses Ergebnis sei »toll«. Als inhaltsleere Geste wirkt solche Würdigung beinahe verlogen und entwertet das, was (richtigerweise) intendiert ist. Und schließlich bleibt solches Lob folgenlos, wenn nach langen redundanten Präsentationen entweder die Zeit fehlt oder wenn eine Auswertung und Weiterentwicklung von Arbeitsergebnissen und aktiver Äußerungen gar nicht geplant wurde. Wertschätzung zeigt sich aber vor allem in der Weiterverarbeitung, im Aufbauen auf solchen Zwischenergebnissen und ihrer Korrektur. Erst dann werden sie in Wert gesetzt und wird ihr Wert erlebbar.

Ist die *Struktur* des Unterrichts in einem Rahmen setzenden und organisatorischen Sinn erfolgt, so dient dies sicherlich der Orientierung der Lernenden und schafft eine gewisse Verbindlichkeit. Darüber hinaus sollte jede Struktur nicht nur einen schematischen und organisatorischen Rahmen setzen, sondern in erster Linie für das Lernen funktional sein. Das heißt beispielsweise, dass Phasen aufeinander aufbauen und dass alle sich auf ein gemeinsames (oder für jeden individuell klares) Lernergebnis konzentrieren. Die Struktur muss außerdem zum Lerngegenstand passen.

Individualisierung scheint derzeit das höchste Gut in Klassenzimmern zu sein. Und sie muss auch im Zentrum der Anstrengungen von Lehrkräften liegen, weil jedes Individuum möglichst viel lernen soll und dafür ein Lernarrangement benötigt, das ihm Lernfortschritte ermöglicht. Dieses Prinzip von Unterricht ist daher eng mit dem der Kompetenzorientierung verbunden. Und auch als Ziel kann Individualisierung verstanden werden, nämlich beispielsweise als Förderung der Mündigkeit oder der Selbstständigkeit und Verantwortung. Aber es wird in gedanklichen Kurzschlüssen bisweilen mit konkreten Methoden gleichgesetzt. Individualisierung meint dann nur noch die Sozialform »Einzelarbeit«.[13] Das ist besonders bei Kindern gefährlich, die Strukturen und verlässliche Ansprechpartner benötigen. Es gibt in diesem Feld weitere Kurzschlüsse. Wird die Freiheit von Raum und Zeit ermöglicht, d.h. suchen sich Schülerinnen und Schüler aus, wann sie wo arbeiten, dann ist dies nur allzu oft eine Scheinfreiheit. Denn die inhaltliche Freiheit kann fehlen, wenn Lernende nur vorgefertigte algorithmisch zu erledigende Baukas-

---

13 Vgl. Wolfhard Schweiker (2012: Wie kann's gehen? – Inklusive Didaktik, http://www.calwer.com/media/39/ZM_4212_Inklusive_Didaktik_AHR_inklusiv_Kap_3.pdf (letzter Aufruf: 03.04.2017). Vgl. zu Konsequenzen integrativer Pädagogik und zum Lernen an gemeinsamen Gegenständen: Georg Feuser: Allgemeine integrative Pädagogik und entwicklungslogische Didaktik. Erschienen in: BEHINDERTENPÄDAGOGIK, 28. Jg., Heft 1/1989, S. 4–48. http://bidok.uibk.ac.at/library/feuser-didaktik.html?hls=Allgemeine (Kapitel 2.1, zuletzt besucht am 03.04.2017).

tensysteme abarbeiten oder Kompetenzlisten bearbeiten, in denen alles vorreguliert wird. Kein einziger eigener Gedanke kann beim Abarbeiten vonnöten sein, und ein solches Arrangement bediente nicht einmal eine konstruktivistische Didaktik. Die Vermittlung von Wissen und Informationen geschieht dann in Form regelrechter Materialschlachten; der Input wird in die Materialien verlegt, ist aber gleichwohl erkennbar. Und die Rückbindung an die Gemeinsamkeit der Lernenden fehlt schließlich bei bloßer Aufgaben- und thematischer Differenzierung, so dass Lernende nicht lernen dürfen, anderen als den eigenen Rhythmen zu folgen.

Fungiert eine Lehrkraft als *Lernbegleiter*, so ist sie für die einzelne Schülerin und für den einzelnen Schüler da. Unterstützung und Hilfestellung sind höchst nützlich, und es ist erstrebenswert, dass andere Lehrerrollen, beispielsweise die des Fachmanns, im Geiste der Unterstützung praktiziert werden. Erklärt etwa ein Lehrer einen Sachzusammenhang, so sollte er im Anschluss nicht weggehen, sondern fragen, was der (weibliche oder männliche) Zuhörer verstanden hat und wie er sich einen Reim auf das Erklärte macht. Agiert der Lehrer aber nur als Lernbegleiter, so werden Lernchancen vielleicht gar nicht erkannt und ergriffen, die Lehrkraft traut sich nicht mehr, etwas zu erklären, richtigzustellen, hervorzuheben, kurz: zu steuern. Soll Lernen gelingen, muss aber immer einer steuern; können die Lernenden es nicht, weil der Lerngegenstand zu anspruchsvoll ist oder ihre Fähigkeiten nicht genügen, so ist die Lehrkraft dafür verantwortlich. Das gilt auch dann, wenn das Ziel die Förderung der Selbstständigkeit ist. Ein Ziel wird nicht dadurch erreicht, dass es als Methode eingesetzt wird. Lernen als Auseinandersetzung eines Subjekts mit einem Lerngegenstand anzusehen heißt, sich beizeiten für eine Phase der Konfrontation der Schülerinnen und Schüler mit der Struktur eines Lerngegenstands aus Sicht der Lehrkraft zu entscheiden. Die Perspektive der Lehrkraft (die nicht mit ihrer Meinung gleichzusetzen ist) darf eine Rolle im Lernvorgang spielen.

Kompetenzorientierung hat heutigem Unterricht eine neue Qualität gebracht. Denn sie beinhaltet (unter anderem) eine Rückbesinnung: auf die Ausrichtung des Unterrichts hin zu Fähigkeiten als Lernzielen, auf die Anwendbarkeit von Wissensbeständen, auf intelligentes Wissen, auf die dafür nötige Rolle der Metakognition, der Problemlösefähigkeiten und der Selbststeuerungsfähigkeiten von Lernenden. Auch die dafür nötige Transparenz anvisierter Fähigkeiten zu Beginn von Lerneinheiten in Form von Checklisten und Rastern sowie Diagnosebögen hilft, Unterricht im Sinne der Selbsteinschätzung, des Trainings und der klaren Ausrichtung der Lernenden zu befördern. Bisweilen aber werden Inhalte nur noch funktional zur Erreichung so genannter methodischer Kompetenzen behandelt, und in Extremfällen werden alle Fähigkeiten immer in Form so genannter ›Checklisten‹, d. h. tabellarischer Auflistungen einzelner Lernziele, bearbeitet. Das führt zu einer methodisch stumpfsinnigen und bürokratischen Gestaltung des Unterrichts, in der gemeinsame Auseinandersetzung, die Entwicklung einer Fragehaltung und komplexe Problemlösefähigkeiten zu kurz kommen.

Zusammenhängend mit der Etablierung von Kompetenzorientierung wurde der Anteil an *Feedback und Reflexion* im Schulunterricht drastisch erhöht. Lernende, die wissen, was sie lernen, und die sich reflektieren können, lernen mehr, so die argumentative Grundlage dafür, und die wechselseitige Rückmeldung über aktuelle Lernchancen hilft allen Beteiligten und vertieft den Unterricht im Sinne einer Forschungsgemeinschaft. Wohlverstanden dient Lernreflexion, wird sie auf Lerninhalte bezogen, auch der Sicherung, Verallgemeinerung und Vergewisserung der Heuristiken, die zu inhaltlichen Lernergebnissen führen. Dennoch kann Feedback zum leeren Ritual werden, in dem ewig gleich betont wird, wie jemand »etwas fand«. Es kann dann dem Find'-ich-gut-Button auf Facebook ähneln (wenn nicht dem Wohlgefallensbekunden in römischen Arenen); es wird ›geliked‹. Und schließlich ist Feedback, wenn keine Lerngemeinschaft zwischen Lehrer und Schülern etabliert ist, anfällig dafür, dass Bewertungen des Lerngeschehens in Konstellationen von Macht geraten. Es ist bequem zu sagen, dass man etwas noch nicht gut genug findet, wenn man sich nicht angestrengt hat, beispielsweise. Denn die am Unterricht Beteiligten müssen zunächst Verantwortung für die Gemeinschaft und das Lernen in ihr übernehmen. Die Lehrerin zu kritisieren, ist ebenso leicht wie den Schüler oder irgendeinen Menschen, es kann geradezu davon abhalten, Verantwortung zu übernehmen: Der andere soll es richten. Die Verantwortung für Konsequenzen von Feedback liegt daher bei allen und gehört zurückgespiegelt an alle Beteiligten. Und es wäre wohl ein Missverständnis, Feedback hauptsächlich am Ende von Lernprozessen zu etablieren. Der Sinn ist, eine Richtung in die Zukunft zu weisen (vgl. den Dreischritt von Feedback, Feedup und Feedforward[14]).

Eigentlich ist all diesen gut gemeinten und sinnvollen Konzepten, Rahmungen und Methoden eines gemeinsam, wenn sie verabsolutiert und unzulässig als alleiniges Heilmittel ausgegeben werden: Sie konzentrieren sich in zu starker Weise auf das Lernsubjekt und vernachlässigen die Auseinandersetzung mit dem Lerngegenstand.

Daher schwenke ich zur anderen Seite des Pendels, zu Methoden aus dem lehreraktivierenden Giftschrank, denen wohl eine starke Ausrichtung auf den Lerngegenstand eigen ist. Das *fragendentwickelnde Unterrichtsgespräch* war ein großartiges Instrument gemeinsamen Lernens. Denn es konnte gelingen, dass Menschen sich aufeinander bezogen, lernten, Gespräche zu strukturieren und zu ›lesen‹; es konnte geschehen, dass Beteiligte schnell voneinander lernten und Perspektivwechsel inszenierten, kurz: Schülerinnen und Schüler lernten, in gemeinsamem Handeln diskursfähig zu werden und zügig zu lernen. Die Kunst der Gesprächsführung bestand darin, alle zur Geltung kommen zu lassen und mindestens einen Schritt weiter zu führen. Aber diese hohe Kunst beherrschten nicht alle, und es gab Karikaturen solcher Verfahren. Da wurde nur bei Einzelnen ein neuer Schritt in Gang gesetzt, da gab es regelrechte Frage- und Ratestunden, da erhielten Lernende kaum Gelegenheit, Zusammenhänge selber zu formulieren, da herrschte selbstverständlicherweise der Denkfehler im Kopf des Lehrers, alle hätten alles verstanden, obwohl doch von Einzelnen nur Fragmente formuliert wurden. Konstruktivistische und individualistische Ausrichtungen

---

14 Feedback bezieht sich auf die erbrachten Leistungen im Rahmen einer Aufgabe, Feed-up ›hebt‹ die Strategien hervor, Feed-forward lenkt den Blick auf die Zukunft im Sinne der Selbstregulation. Vgl. Klaus Zierer: Feedback. Über Kompetenz und Haltung eines pädagogischen Erfolgsfaktors (2014), Vortrag im Landesinstitut für Lehrerbildung und Schulentwicklung, Hamburg. https://li.hamburg.de/contentblob/4406138/70d29a47559c255bd48af96ffb6e68d0/data/download-vortrag-zierer-feedback-2014-pp.pdf (letzter Aufruf 29.03.2017). Vgl. Johannes Bastian, Lernprozessorientiertes Feedback. In: Pädagogik, Heft 7–8/2015, S. 74–79, S. 76.

des Unterrichts haben diesbezüglich zu deutlichen Fortschritten geführt – in den Giftschrank gehört ein Unterrichtsgespräch deshalb aber nicht.

Frontalunterricht: Kaum ein Wort wird häufiger in abwertender Weise benutzt. Beinahe kann man an Krieg denken, wenn man es hört. Was aber ist gegen eine Konfrontation mit anderen Perspektiven, mit Lerngegenständen und mit der Strukturierung einer Lehrkraft zu sagen? Nichts. Denn in ihr wird Erweiterung des eigenen Denkens angelegt, gefordert und gefördert. Die große Chance eines guten Lehrervortrags und einer guten Erklärung ist wohl die: Hier wird klar strukturiert, hier herrscht Konzentration, hier visualisiert jemand in einfacher Weise komplexe Zusammenhänge, und hier dürfen alle gemeinsam sich als Suchende und Lerngemeinschaft verstehen. Dient eine Instruktion dem Aufbau oder der Erweiterung einer Konstruktion der Lernenden, so ist dies als Chance anzusehen. Misslich ist, wenn nur wenige folgen können, wenn es keine Lerngemeinschaft gibt, die etwas lernen will, wenn der Kurzschluss im Kopf des Lehrers herrscht: Was gelehrt wurde, wurde auch gelernt (›... hab' ich gemacht‹, eine angesichts der Erwartungen an sich selbst, alle Inhalte der Bildungspläne ›durchzunehmen‹, nur allzu verständliche und häufig zu hörende Beschreibung des eigenen Unterrichts). Natürlich muss es allen Schülerinnen und Schülern möglich sein zu verstehen, was in gemeinsamen Phasen erklärt wird. Aber diese Umformulierung – gemeinsame Unterrichtsphasen – macht schon deutlich, dass der so genannte Frontalunterricht keineswegs überholt ist. Insbesondere, wenn es darum geht, Arbeitsergebnisse Einzelner oder von Kleingruppen zu betrachten, ist die Fähigkeit einer Lehrkraft unverzichtbar, Lernzwischenstände zu strukturieren, auszuwerten und zu stabilen Lernergebnissen zu führen, die in den Köpfen Lernender nachhaltig verankert bleiben.

Wer neuerdings jedoch nur eine *aktive Rolle der Lehrkraft, Fachlichkeit* und das *Verstehen* fachlicher Vorgaben in den Mittelpunkt rückt, blendet mehreres aus, zunächst und am wichtigsten Bildung, die immer mehr ist als das, was in Fachkenntnissen aufgeht. Bloßer fachlicher Anspruch kann zu einem sinn- und wertlosen Unterricht führen. Informationsaufnahme allein garantiert kein erfolgreiches Lernen. Was man auswendig kennt, sollte auch verstanden sein.

Was verstanden wird, sollte zu einem Können oder zu einer besseren Wahrnehmung der Wirklichkeit führen. Und Verstehen darf nicht als abgeschlossenes endgültiges Einfügen vorgegebener Zusammenhänge aufgefasst werden. Durch ein solch verkürztes Verständnis von Lernen würde Adaptivität von Lehrkräften (die Anpassung an das konkrete unterrichtliche Geschehen) unterbelichtet – denn diese setzt letztlich die Fähigkeit voraus, offene Verstehensprozesse und aktuelles Nichtverstehen von Schülerinnen und Schülern als Ausdruck einer eigensinnigen Sichtweise auf einen Lerngegenstand ansehen zu können.

Von hier aus sei ein kurzer Blick zur *Inklusion* gerichtet. Auch die Aufgabe der Beförderung von Inklusion ist mit Chancen und Irrwegen verbunden. Zunächst ist sie keinesfalls nur als Notmaßnahme zur Förderung besonders bedürftiger Kinder anzusehen, sondern als ein Reformprozess mit eigenen Inhalten, Wegen und Zielen. Inklusion zeigt sich im Unterricht nicht nur an gestiegener Heterogenität oder größerer Differenzierung. Dort zeigt sie sich zwar vor allem. Aber sie zeigt sich sinnvollerweise eben auch in der Befähigung, mit anderen und mit Differenzen umzugehen und sie nicht auszuschließen, sie zeigt sich in gemeinschaftlichem Lernen.

Fundamente und Gerüste

3 Sind sie zu laut, bist du zu nachgiebig! – Eine Lernatmosphäre aufbauen

In diesem Kapitel möchte ich Aspekte vor oder bei Lernbeginn beschreiben, die eine unverzichtbare Grundlage für jeden gelungenen Unterricht darstellen. Manche Lehrkräfte beherrschen sie intuitiv. Eine konstruktive Lernatmosphäre herzustellen bedeutet, auf drei Ebenen zu handeln: auf der *Beziehungsebene* – Kontakt herstellen, ein Arbeitsbündnis und Vertrauen aufbauen und pflegen –, auf der (eher technischen) Ebene der Disziplin und des *Managements* – klare und verlässliche Strukturen etablieren und aufrechthalten (oft auch als ›classroom management‹ beschrieben) –, und schließlich auf der Ebene des *Unterrichtsinhalts* – für Verbindlichkeit und Struktur zu sorgen.[15]

John Hattie[16] ermittelt für die Auswirkungen einer positiven Lehrer-Schüler-Beziehung eine Effektstärke von d = 0,72 (das ist ein hoher Effekt). Er unterteilt die Effekte noch einmal nach Aspekten: Der Lehrer ist nondirektiv (0,74), ist empathisch (0,68), ist warmherzig (0,68), fördert abstraktes Denken (0,60); er ist lernermutigend (0,48) und passt sich Unterschieden an (0,41). Respekt und emotionaler Kontakt sind für Hattie zentral.

»In Klassen mit personenzentrierten Lehrpersonen gibt es mehr Engagement und mehr Respekt untereinander, sodass seltener aufsässiges Verhalten auftritt. Zudem lassen sich vermehrt offene Lernsituationen (von Lernenden angeregt und reguliert) feststellen, ebenso wie höhere Leistungs-Outcomes.«[17]

Respekt kann unterstützt und eingeübt werden durch konsequenzenreiches Handeln sowie durch *Regeln und Rituale*. Insbesondere

---

15 Vgl. Gert Lohmann: Mit Schülern klarkommen. Professioneller Umgang mit Unterrichtsstörungen und Disziplinkonflikten. Berlin 2003, S. 66–75.
16 Hattie, a. a. O., S. 142.
17 Ebd., S. 143.

zu diesen beiden Aspekten haben Christoph Eichhorn und Gert Lohmann vorzügliche und konkrete Empfehlungen für Lehrkräfte geschrieben, bis hin zu Verhaltenstipps für die ersten Tage in einer neuen Klasse und für die Gestaltung des Klassenzimmers.[18]

Rituale rhythmisieren den Schulalltag, indem sie an markanten Punkten – bei Phasenübergängen, zu den Anfängen oder Endpunkten einer Stunde, des Schultages oder der Schulwoche – Akzente setzen. Wiederkehrende Abläufe geben dem Einzelnen wie der Gruppe Handlungssicherheit und entlasten den Schulalltag durch Gemeinschaft und Übersichtlichkeit – Schülerinnen und Schüler erleben in einer Lerngruppe oder Schulöffentlichkeit wiederkehrend zu ähnlichen Anlässen das Gleiche und sind somit auf das jeweils Kommende eingestellt. Die Aufmerksamkeit von Schülerinnen und Schülern kann so auf einfache Art gebündelt und wiederhergestellt werden, ohne dass jede neue Situation ausgehandelt werden müsste.

Krimhild Görlich nennt das: *Anker setzen*. Insbesondere

»Kinder mit auffälligem Verhalten (ADHS, sozial-emotionale Entwicklungsverzögerung) verfügen häufig über eingeschränkte Möglichkeiten ihre Umwelt zu strukturieren und ihr Verhalten zu steuern. Diese Kinder brauchen vorgegebene Strukturen, die ihnen dabei helfen, altersangemessene Anforderungen zu bewältigen«.[19]

Das ist prinzipiell auf alle Kinder übertragbar. Anker, so Görlich, können im Raum, in der Zeit und in der Person gesetzt werden. In Bezug

---

18 Vgl. Lohmann, a. a. O.; Christoph Eichhorn: classroom management. Stuttgart 2008, S. 20 ff.; ders.: Vorausschauend handeln. In: Friedrich Jahresheft: Unterrichtsstörungen. 2015, S. 38; auch: Marcus Syring: Classroom Management, Theorien, Befunde, Fälle – Hilfen für die Praxis, Göttingen 2016, passim.
19 Vgl. Krimhild Görlich: Anker setzen. Tischvorlage. Hamburg 2012. Die folgenden drei Absätze sind im Wesentlichen Paraphrasen aus dieser Tischvorlage. Vgl. Marita Bergsson/Heide Luckfiel: Umgang mit »schwierigen« Kindern (1998). Berlin 2016, S. 53, 66, 63 ff. zu Regeln und Ritualen. Der Begriff des »Anker-Setzens« kann unabhängig von seiner Nutzung in Kontexten des neurolinguistischen Programmierens etabliert werden. Vgl. https://www.landsiedel-seminare.de/nlp-bibliothek/practitioner/p-03-03-anker-setzen.html (letzter Aufruf 15.05.2017).

auf die *Zeit* handelt es sich meistens um die bereits genannten Rituale. Lehrkräfte machen sich vorhersehbar, wenn Verhaltenserwartungen klar sind und sich wiederholen, wenn die Begrüßung stets gleich stattfindet oder nur geringfügig variiert wird, wenn allen klar ist, wie lange Zeit noch für einen Ablauf bleibt, wenn feste optische und akustische Signale die jeweiligen Abläufe unterstützen, wenn Übergänge zwischen Phasen bewusst gestaltet werden, wenn jeder weiß, wie der Arbeitsplatz eingerichtet wird, wenn feste Zeiten für das Ausfüllen des Hausaufgabenhefts zur Verfügung stehen und wenn es Melderegeln gibt, die Freude oder jedenfalls Klarheit bereiten.

Anker im *Raum* strukturieren das Klassenzimmer: Hausaufgaben stehen immer an einer bestimmten Stelle, Lernplakate an einer anderen, die Tafel ist gewischt und stellt eine ästhetische Einladung dar, in unterschiedlichen Bereichen gibt es klare Benutzerregeln; Materialien sind für die Lernenden zugänglich: Hängeordner, Schubfächer, Materialecken, Forschertische mit Forscheraufträgen, Wörterbücher, Karten, Atlanten, Lernplakate, Hilfekarten oder Differenzierungsmaterialien.

Anker in der *Person*, das sind wiedererkennbare Merkmale der Lehrkraft. Sie hebt die Stimme bei Phasenwechseln, sie formuliert klar und eindeutig, Anweisungen und Verhaltenserwartungen sind positiv formuliert, angemessen kurz und konkret, durch Gestik, Mimik, optische und akustische Zeichen unterstützt. Anker in der Person sollten auch Positionierungen im Raum beinhalten: An einer bestimmten Stelle werden Anweisungen gegeben, an einer anderen können Gespräche geführt werden, bei symmetrischen Diskussionen und Schülerpräsentationen setzt sich die Lehrkraft zu Schülerinnen und Schülern, es gibt eine Ruheecke, in der die Lehrperson nicht gestört werden darf, in Beobachtungsphasen stellt sie sich an den Rand. So kann die Lehrkraft physische Nähe und Distanz auspendeln, zu besonders aufmerksamkeitsbedürftigen Schülerinnen und Schülern immer mal wieder einen ›Kurzkontakt‹ herstellen, durch Schulterklopfen, aufmunterndes Zunicken oder kleinere alltäglichere Fragen.

Stärker auf den *Lerninhalt* bezogen sind die folgenden Möglichkeiten, sich als Lehrkraft in seinem Verhalten vorhersagbar zu machen. Auch kleine Fortschritte sollten präzise zurückgemeldet werden, Schülerinnen und Schüler sollten erklären, wie *sie* Arbeitsaufträge verstehen, nicht nur die Lehrkraft, und Anforderungen sollten im Bedarfsfalle erneut verdeutlicht werden. Lehrkräfte zeigen so Interesse an den Lernenden, sie nehmen sich Zeit für Einzelne, sie hören zu, und sie fragen nach Feedback.

So kann insgesamt für *Verbindlichkeit* im Sinne der Klarheit und Verlässlichkeit gesorgt werden. Das bedeutet auf der Ebene der Disziplin und des Managements zum Beispiel: bei Arbeitsaufträgen Zeitvorgaben zu erteilen, Lernziele transparent zu machen und sie zu erklären, den Unterrichtsablauf zu visualisieren und Lernerfolge durch Schülerinnen und Schüler sichtbar zu machen.

Auf Lerninhalte bezogen kann Verbindlichkeit Folgendes heißen: Eine Lehrerin muss verstehen wollen, wie ihre Schülerinnen und Schüler denken, wie sie etwas auffassen, wo sie im Verständnis ›haken‹ etc. Für den Fortgang des Unterrichts muss es außerdem notwendig sein, dass jeder Schüler und jede Schülerin seinen Teil beiträgt. Jede Schülerin hat jederzeit eine definierte Verantwortung (einen Lernjob) – auch in Präsentations- und Gesprächsphasen. Das kann beispielsweise durch diese Aufträge geschehen:

- Achte auf Unterschiede.
- Schreibe genannte Argumente auf.
- Fasse das Präsentierte in einem Satz zusammen.
- Finde einen Schlüsselbegriff, der das Gesagte gut zusammenfasst.
- Sage nach der Präsentation, welche Antwort sich auf unsere Frage ergibt.
- Gib ein Feedback, indem du kurz und knapp sagst, was du verstanden hast.

Weitere Beispiele:
- In Gruppenarbeitsphasen kann es verteilte Rollen geben, die Schüler und Schülerinnen einnehmen.
- Erst am Ende einer Arbeitsphase wird ausgelost, wer präsentiert. Dadurch fühlt sich zuvor jeder in die Pflicht genommen.
- Am Ende jeder Stunde wird eine Schülerin ausgelost; die Lehrkraft gibt ihr ein Feedback über ihre Leistung *(secret student)*.
- Schüler und Schülerinnen sagen, was sie lernen sollen und warum das wichtig ist.

- Schüler und Schülerinnen begründen, warum der Unterricht sinnvoll ist.
- Arbeitsergebnisse werden gewürdigt, ausgewertet und weiterverarbeitet.
- Im Unterricht werden Zwischensicherungen eingebaut, die Sicherheits- und Erfolgserlebnisse erzeugen.

Mit Verbindlichkeit geht einher, dass Schülerinnen und Schüler lernen sollen, *Verantwortung* zu übernehmen. Dazu wird in den Kapiteln 8 und 9 noch einiges gesagt werden. Es kann beispielsweise dadurch gefördert werden,
- dass der Unterricht herausfordernd ist,
- dass Schülerinnen und Schüler Ideen äußern,
- dass *sie* sagen, wie es weitergehen soll,
- dass *sie* Einfluss auf die Gruppengemeinschaft nehmen,
- dass sie zunehmend Gelegenheit erhalten, selbstständig zu arbeiten,
- dass sie *einander* erklären, was sie verstanden und gelernt haben,
- dass Lernende in Planungen eingebunden sind,
- dass sie partizipieren und offene Denkräume, Reflexionsspielräume und Handlungsmöglichkeiten erhalten.

Ebenso sinnvoll ist,
- dass sie etwas zum Thema mitbringen, das ihnen begegnet,
- dass sie Produkte erstellen, Leistungsrückmeldungen erhalten und sich auf dieser Grundlage vornehmen, bestimmte Ziele zu erreichen,
- dass sie etwas für andere Lernende und Lerngruppen vorbereiten und
- dass es (schul)öffentliche Präsentationen und Würdigungen gibt.

Die Tatsache, dass in diesem Kapitel von Lern*atmosphäre* gesprochen wird, macht deutlich, dass es sich hier um ein *Klima* handelt, das man nicht genau fassen kann, das aber wahrscheinlich fundamental für gelingendes Lernen ist; Lachen reduziert Stress, Wohlwollen erzeugt Vertrauen, mit Angst kann kaum jemand lernen, Bestätigungen führen zum Gefühl, etwas zu sagen zu haben. Damit ist die Lernatmosphäre abhängig von der *Haltung* der Beteiligten. Ihre Haltung (die z. B. in Empathie, Fürsorge, Interesse, Zuhörenwollen besteht) strahlt eine Lehrkraft aus und kann ihr einen Ausdruck geben. Das kann beispielsweise dadurch geschehen, dass sie sagt und fühlt, dass sie gespannt auf Arbeitsergebnisse der Schülerinnen ist, mit anderen Worten, es ereignet sich durch Interesse am Schüler-Sach-Verhältnis. Die Lehrkraft kann konzentriert und entlastet in ihre Klasse gehen, ihrer Freude darüber, wieder in die Klasse zu gehen, Ausdruck verleihen; sie kann sagen, worüber sie nach der letzten Stunde nachgedacht hat; sie kann alle im Blick haben, nur gelegentlich auf ihre vorbereiteten Zettel schauen und spontan auf das eingehen, was sich ereignet.

Letztlich geht es beim Herstellen einer lernförderlichen Arbeitsatmosphäre immer um *Kommunikation*. Kommunikation[20] umfasst alle Fähigkeiten des Menschen, sich anderen mitzuteilen, Wichtiges zu symbolisieren und andere zu verstehen. Als Mittel, um Botschaften, Wünsche, Erwartungen und Gefühle auszutauschen, wird durch sie ein konstruktives Lernklima in allen bisher dargestellten Bereichen realisiert, in der Gestaltung der Beziehungsebene, im Classroom Management und in Bezug auf die Interaktionen, die sich auf die Unterrichtsinhalte beziehen. Wesentlich für eine gelungene Kommunikation ist zwar zunächst der so genannte gesunde Menschenverstand; im Konfliktfall und um dauerhaft in emotional besonders dichten Situationen gut kommunizieren zu können, hilft aber das Wissen um ihre Facetten und Funktionsweisen. Geeignete Modelle zum tieferen Verständnis sind die Kommunikationstheorie von Watzlawick, die Erweiterung von Schulz von Thun, das Eisbergmodell, das Modell der Gewaltfreien Kommunikation, die themenzentrierte Interaktion und die Transaktionsanalyse.[21]

---

20 Die folgenden Darstellungen habe ich einmal zusammen mit Claudia Stöver-Duve geschrieben, die jetzt eine Stadtteilschule in Hamburg leitet, um Referendarinnen und Referendaren für den Anfang des Vorbereitungsdiensts Orientierung zu liefern. Sie hat wesentliche Partien der folgenden drei Absätze mit verfasst.
21 Vgl. Paul Watzlawick/Janet H. Beavin/Don D. Jackson: Menschliche Kommunikation – Formen, Störungen, Paradoxien. Bern 1969; Friedemann Schulz von Thun: Miteinander reden. Störungen und Klärungen. Psychologie der

Grundlegend in allen Kommunikationsmodellen ist, eine positive Grundeinstellung zum Gegenüber einzunehmen, in der dann sachliche Kritik auf der Basis zwischenmenschlichen Wohlwollens gegeben wird. Die eigene Grundhaltung kann sich nämlich, die Erfahrung hat wohl jeder schon einmal gemacht, im Verlauf eines Gesprächs verändern. Durch das Entgegenkommen eines Gesprächspartners wird eine unsichere Person gestärkt und verändert das eigene Bild zum Positiven. Im Gegenzug kann Ablehnung oder Ignoranz ein zuvor positives Selbstbild aufheben. Eine unkomplizierte, als angenehm empfundene Kommunikation ist oftmals Ergebnis einer positiven Grundhaltung. Auf dieser Basis können Menschen unklare Aussagen und irritierende Reaktionen ihres Gesprächspartners direkt ansprechen. So lassen sich Missverständnisse vermeiden und es kann verhindert werden, dass störende Kommunikationsmuster zum Stocken des Gesprächsflusses führen.

Gelungene Kommunikation beugt *Unterrichtsstörungen* vor – dieses Wort klingt allerdings so, als ginge es im Unterricht um ein reibungsloses, technisches *Funktionieren,* das herzustellen sei. Hingegen wurden Unterrichtsstörungen früher *Disziplinprobleme* und im Zuge der 1968er-Jahre *Wertekonflikte* genannt. Was als Störung gilt, ist abhängig von unserer Interpretation und Deutung der Ursachen. Eine ›Störung‹ kann als Behinderung, als Chance, als Ausdruck der Subjektivität oder des Schülersachverhaltnisses bzw. einfach als Aktivität angesehen werden. Je nachdem, wie ich als Lehrer eine Situation deute, werde ich unterschiedliche Maßnahmen ergreifen. Und je nach Ursache sind auch verschiedene Maßnahmen sinnvoll.

---

zwischenmenschlichen Kommunikation. Reinbek 1981; Floyd L. Ruch/Philip G. Zimbardo: Lehrbuch der Psychologie. Eine Einführung für Studenten der Psychologie, Medizin und Pädagogik, Berlin 1974; Marshall B. Rosenberg: Gewaltfreie Kommunikation. Paderborn 2007; Ruth C. Cohn: Von der Psychoanalyse zur themenzentrierten Interaktion. Von der Behandlung einzelner zu einer Pädagogik für alle. Stuttgart 1975; Mina Schneider-Landolf/Jochen Spielmann/Walter Zitterbarth (Hg.): Handbuch Themenzentrierte Interaktion (TZI). Mit einem Vorwort von Friedemann Schulz von Thun. Göttingen 2009; Eric Berne: Die Transaktions-Analyse in der Psychotherapie: Eine systematische Individual- und Sozialpsychiatrie (1961). Paderborn 2006.

Folgende Ursachenbereiche können unterschieden werden. Die Störung hat Ursachen im Bereich
- der Didaktik – der Unterricht passt nicht zur Lerngruppe, das Arbeitsbündnis steht nicht,
- der Lerngruppe – es gibt Probleme im sozialen Gefüge,
- eines einzelnen Schülers bzw. einer Schülerin – diese(r) hat ein Problem mit sich oder zu Hause,
- in der Beziehung der Lerngruppe zur Lehrkraft – ein Kontaktproblem, die Beziehung ist nicht geklärt,
- in den Moralvorstellungen der Lerngruppe – sie erleben etwas als ungerecht,
- in der Schule als System – die Art, wie die Schule stattfindet, stört Schülerinnen und Schüler und umgekehrt,
- im Bereich des Umfelds, in dem eine Stunde steht – wurde z. B. gerade eine Klassenarbeit geschrieben?

Je nachdem, welche Ursachen es für Taten gibt, die uns stören, können und sollten wir verschieden darauf reagieren – sonst ›stören‹ wir selbst, weil wir aus der Perspektive der ›störenden‹ Schülerinnen und Schüler mit Unverständnis reagieren. Es gehört wohl zu den Grundbedürfnissen von Lernenden (Menschen), sich verstanden zu fühlen. Auch wenn klar ist, dass solches Verstehen niemals vollständig möglich und Regeln einzufordern nötig ist, reagieren Menschen auf Verstehensversuche positiv – es sei denn, sie haben sich bereits nachhaltig unverstanden erlebt; nur dann könnte sie ein Verstehensversuch, der immer auch ein Versuch ist, Gemeinschaft herzustellen, bedrohen oder irritieren. Generell ist es wichtig, die (Entwicklungs-)Botschaft hinter einer Störung zu sehen, d. h. zu verstehen, was die Person sagen möchte, was ihre Wünsche sind und welche Voraussetzungen sie möglicherweise zur Zusammenarbeit (nicht) entwickelt hat. Wer von ›Störungen‹ redet, ohne auf diese Dimensionen Bezug zu nehmen, betrachtet entweder nur sein pragmatisches Ziel, das gerade nicht erreicht werden kann, bringt wenig Interesse an einer einvernehmlichen Lösung auf, bleibt bei der Sicht ›Hier gibt es ein Problem‹ oder hat noch nicht akzeptiert, was zu einem lebendigen Unterrichtsgeschehen dazu gehört. Damit sei nicht schöngeredet, was alles in Klassenzimmern geschehen kann. Viele Probleme sind zu groß für eine Gruppe, aber eine wohlwollende Sicht auf alle Lernenden und die Suche nach hinter einer Störung liegenden Botschaften sind grundlegend.

Menschlich positiv gestimmt zu sein und bestimmt zu sagen, was man sachlich kritisiert, ist bereits eine Lösung eines generellen Dilemmas von Unterricht, das in der *Balance von Akzeptieren und Verändern* besteht. Schülerinnen und Schüler gilt es zu akzeptieren, wie sie sind, und dennoch wird eine Lehrkraft dafür bezahlt, dass Veränderungen entstehen, nämlich Lern- und Entwicklungsfortschritte. Manche Lehrkräfte drängen zu häufig auf Veränderungen und sind stetig unzufrieden mit dem jeweiligen IST-Zustand, manche akzeptieren zu häufig alle Handlungen und versäumen so Möglichkeiten zum Lernen. Aus dem Unterschied zwischen dem Beginn und dem Ende einer Unterrichtsstunde oder Lerneinheit, aus dem Unterschied zwischen Vorher und Nachher ergibt sich allererst die Dynamik von Unterricht. Ohne sie ist Unterricht nicht zu planen, und die Reflexion über Unterschiede zwischen Start und Ziel ermöglicht tiefere Lernbewusstheit und Erfolgserlebnisse sowie funktionale Umentscheidungen von Lehrkräften auf der Basis ihrer Antizipationen und Erwartungshorizonte.

Eine Lösung des Dilemmas, das es auch in jedem menschlichen Leben gibt und das dort als die Frage auftaucht, ob das Glas oder das eigene Leben eher als halbvoll oder als halbleer angesehen wird, lässt sich mit Hilfe des Marte-Meo-Modells darstellen, das ich gleich erkläre.[22] Dort geht es im Kern in allen Interaktionen darum, Initiativen von Menschen in den Mittelpunkt zu rücken, die sie ohnehin haben, die aber auch durch Anregungen entstehen und modifiziert werden. Wenn eine Lehrkraft ihren eigenen Initiativen folgt (und dabei Bildungspläne verinnerlicht) und auf sie aufmerksam macht, lässt sie eine sozial kooperative Situation entstehen; sie sendet eine soziale Einladung aus, die mit Erwartungen verbunden sein kann. Folgt sie den Initiativen ihrer Schülerinnen und Schüler und äußert ihr Interesse an ihnen und damit am Schüler-Sach-Verhältnis, dann werden diese in ihren Veränderungsimpulsen akzeptiert.

---

22 Vgl. Maria Aarts: Marte Meo. Ein Handbuch. Eindhoven 2011.

Wie Unterricht gestaltet wird, berührt die Dimension der Zeit. Wird alles, was geschieht, immer auf die Zukunft ausgerichtet, erfahren Lernende: Die Gegenwart ist etwas zu Überwindendes. Lehrerinnen und Lehrer, so meine Erfahrung, setzen sich oft unter Druck. Darin liegt ein hohes Ethos. Aber sie dürfen sich und anderen auch etwas gönnen: Freude am Beisammensein, daran, einander willkommen zu heißen und zu lernen. Zugespitzt formuliert: Man muss nicht alles zu verändern suchen, wenn man sich interessiert mit Inhalten beschäftigt. Sonst sucht man das Gute stets da, wo man selber nicht ist.

Verbindlichkeit herzustellen ist eine zentrale Basis für die Zusammenarbeit zwischen allen am Unterricht Beteiligten. Es meint mehr als Klarheit, nämlich, sich mit etwas zu verbinden, beispielsweise mit einer Aufgabe, einem Ziel, einer Emotion, einem Wunsch oder mit der Lehrperson. Es bedeutet, kooperieren zu können, Empathie aufzubringen und sich mit eigenen Initiativen sowie den Initiativen anderer zu verknüpfen. Das *Marte-Meo-Modell*, das ich jetzt in den Mittelpunkt rücke, stellt diese Art von Verbindungen ins Zentrum. Gemäß der Marte-Meo-Methode ist es äußerst wirksam und entwicklungsförderlich, wenn Menschen erfahren, dass man *ihren Initiativen folgt*. Das ist die Grundlage dafür, dass Menschen sich anleiten und führen lassen und schließlich dafür, dass sie kooperieren können.

Lehrkräfte sollten dementsprechend in der Lage sein, die Initiativen von Lernenden wahrzunehmen. Dafür sind ein paar Vorbedingungen nötig, die gemeinschaftliche Situationen etablieren helfen. Zunächst sollte eine Lehrkraft sich auf eine soziale Situation einstimmen und dann: ein freundliches Gesicht machen. So einfach sich das anhört, so oft werden doch diese beiden Bedingungen verletzt. Wer aber jemanden unterstützen oder mit ihm kooperieren will, sollte sein Willkommensein signalisieren können. Auf dieser Basis sind dann die Elemente, mit denen man ihren Initiativen folgt, diese:

Kontakt und Anschluss suchen und herstellen (dadurch geht man gewissermaßen in die Welt des anderen), altersangemessene freundliche Töne aussenden, eine sozusagen mitschwingende Stimme haben, Initiativen von Schülerinnen und Schülern folgen und dabei ihre Signale lesen. Folgt man den Initiativen mehrerer Menschen, gilt es, den Blick wechseln und schweifen zu lassen und so die Aufmerksamkeit zu verteilen. Mit Bezug auf ein Kind ist es wichtig, eine gewisse Rhythmik zu beachten: Kontakt- und Aktionsmoment sollen voneinander getrennt werden, das heißt beispielsweise: bei der Begrüßung nicht schon die Tafel beschreiben oder herumgehen und die Hausaufgaben anschauen. Und es gilt das so genannte Respektmodell: In den ›inneren Kreis einer Person‹, d.h. nahe an sie heran, nur nach Ankündigung gehen und dabei wiederum den Rhythmus von Beobachtung und Nähe wahren. Man begibt sich stets in einen Wechsel von Nähe und Distanz, so gibt man Zeit zu reagieren und Blicke auszutauschen. Folgt man diesen Empfehlungen, kann man viele schöne Blicke genießen, die man von Lernenden zurück erhält; man könnte wahrscheinlich allein daran beurteilen, ob Unterrichtsstunden atmosphärisch gelungen sind: Wie oft blicken sich die Personen freudig an, wie oft bestätigen sie einander, wie oft reagieren sie aufeinander und lösen etwas aus?

Zentral ist es, Initiativen zu *benennen*, d.h. sehr konkret: Wörter für Gefühle, Handlungen und Wünsche zu finden, für Objekte und innere Zustände. *Warten, folgen, benennen*, so ließe sich die Grundfigur des Begleitens von Kindern und Jugendlichen zusammenfassen. *Warten, sich mitfreuen, bestätigen*. Und einen Kardinalfehler vermeiden: selbst frühzeitig aktiv zu werden. So wichtig in fortgeschritteneren Phasen eines Lernprozesses eine aktive, steuernde, führende und auch vorgebende Rolle der Lehrkraft ist, so zentral ist es zuvor: warten zu können. Warten lässt anderen Raum und signalisiert: Hier öffnet sich jemand für mich.

Durch das Folgen von Initiativen lässt man die reiche Innenwelt von Lernenden reich, man lässt sie mit ihren Talenten verbunden sein. Kinder haben, gleich auf welcher Entwicklungsstufe und gleich, was sie bereits gelernt und versäumt haben zu lernen, so viele Initiativen, sie haben eine so reiche innerliche Welt; die muss reich bleiben, sonst kann vielleicht noch streng gelernt werden (aber auch eher spärlich); Glück hingegen kann kaum dabei entstehen. Braucht man Glück, kann man sich als Leser jetzt fragen, oder nicht eher Disziplin? Wenn eine Lehrkraft Interessen der Lernenden, wo immer das möglich ist, in Worte fasst, dann gibt sie ihnen Gelegenheit, ihre eigene Welt zu entdecken. Das ist als Startpunkt des Lernens und als dauerhafte Referenz auf das, was weiterentwickelt wird, günstig.

Emotionalen Initiativen zu folgen, heißt, sie emotional zu beantworten: mimisch zu spiegeln, sich mitzufreuen. Das erfordert kognitive und emotionale Aufmerksamkeit, die in Blickkontakten realisiert wird. In pädagogischen Kontexten wird viel von Diagnostik gesprochen, aber oft so, als wäre das eine Geheimwissenschaft von Experten. Das wird es bisweilen auch sein – in einigen Bereichen sonderpädagogischer Förderung erfordert Diagnostik eine spezifische Schulung des Beobachters. Grundlegend wichtig aber ist: hinsehen, Zeichen lesen, zum Beispiel Zeichen der Bereitschaft, des Unbehagens oder des Stolzes.

Initiativen von Kindern sollten wahrgenommen und benannt werden. Was das im Einzelnen heißt, wird altersmäßig unterschiedlich sein müssen; es gilt, das zu benennen, was die Personen selbst noch nicht benennen können.[23] Durch Benennen wird die Aufmerksamkeit unterstützt, besser als durch den Appell ›Sei aufmerksam‹.

---

23 Benennen heißt Hochheben. Das wird später bei der Gestaltung von Auswertungsphasen noch wichtig (vgl. Kapitel 7). Hochheben heißt, etwas wichtig zu machen bzw. in seiner Relevanz zu zeigen, darauf zu fokussieren und zu bündeln. Es ist dem verwandt, was Hegel ›Aufheben‹ nennt: bewahren, heben und negieren – verstanden als umgrenzen – und später in seiner nur einstweiligen Geltung zeigen, in seiner Vorläufigkeit und Beschränkung. Benennen hat mit Anerkennung zu tun, mit Wahrnehmung und Zustimmung. Es ist damit aber nicht das Zustimmen zu einer Meinung oder Einstellung gemeint, sondern Zu-stimmung: die stimmlich macht und eine eigene Stimme gibt. Es ist Zu-spruch gemeint und damit Anerkennung, aber nicht im Sinne der Bewertung, sondern des Interesses und der Zuwendung. Ein illustratives Beispiel für den Unterschied zwischen Benennen und lobendem Bestätigen (das beim Leiten nötig ist, in dem es um Erwartungen geht), liefert Jesper Juul: »[W]enn du wirklich wahrnimmst, wie sich dein Kind das erste Mal auf einer Rutschbahn fühlt, dann kannst du ihm auch mehr dazu sagen: ›Du hast ja viel Spaß auf der Rutschbahn, aber auch ein bisschen Angst, stimmt's?‹ So eine Aussage ist wieder mal ein großes Geschenk: Du hast deinem Kind geholfen, Worte zu finden für seinen momentanen Zustand in der Welt. – Was aber die meisten Eltern tun, ist, das Kind zu loben, als ginge es hier um eine Leistung. Sie verwechseln Erfahrung mit Leistung, und kommentieren: ›Das hast du toll gemacht!‹« Ders.: Aus Erziehung wird Beziehung. Authentische Eltern – kompetente Kinder. Freiburg i. B. 2005, S. 97, 103 ff. Vgl. Bergsson/Luckfiel, a. a. O., S. 112 ff.

Initiativen zu folgen führt dazu, dass die so begleitete Person erfährt:
- Ich bin etwas wert.
- Ich kann mich mit meinen Initiativen verbinden und ihnen dadurch vertrauen.
- Was ich tue, löst etwas aus.
- Ich bin ›richtig‹.
- Was ich tue, hat einen Namen, es *ist* etwas.

So werden inhaltliche Repräsentationen von Dingen, Emotionen und Initiativen aufgebaut, mit anderen Worten: Es finden Kognition, Sprachförderung und Affektregulation statt.[24]

Positiv leiten ist ebenso wichtig wie Initiativen zu folgen. Für das Leiten braucht man aber die Fähigkeit, folgen zu können. Man muss während einer Anleitung beobachten und benennen, was die Angeleiteten tun. Durch klare Anleitungen und durch die Klarheit darüber, wie man anleitet, machen sich Lehrpersonen vorhersagbar, sie erzeugen in Lernenden Erwartungsmodelle. Ob Lernende erfahren: Etwas geschieht mit mir – oder ob sie wissen, was geschehen wird, weil sich eine Person vorhersagbar macht, das entscheidet darüber, welche Erwartungen Lernende an ihre Lehrperson haben. Folgen Angeleitete nicht gern, kann es angebracht sein, auch den Widerstand zu benennen: ›Du hast dich mächtig gewehrt‹ – denn natürlich gehört es zu den Aufgaben von Schülerinnen und Schülern, ihren Lehrkräften zu folgen und sich von ihnen leiten zu lassen; das sind Kooperationskompetenzen. Positiv Leiten bedeutet, die folgenden Schritte zu beachten:

---

24 Das Kind lernt, seine eigenen Initiativen, Gefühle und Dinge zu benennen. Was in Formulierungen nach außen gelangen kann, was so ausgedrückt werden kann, kann er- statt ausgelebt werden. Es staut sich nicht in der Person auf. Sie lernt stattdessen ihre Innenwelt kennen. Und sozial gesehen wird ein Kind dadurch, dass es lernt, sich zu vertrauen und auszudrücken, für andere vorhersehbar, sie können mit ihm kooperieren und sich auf es verlassen. Wenn abwechselnd mehreren Kindern gefolgt wird, lernt ein Kind, andere wahrzunehmen, Aufmerksamkeit und Konzentration auf sein Gegenüber zu richten und empathisch zu sein. Sprache bewirkt hier Wahrnehmung und ein Bewusstsein von Wahrgenommenem.

- Anschluss und Kontakt herzustellen,
- ein klares Anfangs- und Endsignal zu senden,
- zu sagen, was man möchte bzw. was man erwartet:

Konkretes und eindeutiges Benennen der Aufgabe ist wichtig,
- um die Struktur deutlich zu machen und dann
- Zeit geben, es zu tun, um im Anschluss
- zu bestätigen, zu loben und anzuerkennen.

Eine Anleitung wird beendet, indem der Erfolg gefeiert und der Genuss des Erfolgs zelebriert wird. Schließlich wird die Anleitung wieder durch Kontakt und Anschluss beendet.

Die Sachanleitung selbst wird ggf. in kleinere Portionen unterteilt. Einzelschritte werden angeleitet, jeweils wird Zeit gegeben und bestätigt.

Fallstricke beim Anleiten bestehen einerseits darin, abweichende Handlungen kommentarlos zuzulassen, und andererseits darin, dem Gegenüber nicht zu folgen, sondern die Handlung gegen dessen Willen durchzusetzen. Eine zu komplexe Abfolge von Tätigkeiten, die nicht in Teilportionen unterteilt ist, schadet. Vermeiden sollte man, nicht bei der Ausführung dabei zu sein sowie Dinge für jemanden zu erledigen, die er schon ausführen kann. Stattdessen ist es wichtig, sich als Gegenüber zur Geltung zu bringen und so die Wahrnehmung zu schulen, etwa so: ›Du möchtest, dass ich das für dich tue? Das tue ich gern/möchte ich nicht tun.‹ Schließlich ist es nicht förderlich, sich in Teamsituationen in Handlungen anderer Lehrkräfte einzumischen; so entwertet man tendenziell das Vertrauen in das andere Gegenüber.

Zur Verwendung des Marte-Meo-Modells[25] existieren überaus reichhaltige und positive Erfahrungen der Gründerin von Marte Meo, Maria Aarts, und vieler anderer Entwicklungsunterstützer. Zunächst hat Maria Aarts ihr Programm in der Entwicklungsunterstützung autistischer Kinder entwickelt; es lässt sich ebenso bei

---

25 Vgl. Peter Bünder/Annegret Sirringhaus-Bünder/Angela Helfer: Lehrbuch der MarteMeo-Methode. Entwicklungsförderung mit Video-Unterstützung, 4. Aufl. Göttingen 2015.

Kindern mit ADHS und in alltäglichen Situationen in Kindertagesstätten, Beratungsstellen, Schulen und natürlich in Entwicklungstherapien einsetzen. Bei Letzteren werden stets Videos eingesetzt, in denen die Elemente des Folgens und Leitens aufgezeigt werden, damit stärkenorientiert auf ihnen aufgebaut werden kann. Das lässt sich als probates Mittel ebenfalls in der Lehrerausbildung praktizieren. Die beschriebenen Elemente liegen für Beteiligte nämlich häufig auf einer für sie selbst nicht sichtbaren Subebene, prägen aber gewissermaßen alles das, was auf dem Tisch des Lernens liegt. Das Sprachproblem bezüglich dessen, wie sich guter Unterricht beschreiben und bebildern lässt – Wie lässt sich Praxis beschreiben? – führt Maria Aarts dazu, Videos einzusetzen und durchweg eine erfahrungsnahe Sprache zu verwenden. Was Entwicklungsunterstützer tun, soll erfahrbar und gleichsam körperlich spürbar werden. ›Lernen sichtbar zu machen‹ wird so noch einmal auf andere Art eingelöst als bei Hattie.

›Konstruktive Lernatmosphäre‹, ›lernförderliches Klima‹, ›ein fröhliches Gesicht machen‹ oder ›fruchtbare Lernchancen ergreifen‹ – das sind *Formulierungen*, die trivialerweise etwas Richtiges bezeichnen und die ich dennoch häufig verwendet habe. Das Gegenteil wäre immer falsch (destruktive Lernatmosphäre, lernwidriges Klima, miesepetriges Gesicht, unfruchtbare Lernchancen), und daher könnten Lesende kritisieren: Lässt sich das nicht klarer oder präziser ausdrücken und dafür auf diese Formulierungen verzichten? Die Adjektive geben kaum etwas zum Substantiv dazu. Dennoch ist es sinnvoll so zu schreiben, weil es nämlich entweder selbsterklärend ist, aber Bilder und emotionale Resonanzräume erzeugt oder den Fokus auf etwas richten hilft, das nur scheinbar selbstverständlich ist und oft missachtet wird.

Wer kennt nicht eine vergiftete, staubtrockene, öde oder kalte Atmosphäre und Menschen, die stets eine solche zu erzeugen versuchen; wer kennt nicht angstbesetzte oder totlangweilige Unterrichtsstunden, in denen niemand etwas in sein Gehirn hineinlassen kann; wer kennt nicht frustrierte, alltagserschöpfte oder resignierte Gesichter und Lehrkräfte, die ihren Plan erfüllen, gleichgültig, an welchen Stellen sich eine interessante Auseinandersetzung und das Hellwerden von Gesichtern zeigt.

Das *Menschenbild*, das hinter dem Marte-Meo-Modell liegt, ist kein fertig ausgearbeitetes, es bezieht sich jeweils nur auf die sichtbaren Erfahrungen; dennoch gibt es Berührungspunkte zu den üblichen Aspekten von Menschenbildern, die pädagogische Diskurse auszeichnen. Es ist nicht weiter wichtig, ob es beispielsweise als humanistisch oder christlich bezeichnet wird. Die Gemeinsamkeiten liegen darin, dass der Eigensinn von Menschen betont wird, ohne von der prägenden Kraft der Gemeinschaft und der Aufgabe der Inkulturalisation abzusehen. Der Mensch wird als soziales Wesen angesehen: Er ist, wie er ist – nicht nur, aber auch – durch Gemeinschaft. Und er soll seine Entwicklungsschritte möglichst aus eigener Kraft gehen. Das ist keine fertige Theorie des Menschen, ebenso wie in den folgenden Kapiteln auch keine fertige Theorie des Lernens oder von Bildung ausgebreitet wird. Im Gegenteil, der Verzicht auf ein fertiges Konzept vom Menschen, vom Lernen und von den Zielen der Schule ermöglicht gerade, lernende Subjekte als in ihrem Lernen eigensinnig und individuell sowie sie selbst als unbekannt anzusehen, als andere, denen wir gegenüberstehen und mit denen wir verbunden sein können, nicht als Fremde, aber nicht als in unsere immer auch nur subjektiven und beschränkten Theorien eingemeindet und schon vorab erklärt.

4 Planen Sie einfach mit einem guten Thema! – Lerngegenstände formen

›Sie haben keine tragfähige Didaktische Analyse vorgelegt.‹ Eine solche Kritik habe ich des Öfteren von Lehrerausbildern gehört, und zwar dann, wenn beobachteter Unterricht nicht recht ›durchdrungen‹ wirkte, wenn die unterrichtende Person das Lerngeschehen nicht durch Impulse voranbringen oder steuern konnte, wenn zwar etwas unter Umständen Gehaltvolles ›behandelt‹ wurde, aber das, womit man sich beschäftigte, nicht tiefer untersucht wurde. Auch wenn der Unterricht, wie man heute sagt, ›kompetenzorientiert‹ stattfand, wurde solche Kritik bisweilen sichtbar. In einem solchen Fall standen zwar Kompetenzen im Mittelpunkt, diese waren aber teils unabhängig vom behandelten Thema, teils blieb unklar, wie die Erarbeitung des konkreten Inhalts auf die zu erreichende Kompetenz bezogen werden sollte – mit anderen Worten, die Lernenden konnten deshalb nicht zu einer fachlichen Kompetenz gelangen, weil schon das Verständnis des konkreten Inhalts oberflächlich blieb.

Was aber *ist* eine Didaktische Analyse? Die Person, die sich solche Kritik anhört, wird durch die steile Formulierung wahrscheinlich nicht schlauer, sondern eher verunsichert: Sie hat die Grundlagen des Unterrichts nicht berücksichtigt. Ich möchte die Frage pragmatisch beantworten. Ich lege mir die Frage so vor, wie ein Lehrer, der seinen Unterricht plant – von seinem Verständnishorizont aus. Das ist eine gewaltige Einschränkung, denn bisweilen liegt natürlich der Fall vor, dass jemand den Unterricht ›der Sache nach‹ nicht durchdrungen oder sich über wichtige Bildungsdimensionen keine Klarheit verschafft hat. Daher will ich ein paar grundlegende Bemerkungen vorwegstellen, erneut zum Didaktischen Dreieck und zur zentralen Frage: Was wird unter Lernen verstanden, wenn Didaktisierung als Fähigkeit begriffen wird, Unterrichtsthemen für Lernvorgänge auszurichten?

Im Anschluss an die pragmatische und exemplarische Darstellung einer Didaktischen Analyse bestimme ich die zugrunde gelegten und zunächst nur vage erklärten Begriffe des ›Lerngegenstands‹ und des ›Verstehens‹ genauer. Außerdem werde ich (kurz und vorläufig) die Frage stellen: Was gehört alles zum Bildungswert eines Themas (gründlicher dazu in den Kapiteln 11 bis 13)?

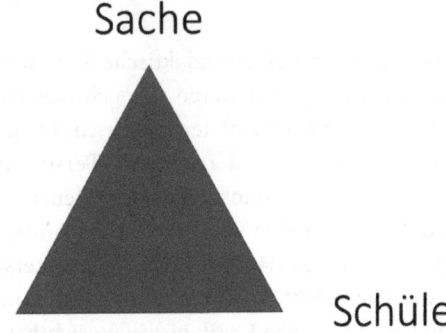

Abb. 1: Das klassische didaktische Dreieck

Klassischerweise wird das Didaktische Dreieck – *die* Grundfigur für Unterricht, die Grundlage des Verständnisses für Lehr- und Lernvorgänge – als Verhältnis zwischen der ›Sache‹ (bzw. bei Herbart, von dem diese bildliche Darstellung stammt, dem ›Stoff‹), der ›Lehrkraft‹ und den ›Lernenden‹ bestimmt. Ich konzentriere mich auf die Verhältnisse ›Lehrkraft‹ – ›Sache‹ und ›Lernende‹ – ›Sache‹. Wenn eine Lehrkraft erfolgreich unterrichten will, dann liegt ihr hauptsächlich das Verhältnis zwischen ›Schüler‹ und ›Sache‹ am Herzen. Denn dieses Verhältnis markiert, welche Einstellung zur ›Sache‹ die Schülerinnen und Schüler haben, und zwar vor dem Unterricht und nach dem Unterricht. Mit Einstellungen sind wiederum Emotionen, Vorerfahrungen, Konstruktionen, Konzipierungen und Bewertungen verbunden. Schülerinnen und Schüler denken *so* über eine ›Sache‹, sie legen sie sich *so* zurecht, sie deuten sie *so*, sie gehen *so* mit ihr um. Der Bezug zur ›Sache‹ wird, das muss das Ziel des Unterrichts sein, nach einer Unterrichtsstunde anders sein. Diesen Unterschied, diese Bewegung von einer vorigen zu einer späteren Einstellung, sei sie handelnd, bildlich, begrifflich, emotional, reflexiv oder rein kognitiv, können wir ›Lernen‹ nennen. Lernen ist der Prozess der Weiterentwicklung des Schüler-Sach-Verhältnisses.

Das ist noch keine Theorie des Lernens, und eine solche sei hier auch gar nicht erst versucht. Diesseits der Frage, ob Lernen behaviouristisch, emanzipatorisch oder selbstbestimmt aufgefasst wird, ob es durch Lernen am Modell, durch große Motivation oder andere Faktoren begünstigt wird, steht doch fest: Niemand kann in den Kopf eines anderen Menschen blicken; das Innere bleibt stets verschlossen. Ein pragmatischer Lernbegriff, in dem sowohl die Eigensinnigkeit des Subjekts (siehe Kapitel 3) als auch die sichtbare Veränderung des Verhältnisses zu einer ›Sache‹ betrachtet wird, ist dennoch hilfreich.

Wie kann eine Lehrkraft Einfluss auf das Verhältnis zwischen Schüler und Sache nehmen, außer durch Herstellen einer guten zwischenmenschlichen Beziehung und durch das Vertrauen auf die Zeit? Sie sollte die vorliegenden Einstellungen verstehen (was oft als Diagnose begriffen wird), Wege gestalten, auf denen sich das Lernen ereignen kann, und Gelerntes sichern und überprüfen.

Aber was hat das Verhältnis zwischen Lehrer und Sache damit zu tun? Darauf lässt sich dreierlei antworten. Der Lehrer (ich formuliere bewusst altmodisch und in der grammatisch männlichen Form, weil das Schema des Didaktischen Dreiecks aus einer Zeit stammt, in der so formuliert wurde) ist erstens oftmals das Medium, in dem die Schüler die Sache zu Gesicht bekommen: Er hält Vorträge, erklärt etwas usw. Zweitens muss er von der Sache etwas verstehen. Und drittens wählt er die Sache aus. Das nun ist der springende Punkt bei der Didaktisierung: Was wählt er aus? Nach welchen Gesichtspunkten (um nicht gleich von Kriterien zu sprechen) entscheidet er sich? Wie präsentiert er die Sache den Schülern, und welche Sache wird es dadurch? Indem eine Lehrkraft Schülerinnen und Schüler mit einer Auswahl von Sachen konfrontiert, wird die Sache für die Lernenden zu dem Gegenstand, über den sie etwas lernen.

Der Begriff der Auswahl ist hilfreich, aber auch irreführend: Er suggeriert nämlich, es lägen irgendwo jede Menge Lerngegenstände herum, aus denen man sich welche herausgreifen könnte. Dem ist nicht so. Denn erstens müssen Lerngegenstände durchdrungen werden, das heißt, ein (weiblicher oder männlicher) Lehrender muss sich die Struktur eines Lerngegenstandes aufschließen. Er kann das beispielsweise in Form eines Tafelbildes, eines gedanklichen Zusammenhangs oder eines Bewegungsablaufs tun. Es wird aber wohl fast immer um *Zusammenhänge* gehen, die einen Lerngegenstand ergeben. Nur sehr selten gilt es, bloß ein Wort, eine Vokabel oder derartig Singuläres zu lernen.

Nun sei der Weg von einem Thema zu einem Lerngegenstand, also die hier dargestellte verkürzte Variante von Didaktisierung, exemplarisch betrachtet.[26] Er ist gemäß dem bisher Gesagten und im Bilde gesprochen die Bewegung vom Pol ›Lehrer‹ zur ›Sache‹. Diese Bewegung erfolgt, um über diese Spitze hinweg auf Schülerinnen und Schüler blicken zu können und diese in Bezug auf dasjenige wahrzunehmen, was sie benötigen, um sich auf den Weg zu dieser Spitze hin zu bewegen. Der so konturierte Teil einer Didaktischen Analyse besteht darin, das an einem Thema zu Lernende zu analysieren, d. h. Unterrichtsgegenstände *bezüglich kritischer Lernaspekte* zu strukturieren. Die *Struktur* eines Lerngegenstandes zu durchdringen, erleichtert das Verständnis und hilft der Lehrkraft, mit individuellen Unterschieden der Schülerinnen und Schüler umzugehen:

> Ich stelle mir der Einfachheit halber vor, eine Lehrerin, Frau Grademacher, kennt ihr Thema bereits, das sie unterrichten möchte. Frau Grademacher hat sich entschieden: ›Ich unterrichte die Rocky Mountains.‹ Das Thema steht also fest. Warum gerade dieses? Das wird im Folgenden gänzlich ausgeblendet; alles wird darauf reduziert, wie sie nun zu Lerngegenständen kommen kann. Frau Grademacher fragt sich: ›Was am Thema könnte ein Lerngegenstand sein? Was an den Rocky Mountains sollen meine Schülerinnen und Schüler lernen?‹ (Noch eine Vereinfachung: Hier werden zunächst keine Unterschiede zwischen verschiedenen Schülerinnen und Schülern

---

26 Für Didaktisierung im Vollsinn wäre es notwendig, darüber hinaus Fachspezifika hinzuzuziehen – es gibt keine überzeugende Didaktisierung ohne Fachdidaktik –, und es wäre notwendig, auf Bildungsdimensionen zurückzugreifen, wie sie etwa von Klafki dargestellt wurden, insbesondere auf die klafkischen fünf Fragen. Vgl. Wolfgang Klafki: Studien zur Bildungstheorie und Didaktik. Weinheim/Basel 1963, S. 135 ff.; ders.: Didaktische Analyse als Kern der Unterrichtsvorbereitung. In: Die deutsche Schule, Heft 10, 1958, S. 450–471.

gemacht, dazu mehr in Kapitel 10.) Frau Grademacher *entscheidet sich* – jede Entscheidung ist natürlich von verschiedenen Faktoren begünstigt, von schulischen Vorentscheidungen, Bildungsplänen, Sachkenntnis, Bildungszielen, der exemplarischen Bedeutung eines Themas etc. – aber auch von den Präferenzen einer Lehrerin.

Sie entscheidet sich: ›Die Schülerinnen und Schüler sollen verstehen, warum es an den Westhängen der Rocky Mountains mehr regnet als an den Osthängen.‹ Nun steht der Lerngegenstand fest: ›In den Rocky Mountains regnet es an den Westhängen häufiger als an den Osthängen, weil …‹ Der Lerngegenstand lautet ›Gründe für die unterschiedliche Niederschlagsmenge in Ost und West‹. Frau Grademacher hätte sich auch für andere Aspekte des Themas ›Rocky Mountains‹ entscheiden können: Wo leben hier Indianer? Wie wurden die Rocky Mountains besiedelt? Werden Landschaften durch Skifahren zerstört? Hätte sie sich für einen von diesen Aspekten entschieden, wäre die Antwort auf diese Frage der zugehörige Lerngegenstand: Die Frage zeigt den Aspekt des Themas an.[27] Der Lerngegenstand ist das, was gelernt wird. Er ist *der spezifische Aspekt* eines Themas, mit dem sich Lernende beschäftigen. Er ist die Antwort auf die Frage: Was genau gilt es für Lernende zu durchdringen, zu verstehen, in Handlungen zu können, sich zu merken usw.? Lerngegenstände können gut als Frage oder Zusammenhang formuliert werden, als Satz oder gedanklicher Zusammenhang.

Die Formulierung als Frage zeigt das Gebiet (den Aspekt) grob an, die Antwort ergibt sich aus der *Struktur* des Lerngegenstands, deren Klärung den Kern der sachlichen Unterrichtsvorbereitung darstellen sollte. ›In den Rocky Mountains regnet es an den Westhängen häufiger als an den Osthängen, weil …‹ – Das, was hier ergänzt werden muss, ist die Struktur des Lerngegenstands. Frau Grademacher klärt die Struktur möglichst genau: ›In den Rocky Mountains regnet es an den Westhängen stärker, weil *die Wolken*

---

[27] Vgl. zum Zusammenhang von Verstehen, Lerngegenstand und Problemorientierung: Andreas Gruschka: Was bedeutet es, das Verstehen zu lehren? (2014) Vortrag auf der Tagung zu »Selbstkompetenzen im Jurastudium« an der Universität Konstanz am 20.2.2014, http://www.boorberg.de/sixcms/media.php/1123/9783415054820_Bleckmann_LPR.pdf (S. 73, letzter Aufruf: 03.04.2017).

an den Bergen hängen bleiben und sich dort abregnen. Zu Osthängen gelangen Wolken selten. Denn vorwiegend herrscht Westwind.‹

Hilfreich ist, wenn Frau Grademacher sich die Struktur visuell vor Augen führt; sie nähert sich dann den Repräsentationen der Struktur, die Schülerinnen und Schülern helfen (können), die Struktur zu verstehen. Vielleicht so wie in dem Schaubild.

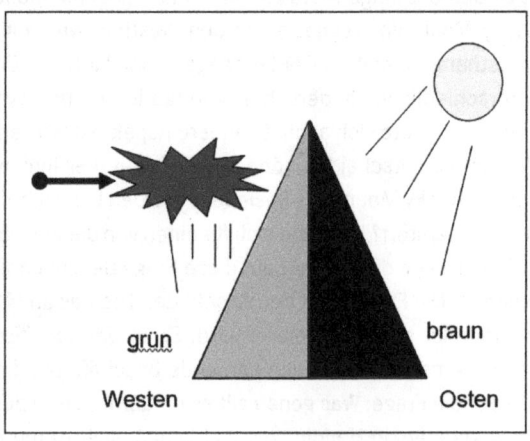

Abb. 2: Sonne und Regen in den Rocky Mountains

Zur Struktur eines Lerngegenstands gehören *kritische Merkmale*. Kritische Merkmale sind oft definierende Merkmale eines Phänomens. Sie sind deshalb kritisch, weil es gilt, genau sie zu durchdringen: im Beispiel die Merkmale ›Windrichtung‹, ›Wolken- und Berghöhe‹ sowie ›Bedingungen für eine fruchtbare Vegetation‹; der *Zusammenhang der Merkmale* ergibt die Struktur des Lerngegenstands, der wiederum der kritische (ausgewählte, entscheidende) Aspekt eines Themas ist.

Merkmale sind außerdem kritisch, weil Lernende möglicherweise Probleme mit ihnen haben. (Der Begriff ›kritisches Merkmal‹ ist doppeldeutig, er bezieht sich sowohl auf den Lerngegenstand selbst als auch – daher – auf das Verhältnis der Lerner zum Lerngegenstand.) Durch die Analyse kritischer Merkmale benennt man mögliche Lernhürden. Man weiß, was möglicherweise die Knackpunkte beim Lernvorgang sein können.

Man kann Unterricht also auf elegante Art (bei sich selbst anfangend) beginnen zu planen, indem man sich klarmacht, *was es zu lernen gilt*. ›Sachanalyse in Lernabsicht‹ kann das genannt werden, und auf diese Art verbindet man bereits bei der Sachanalyse die linke und die rechte Seite des Didaktischen Dreiecks.[28]

Die hier am Beispiel dargestellten Schritte von einem Thema zur Struktur eines Lerngegenstands sind einem Modell von Mun Ling Lo entnommen.[29] Ob Lernen zielführend ist, hängt diesem Modell folgend davon ab, welchen Lerngegenstand die Lehrkraft ausgewählt hat. Der lerntheoretische Hintergrund ist der folgende:[30]

- Lernen entsteht durch Erkenntnis.
- Einen Lerngegenstand zu lernen bedeutet, die Sicht auf einen Gegenstand oder das Verständnis von ihm zu ändern. Indem eine Lehrperson in einer Klasse unterrichtet, mit Schülerinnen und Schülern interagiert und einen Lerngegenstand mit ihnen diskutiert, bekommt auch sie selbst ein besseres und klareres Verständnis des Lerngegenstandes.

Erkenntnis erfordert Lo zufolge die Erfahrung von *Variation*: Etwas wird dann erkannt, wenn der Unterschied zu Anderem/Bisherigem in den Blick gerät. Ob ein Lernziel erreicht werden kann, hängt dabei davon ab, ob das Variationsmuster wahrgenommen und erkannt werden kann: Einfach gesagt, bedeutet Lernen, etwas im Unterschied zu anderem zu beleuchten und aufzufassen. Daher ist die Hervorhebung von Unterschieden fast das Wichtigste, was Lehrerinnen und Lehrer im Unterricht tun sollten; der Durchgang durch Differenzen ist lernkonstitutiv: Ein Aspekt wird als Aspekt erkannt, wenn er im Unterschied zu anderen hervorgehoben wird.

Im Beispiel der unterschiedlichen Niederschlagsmenge an Ost- und Westhängen der Rocky Mountains: Ein Mensch, der in Norddeutschland lebt, muss sich klar vor Augen führen, dass Berge dort viel höher sind als die Harburger Berge. Sie sind so viel höher, dass Wolken an ihnen hängen bleiben können. Wer diesen Lerngegen-

---

28 Vgl. Mun Ling Lo: Lernen durch Variation. Münster 2015, S. 29.
29 Ebd.
30 Ebd., S. 34.

stand aufschließen will, muss sich außerdem darauf konzentrieren, sich die Windrichtung vor Augen zu führen, durch die Wolken vom Pazifik Richtung Rocky Mountains wehen.

Generell geht es darum, die Aufmerksamkeit auf einen Aspekt zu fokussieren, damit dieser überhaupt sichtbar wird. Wer beispielsweise ›nur‹ ein Foto der Rocky Mountains ansehen würde, könnte darauf achten, welche Tiere zu sehen sind, wie viel Schnee liegt, wie vereinzelt sichtbare Häuser gebaut sind usw. Ein einfacheres Beispiel: Schülerinnen und Schüler sollen erkennen, was ein Dreieck auszeichnet. Zeigt die Lehrkraft verschiedene Dreiecke, so wäre das unwirksam: Das Wesentliche würde mangels Unterschied nicht gesehen. Ein Schüler könnte darauf achten, was die Dreiecke voneinander *unterscheidet* (spitzwinklig, stumpfwinklig, groß, klein, blau oder grün gezeichnet), aber nicht, was alle Bilder gemeinsam haben; eine Schülerin würde vielleicht überlegen, ob hier unterschiedliche Hausdächer zu sehen seien. Erst wenn der Lehrer Dreiecke *und andere Formen* zeigt (Vierecke, Fünfecke, bei lernstärkeren Kindern vielleicht auch Kreise, was aber die Gefahr bergen könnte, dass alle eckigen Formen im Unterschied zu runden gesehen würden), wird am Unterschied sichtbar, was ein Dreieck ist. Die Dreiecksform wird von anderen kritischen Aspekten getrennt. Es ist bei der Berücksichtigung des Prinzips der Variation zunächst so, wie es uns allen als Kindern ergangen ist: Man konnte nicht sagen, inwiefern die Mitglieder der eigenen Familie einander ähneln, was einen als Deutschen ausmacht, als Norddeutschen oder als Vertreter einer bestimmten kulturellen Schicht; das alles (sofern es hier signifikante Unterschiede gibt) zeigt sich erst, wenn Unterschiede sichtbar werden. In Frankreich erlebt man andere Formen von Weißbroten, in Thailand andere Kleidungsstile etc. Der fokussierte Aspekt sollte also variiert werden, damit er überhaupt als solcher erkannt werden kann, nicht fokussierte Aspekte sollten konstant gehalten werden.[31]

Der Begriff des ›Lerngegenstands‹ ist ein Schlüssel zum Verständnis dessen, was eine Didaktische Analyse produktiv macht. Ein Lerngegenstand ist vom *realen Gegenstand* in der Welt und vom *Thema*

---

31 Vgl. ebd., S. 75.

Lerngegenstände formen

des Unterrichts zu unterscheiden; er ist das, was gelernt werden muss, um etwas zu können.[32] Beispielsweise ist es nicht ›der Igel‹, sondern ›die Art und Weise, wie er überwintert‹, nicht ›die Französische Revolution‹, sondern ›die Antwort auf die Frage, weshalb so kurz nach der Revolution wieder eine Diktatur entstehen konnte‹. Lerngegenstände liegen damit zwischen dem Unterrichtsthema und der angesteuerten Kompetenz: Was kann oder muss (im Thema) alles verstanden werden, um am Ende fachkompetent zu sein?[33] Wegen dieses Unterschieds wird der ›Sach‹-Pol des Didaktischen Dreieck im Folgenden ›Lerngegenstand‹ genannt. In ›themenorientiertem‹ Unterricht lautet die (inputbezogene) Frage: Womit beschäftigen sich die Schülerinnen und Schüler? In ›kompetenzorientiertem‹ Unterricht ist (outputbezogen) zentral: Was sollen die Schülerinnen und Schüler am Ende eines Lernprozesses können? In einer Orientierung am Lerngegenstand fragt sich die Lehrkraft: Was müssen die Schülerinnen und Schüler durchdrungen, aufgeschlossen oder verstanden haben, um etwas zu können? Alle Beteiligten beziehen sich in ihrem konkreten Handeln auf Verstehensschritte. Dadurch werden weder Themen noch Kompetenzen überflüssig; es wird der Weg vom einen zum anderen gebahnt.[34]

---

32 Vgl. Feuser, a.a.O. (Kapitel 3.2, zuletzt besucht am 03.04.2017) Vgl. Klaus Holzkamp: Lernen. Subjektwissenschaftliche Grundlegung (1993). Frankfurt/New York 1995, S. 181, 206, 208.
33 Insbesondere die folgenden Gedanken finden sich im Abschlusspapier einer Arbeitsgruppe des Landesinstituts für Lehrerbildung in Hamburg zum Thema »Inklusiver Fachunterricht«. Vgl. Hanneke Bohls: Gemeinsames fachliches Lernen im inklusiven Unterricht. Ergebnisse der Konzeptarbeit der LI – AG »Inklusiver Fachunterricht«, Landesinstitut für Lehrerbildung und Schulentwicklung. Hamburg 2016; Vgl. Lo, a.a.O., S. 20.
34 Was ein Lerngegenstand ist, lässt sich außerdem vom ›gemeinsamen Gegenstand‹ abgrenzen, wie er in Formulierungen vom ›Lernen am gemeinsamen Gegenstand‹ verwendet wird. Dort entspricht der Gegenstand z.T. dem Thema, und bisweilen kann es, besonders in inklusiven Kontexten, hilfreich sein, dort, wo keine gemeinsamen Lerngegenstände für alle Lernenden sinnvoll oder möglich sind, dennoch die gemeinsame Auseinandersetzung mit Themen und Fragestellungen zu etablieren, vgl. Kapitel 12.

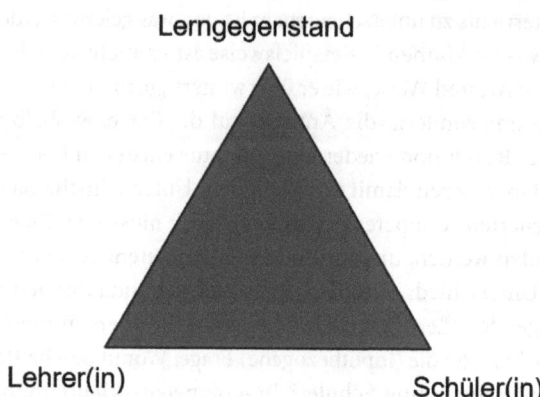

Abb. 3: Das neue didaktische Dreieck

Die Aufgaben einer Lehrkraft lassen sich mit dem Blick auf Lerngegenstände gut beschreiben. Sie fragt sich bezüglich des Schüler-Sach-Verhältnisses:
- Was können, wissen und verstehen die Lerner schon über den Lerngegenstand?
- Wie denken sie den Lerngegenstand?
- Mit welchen Einstellungen und Interessen begegnen sie ihm?
- Wie baue ich darauf auf?
- Auf welchen Wegen können die Lernenden ausgehend von ihren subjektiven Konzepten zu einem Verständnis der Struktur des Lerngegenstands gelangen?

Bei der Auswahl eines Lerngegenstands berücksichtigt die Lehrkraft ihre ›Sachanalyse in Lernabsicht‹, sie lässt sich von ihrer eigenen Auffassung davon leiten, was lohnend am Lerngegenstand sein kann:
- Was kann hier alles gelernt werden?
- Was kann daran und beim Lernen Freude bereiten? Was ist attraktiv daran?
- Welche Frage kann beim Lernen im Mittelpunkt stehen?
- Welche erhellenden Einsichten können gewonnen werden?
- In welchem Zusammenhang stehen die Erkenntnisse? Welche Struktur hat der Lerngegenstand?
- Wie lässt sich die Struktur visualisieren oder zeigen bzw. darstellen?

Lerngegenstände formen

- Wofür ist es gut, das zu lernen? Welche Bildungsziele ergeben sich daraus?
- Wie können die Lernenden mit dem Lerngegenstand in Kontakt gebracht werden?
- Welche Aufgabe kann ich stellen?

Die Lehrkraft lernt, ihre Gedanken zu einem Thema so zu entfalten, dass sie aus der Rekonstruktion nötiger Verstehensschritte später Schritt für Schritt Wege der Unterrichtsplanung schlussfolgern kann; sie lernt, Sach- und Didaktische Analyse auch unabhängig von konkreten Schülerinnen und Schülern zur Gestaltung von Lernwegen zu nutzen – und bereitet damit in einem zweiten Schritt Individualisierungschancen vor: Wer braucht was, um dieses hier zu verstehen? Wer kann gut dabei unterstützt werden, X zu lernen, Y heute jedoch nicht?

Die eigene Freude an einem Lerngegenstand dergestalt zu kultivieren, ist also insgesamt nicht nur ein guter Anfang, um Unterricht freudvoll zu planen, sondern auch, um später Schülerinnen und Schüler zu motivieren und um potenzielle individuelle Lernhürden zu identifizieren. Fragt man sich, was bei einem Thema gelernt werden kann, verbindet man bereits die eigene Sachklärung mit der Vorstellung davon, wie Schülerinnen und Schüler (und Einzelne, die man sich gedanklich vor Augen führt, unterschiedlich) eine Sache lernen können; das ist, was üblicherweise didaktische Fantasie genannt wird. Die Auswahl von Lerngegenständen ist dabei immer auch eine subjektive Entscheidung, die vor dem Horizont des Verstehens des Lernstands von Schülerinnen und Schülern, des Bildungswerts und der eigenen Zugänge zur Sache erfolgt. Mit wachsender Erfahrung wird eine Lehrkraft sich über Bildungsdimensionen genauer Rechenschaft ablegen können und dadurch einen Lerngegenstand tiefer begreifen; dazu später.

Rückt man einen Lerngegenstand in das Zentrum einer Didaktischen Analyse, hat das viele Vorteile:
- den der Konzentrierung auf Lernen und damit
- der Wahrnehmung und Berücksichtigung der Schülerinnen und Schüler bei der sachlichen Unterrichtsplanung,
- den der Konkretisierung und

- den, bei seiner eigenen Beschäftigung mit Aspekten des Themas und ihrem Zusammenhang zu beginnen.

Sofern dabei das Verstehen bzw. die Änderung von Verständnissen das Zentrale im Lernvorgang sind, ist es nötig, kurz zu erklären, was mit *Verstehen* gemeint ist.[35] Denn das birgt die Gefahr von Missverständnissen. Es könnte interpretiert werden: Dieser Unterricht ist am Modell der Geisteswissenschaften ausgerichtet, denn dort ist ›Verstehen‹ der Zentralbegriff. Oder: Dieser Unterricht ist kognitivistisch verengt. Oder: Diese Unterrichtsanlage bildet nur das ab, was *fachlich* wichtig ist, sie bildet daher ein unsinniges und antiquiertes Roll-back von Schüler- zu Fachorientierung.

1. Verstanden werden müssen Zusammenhänge, Abhängigkeiten und Prinzipien. Verstehen beginnt daher, wenn Informationen begriffen, zueinander und zu unseren Vorstellungen in Beziehung gesetzt werden, es geht über das Sammeln von Informationen hinaus (vgl. Kapitel 5). Etwas verstanden zu haben heißt auch, es erklären zu können. So weit ist ›verstehensorientierter‹ Unterricht kognitiv. Aber es geht beim Verstehen auch um den kognitiven Kern *von Handlungen*.
2. Den Begriff des Verstehens in Anspruch zu nehmen, hat den Sinn, tiefer in Lernvorgänge zu blicken: Was passiert im Kopf? Besonders während einer ausschließlichen Orientierung an Kompetenzen, Methoden, Individualisierung und Förderung der Selbstständigkeit besteht die Gefahr, die Aufgabe zu vernachlässigen, Verstehensprozesse zu gestalten. Denn bei all diesen sinnvollen Orientierungen lässt sich die Frage stellen: Durch welche Lerngegenstände werden diese Orientierungen erreicht? Methoden beispielsweise zu trainieren ist höchst sinnvoll; werden methodische Fähigkeiten ausgebaut, sollten sie *als Lerngegenstand* eingeführt werden.
3. Gegen eine Orientierung an Verstehen spräche die Vorstellung, hier könne *die* Struktur einer Sache verstanden werden, sozusagen ihr Wesen. Weder ist es nämlich möglich, das Wesen von Dingen anzugeben noch davon auszugehen, dass Lerngegen-

---

35 Vgl. Horster/Rolff, a. a. O., S. 36.

stände in gleicher Weise bei verschiedenen Individuen repräsentiert seien. Und sozusagen in die Seele Lernender zu blicken, ist auch nicht möglich, d. h. Lernsubjekt und -objekt können nicht einfach bestimmt werden. Hinter das Wissen um die subjektive, kulturelle und sprachliche Vermitteltheit aller Erklärungen kann man schlecht zurückgehen. (Allerdings spricht das nicht gegen eine Orientierung an Verstehen, sondern ist lediglich immer mitzudenken.) Es geht bei einer Orientierung an Verstehensprozessen nicht um ein ›absolutes‹ Verstehen, sondern um ein adäquateres oder erweitertes. Mun Ling Lo spricht im Zusammenhang damit, was Lernen mit Verstehen zu tun hat, davon, Lernen heiße, das Verständnis eines Lerngegenstands zu *ändern* (s. o.).

Ich fasse zusammen. Um einen Lerngegenstand zu strukturieren, klärt man zunächst innerhalb eines Themas den kritischen Aspekt (= das, was den Lerngegenstand ausmacht); dann klärt man den Zusammenhang der kritischen Merkmale, d. h. die Sachstruktur oder, wie Lo formuliert, die innere Struktur.

Darüber hinaus sollte sich eine Lehrkraft noch die *Relevanzstruktur*, d. h. die Bedeutung des Lerngegenstands klarmachen. Dabei fragt man etwa:
- Auf welche Frage kann jemand, der den Gegenstand gelernt hat, antworten?
- Inwiefern ist das eine wichtige Frage?
- Was kann jemand besser, der sich mit dem Lerngegenstand beschäftigt?
- Wo findet sich das in der Wirklichkeit? Welche Lernziele lohnen?
- Inwiefern versteht jemand unsere Welt besser, wenn er den Gegenstand gelernt hat?

Im Beispiel der Rocky Mountains sind vielleicht die Lebensbedingungen an Ost- und Westhängen oder Klimaeinflüsse zentral. Zum Lerngegenstand gehören
- eine Relevanzstruktur (Bedeutung),
- sein kritischer Aspekt (hier: Regenmenge in Ost und West),
- seine kritischen Merkmale (seine Sach-Struktur-Elemente, hier: Windrichtung, Wolkenhöhe, Berghöhen, Regenbedingungen),

manchmal nur eines, manchmal wie im Beispiel mehrere im Bezug aufeinander.

Die Struktur eines Lerngegenstands aufzuschließen ist eine notwendige Bedingung für Unterrichtsplanung; sie hat außerdem viele konkrete Vorteile:
- Die Visualisierung (u. U. ein Tafelbild) ist vorgeplant,
- Aufgabenstellungen lassen sich schlussfolgern,
- mögliche Lernhürden lassen sich antizipieren,
- Individualisierung lässt sich vorbereiten.

Zu verstehen, wie Merkmale eines Lerngegenstands zusammenhängen, kann unterschiedlich anspruchsvoll sein. Anspruchsvolle Merkmale sind potenzielle Lernhürden. Die Lehrkraft wird entscheidungsfähig für die Auswahl von Lerngegenständen, indem sie sich die Frage vorlegt, welche zu ihrer Einschätzung des Schüler-Sach-Verhältnisses passen. Sie kann Lerngegenstände ggf. modifizieren, vereinfachen und anpassen und so auch während des Unterrichts das Lerngeschehen aufmerksam beobachten und steuern. Solche Steuerung gelingt, weil man sich als Lehrkraft die Aufgabe vorlegt, *in wenigen einfachen Sätzen* zu sagen, was genau gelernt werden soll. Hier geht es um eine Formulierung in einer Sprache, die Lernende erreicht. Schließlich kann man formulieren, durch welche Handlungen/Äußerungen klar würde, dass das Lernen erfolgreich war. (Wenn die Schülerinnen und Schüler ... tun, dann kann ich erkennen, dass sie ... verstanden haben/können.)

Generell lässt sich wohl sagen, dass im Normalfall nur ein Lerngegenstand gezielt in der Mitte des Lernvorgangs liegen und bewusst gelernt werden kann. Zu einem bestimmten Zeitpunkt kann ein Lernender sich auf nur einen Aspekt fokussieren. Auch für Lehrende – besonders für Anfänger – ist es hilfreich, das Lerngeschehen nur bezüglich eines Aspekts zu steuern. Nur so kann man lernen, ein Lerngeschehen zu fokussieren und gezielt auf etwas auszurichten.

Dennoch können nebenbei und innerhalb einer Unterrichtsstunde mehrere Lerngegenstände durchdrungen werden: In unterschiedlichen Phasen kann auf unterschiedliche Lerngegenstände fokussiert werden. Gegenüber verschiedenen Schülerinnen und Schülern können verschiedene Schwierigkeiten besprochen werden, aber immer nur eine zur Zeit. Die Aufmerksamkeit liegt jeweils nur auf einem Aspekt. Eine Ausnahme bilden solche Lernprozesse, in denen eine Sache intentional bzw. aufmerksamkeitsgeleitet und eine andere nebenbei gelernt wird. Jemand kann nämlich in einer Situation durchaus mehrere Dinge lernen (Inhaltliches und Methodisches kann gelernt werden, Inhaltliches und Soziales – zum Beispiel beim Fahrradfahren lernen, dem Vater zuzuhören und mit ihm zu kooperieren –, im Fremdsprachenunterricht Inhaltliches und Sprachliches – hier sind in der Regel zwei Lerngegenstände verborgen, die parallel auftauchen, aber zu unterschiedlichen Zeiten einzeln fokussiert werden.

Nun hört sich das bisher Gesagte allzu einfach an.[36] Denn bei jedem Lerngegenstand kann man weiter unterteilen. Je feiner man ein Thema untergliedert, desto kleiner werden die Lerngegenstände. Aus Merkmalen können neue Aspekte werden. Irgendwann wird eine weitere Untergliederung zu fein – wie bei den russischen Puppen, in denen immer wieder eine kleinere liegt. Das Merkmal ›Niederschlag‹ könnte für sich genommen einen Lerngegenstand auszeichnen – es würde dann zu einem eigenen Aspekt –, und es könnten innerhalb dieses Aspekts neue kleine Merkmale benannt werden: ›Wann fällt Wasser aus einer Wolke?‹ wäre dafür vielleicht die Leitfrage. Es gibt kein absolutes Kriterium dafür, wie fein die Kennzeichnungen von Lerngegenständen sein sollen: Sinnzusammenhänge gilt es, wo immer möglich, zu erhalten, und es gilt ebenso, die einzelnen Merkmale eines Lerngegenstands so klar vor Augen zu haben und zu führen, dass sie einen Lernvorgang in gangbare Schritte unterteilen. Daran lässt sich mehreres feststellen.

1. Die Frage, was genau ein Aspekt und ein Merkmal ist, lässt sich nicht eindeutig beantworten; es ist eine Entscheidung, die bereits

---

36 Vgl. zu »subjektiven« und »objektiven« Lerngegenständen: Thomas Hoffmann (2008), Gegenstand und Motiv: Vom Nutzen der Tätigkeitsanalyse für eine entwicklungsorientierte Didaktik. In: Kerstin Ziemen (Hg.): Reflexive Didaktik – Annäherungen an eine Schule für alle. Oberhausen 2008, S. 173–194. PDF-Download http://www.th-hoffmann.eu/texte/hoffmann.2008-gegenstand_motiv.pdf (dort S. 3, zuletzt besucht am 03.04.2017).

eine Einschätzung der Lernenden voraussetzt: Man stellt sich bei der Analyse einer Struktur des Lerngegenstands immer schon Menschen vor, die sich den Lerngegenstand aufschließen. Man ist immer schon mit einem Blick auf der rechten Seite des Didaktischen Dreiecks. (Das ist gerade der Vorteil dieser Art, ein Verständnis von Didaktisierung anzubahnen.)

2. Aus Themen Lerngegenstände zu formen und deren Struktur zu klären, das ist eine Aufgabe mit mehreren Lösungen; während man sie sucht, wird man kompetent in Fragen der Unterrichtsplanung und Diagnose möglicher Lernschritte. Es ist eine wichtige Lernerfahrung für Lehrkräfte: Was alles muss gelernt werden, um den Lerngegenstand zu durchdringen?

3. Aus der Untergliederung von Themen folgt keine Kleinschrittigkeit des Lerngeschehens, aber eine Klärung dessen, was im Unterricht durch eine Lehrkraft zu steuern bzw. zu unterstützen ist.

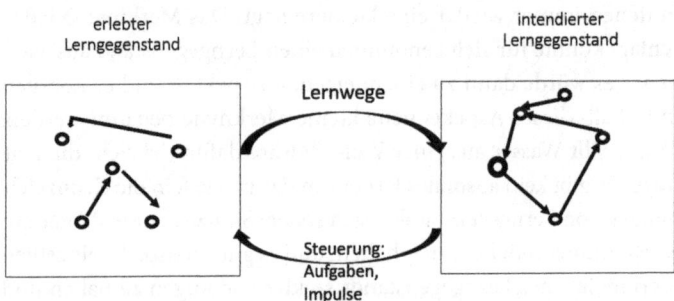

Abb. 4: Unterrichtsvorbereitung: ein Spiel mit (mehr als) zwei Denkweisen

Was ein Lerngegenstand ist, ist bisher immer als *intendiert* verstanden worden. Er kann direkt, d. h. für sich genommen, intendiert sein oder indirekt, d. h. für anderes oder für Kompetenzen, die mittels des Lerngegenstandes erworben werden sollen. Wenn man die Unterrichtsplanung in den Mittelpunkt stellt, ist der Lerngegenstand zunächst immer intendiert. Für Schülerinnen und Schüler sind Lerngegenstände anders. Der *erlebte* Lerngegenstand ist derjenige aus der Sicht der Lernenden, das, was eine Schülerin oder ein Schüler tatsächlich verstanden hat oder sich gerade aufschließt. Der erlebte Lerngegenstand ist die Art und Weise, wie eine Schülerin oder ein Schüler sich den Lerngegenstand jeweils zurechtlegt, oder das jeweilige subjektive Konzept bezogen auf den Lerngegenstand (vgl. Kapitel 5). Daraus folgt: eine Didaktische Analyse berücksichtigt *zwei oder mehrere Arten* von Strukturierungen eines Lerngegenstands: den aus Sicht der Lehrkraft und den aus Sicht von Schülerinnen und Schülern, im Extremfall so viele Strukturierungen, wie es beteiligte Menschen im Klassenzimmer gibt.

Diese beiden Seiten der Strukturierung eines Lerngegenstands, die lehrer- bzw. sachseitige und die schülerseitige, werden im Konzept der *Elementarisierung* zur Grundlage einer Didaktischen Analyse erhoben.[37] Auf einfach strukturierte Art und Weise werden hier links Strukturen aus Sicht der Lehrkraft veranschaulicht, und rechts antizipierte schülerseitige Verständnisse. Dabei ist es wichtig, dass die jeweiligen Perspektiven auf den Lerngegenstand nicht nur Nennungen punktueller Aspekte sind, sondern die *Struktur* des Lerngegenstands zeigen.

Schließlich ist ein Lerngegenstand *dynamisch*: Er wird durch Interaktion im Unterricht angepasst. Verstehensprozesse verändern sich ggf. im laufenden Unterricht. Die Unterschiede zwischen intendiertem, erlebtem und dynamischem Lerngegenstand sind zentral, wenn es um die Fähigkeit von Lehrkräften geht, adaptiv zu unterrichten (d. h. angepasst an die konkrete unterrichtliche Situation). Wenn eine Lehrkraft a) antizipiert, auf welche Art Lernende sich einen Lerngegenstand aneignen, und b) dies mit ihrer Erwartung an eine möglichst gelungene Aufschließung des Lerngegenstandes abgleicht, dann kann sie Wege des Übergangs planen – und darüber

---

37 Vgl. Manfred Schnitzler: Elementarisierung – Bedeutung eines Unterrichtsprinzips. Neukirchen-Vluyn 2007; Friedrich Schweitzer: Elementarisierung im Religionsunterricht: Erfahrungen, Perspektiven, Beispiele: Mit weiteren Beiträgen von Karl Ernst Nipkow. Neukirchen-Vluyn 2003, S. 9–30. (Ich ignoriere an dieser Stelle weitere Elemente, z. B. Lernzugänge und Lernformen, und den theologisch-fachdidaktischen Kontext der Rahmung dieser Analyse.)

hinaus besonders gut wahrnehmen, in welcher Weise sich im Unterricht noch andere Zugänge zum Lerngegenstand zeigen. Exemplarisch seien weitere Lerngegenstände genannt, allerdings ohne Nennung der kritischen Merkmale.[38] Ich nenne zuerst das Thema, dann einen möglichen Lerngegenstand in Form einer Kurzstruktur und einer Frage.

- Die Banane – Der Weg von der Bananenherstellung zu Edeka – Ist der Bananenpreis bei Edeka gerechtfertigt?
- London – nach zentralen Orten in London fragen können – Wie kann ich nach dem Weg zu wichtigen Stätten in London fragen?
- Das Dritte Reich – Gründe und Aspekte für Hitlers Machtergreifung – Wie konnte es zu Hitlers Machtergreifung kommen?
- Der Verbrecher aus verlorener Ehre (Schiller) – Außengeleiteter und innengeleiteter Ehrbegriff im Titel ... – Möchte ich meine Ehre dadurch gewinnen, dass ich vor anderen gut dastehe oder vor mir selbst?
- Zeichnen – Konstruktion von Perspektivlinien in der Zentralperspektive – Wie zeichne ich einen Würfel perspektivisch richtig?

Abschließend stellt sich die Frage, welchen Bildungsgehalt ein Lerngegenstand hat. Die bisher genannten sind: Relevanz, Problemorientierung und zu erwerbende Kompetenzen. Weiter? Fünf Richtungen, in denen sich Bildungswerte und Kriterien für die Auswahl von Lerngegenständen außerdem zeigen, will ich hervorheben: Fachlich-

---

38 In der bereits erwähnten Handreichung zum Thema des inklusiven Fachunterrichts finden sich ebenfalls Beispiele, in denen das jeweilige Thema von einem Lerngegenstand und einer durch ihn intendierten Kompetenz abgegrenzt wird: Themenorientierung/Orientierung am Lerngegenstand/Kompetenzorientierung // Sachunterricht: Der Igel/Körpertemperatur muss vor der Außentemperatur geschützt werden/Überwinterungsstrategien erläutern können // Biologie: Herz-Kreislauf/Das Herz fungiert als Pumpe in einem geschlossenen Kreislauf/Bau und Funktion des Herzens erläutern können // Theater: Spiel mit Requisiten/Ein Requisit löst sich von seiner gegenständlichen Bedeutung/Requisiten als Ausdrucksmittel nutzen können // AV Dual: Assistieren bei einem chirurgischen Eingriff/Materialkunde Hygiene und Handhabung hängen voneinander ab/Fach- und sachgerecht assistieren und anreichen können.

keit, Lerngruppe, klassische Bildungsdimensionen, Inklusion und Denktiefe bzw. Differenzierung.
1. Ist ein Lerngegenstand fachsystematisch zentral? Liegt er sozusagen in der Mitte eines Inhaltsgebiets, stellt er eine Bedingung dar oder ist von besonderer Aktualität? Ist er, was Fachmethoden betrifft, grundlegend? Hat er eine exemplarische Bedeutung, d. h. lässt sich etwas durch ihn verstehen, was für das Fach zentral ist?
2. Ist in Kriterium 1 die ›Mitte‹ als fachliches Zentrum bestimmt, so lässt sich auch fragen, was der Verstehenskern eines Inhalts ist und ob ein Lerngegenstand geeignet dafür ist, dass sich alle Schülerinnen und Schüler einer Lerngruppe um ihn herum als Lerngemeinschaft gruppieren können. Können alle aussichtsreich und gemeinsam das Gleiche lernen? Ist er so merkmalsreich, dass verschiedene Lernende einander unterstützen können oder sich mit verschiedenen Merkmalen beschäftigen können?
3. Ein Lerngegenstand kann auf seinen klassischen Bildungswert hin befragt werden. Befähigt er? Zu besserem Verständnis der Welt oder dazu, diese mit zu gestalten? Nimmt jemand, der sich mit diesem Lerngegenstand beschäftigt, die Wirklichkeit genauer, tiefer oder erweiterter wahr? Dient die Auseinandersetzung mit dem Lerngegenstand der Mündigkeit, der Selbstständigkeit oder Schulung der Verantwortung? Wird Selbst-Bildung in einem emphatischen Sinn der Menschwerdung gefördert? Wird die Individualität der Schülerinnen und Schüler weiterentwickelt im Sinne der Emanzipation, der Selbstbestimmung, der Schulung eines homo politicus oder jedenfalls urteilsfähigen aufgeklärten Zeitgenossen?
4. Inklusion kann als Bildungsziel angesehen werden. Inwieweit ist dieser Verstehensschritt in besonderer Weise geeignet, den Einzelnen zu verantwortlicher Teilhabe an der Gesellschaft zu befähigen? Dient die Beschäftigung mit ihm dazu, sich mit Barrieren auseinanderzusetzen, andere in ihrer (individuellen oder kulturellen) Unterschiedlichkeit besser zu verstehen und Unterschiede als gewinnbringend für Lernen oder Basis für eine Streitkultur in praktizierter Toleranz aufzufassen? Erfahren Lernende durch die Beschäftigung mit dem Lerngegenstand oder durch Beteiligung an der Auswahl Partizipation? Ermöglicht ein Lerngegenstand es,

dass alle Lernenden einer Gruppe auf ihre Art teilhaben können an gemeinschaftlichem Lernen (vgl. Kapitel 12)?
5. Werden durch einen Lerngegenstand Schülerinnen und Schüler tief genug gefordert? Werden tiefere Denkebenen erzielt? Erfolgt die sprachliche Aufschließung auf einem sowohl sprachsensiblen als auch sprachfördernden Niveau? Sind kreative Denkleistungen möglich? Können Denkräume eröffnet werden? Können Lerngegenstände auf unterschiedliche Art verstanden werden? Kann solch unterschiedliches Verstehen gezielt gefördert werden?

5 Wo ist die Selbstständigkeit? Du Schuft! – Steuern, Aufgaben stellen und begleiten

Wenn sich eine Lehrkraft der Struktur eines Lerngegenstands vergewissert, dann weiß sie, was gelernt werden kann. Sie weiß, welche Fähigkeiten jemand erwerben kann, der sich mit dem Lerngegenstand auseinandersetzt. Auf dieser Grundlage ist es ein kleiner Schritt, Fähigkeiten in Form von Aufgabenstellungen zu formulieren. Damit ist eine weitere Planungsebene leicht zu beschreiben, nämlich die, in der man Lernende damit betraut, sich in Form gezielter Aktivitäten mit Lerngegenständen zu beschäftigen und dabei Zentrales zu verstehen. Unterricht lässt sich wohl auf der Ebene der (teils sprachlichen) Handlungen so beschreiben: Schülerinnen und Schüler tun etwas und Lehrerinnen oder Lehrer sagen etwas, sie stellen Fragen oder Aufgaben. Aufgaben präzisieren Handlungserwartungen und sie definieren Lernziele: Wer das-und-das tut bzw. tun kann, hat das Gewünschte gelernt. Aufgabenstellungen bieten die Chance, durch sie ein Lerngeschehen in Form von Tätigkeitsfeldern zu konturieren und in eine Form zu bringen.

Sofern eine Lehrkraft also das zu Lernende vor Augen hat, kann sie Aufgaben stellen, und der Unterricht ist zugleich in einer ersten Weise strukturiert.[39] Welcher Art können die Aufgaben sein? Ich möchte in diesem Kapitel drei Richtungen aufzeigen, in denen eine Lehrkraft zu Aufgabenstellungen gelangen kann. Zuerst kann sie in einige Richtungen ausschwärmen, in denen Tätigkeiten liegen könnten. Diese Richtungen sind Stile und Arten von Tätigkeiten, die für unterschiedliche Schülerinnen und Schüler unterschiedlich passend sind, und sie befördern unterschiedliche Kompetenzen, die durch sie erworben werden. Annemarie von der Groeben hat zusammen mit Ingrid Kaiser in Abwandlung einer Analysespinne von Lutz Stäudel

---

39 Mit genauerer Kenntnis der Lernenden sollten und können Aufgabenstellungen natürlich ebenso auf die Anknüpfungsmöglichkeiten und Lernwege bezogen werden, die für Lernende (ggf. unterschiedlich) möglich sind.

fünf solcher Richtungen beschrieben.[40] Zweitens können Aufgaben mit Hilfe von Denkebenen und Anforderungsbereichen gefunden werden. Sie lassen sich dann mit Hilfe so genannter Operatoren stellen. Dadurch können Schülerinnen und Schüler relativ präzise und angeleitet Lernschritte gehen. Das ist insbesondere als Handwerkszeug für das Unterrichten in jüngeren Klassen hilfreich, bietet es Lernenden doch eine klare Struktur und Abfolge von Lernschritten, die aufeinander aufbauen. Drittens laufen solche kleinschrittigen Aufgaben natürlich Gefahr, geübte Lerner einzuengen. Sie teilen Sinnzusammenhänge ein und können dazu führen, dass diese – dadurch zerteilt – in den Augen der Lernenden verloren gehen. Also ist es sinnvoll, nach Aufgaben zu suchen, die solche Sinnzusammenhänge erhalten und den Lernenden die Herausforderung der Strukturierung von Lernschritten nach und nach selbst überlassen – wofür sie wiederum Unterstützung erhalten. Solche Aufgaben werden komplex oder selbstdifferenzierend genannt. Komplexe Aufgaben können mit unterschiedlichen Strukturhilfen und unterschiedlichen Graden an Offenheit gestellt werden.[41] Die Chance, durch Aufgabenstellungen Klarheit und Planbarkeit anvisierter Ziele zu erreichen, birgt nämlich auch eine Gefahr. Selbstständige Schülerinnen und Schüler können sich zu Objekten und Erfüllungsgehilfen eines vorgegebenen Schemas degradiert fühlen: Aufgaben werden ›erledigt‹, man tut, was andere von einem erwarten. Wo diese Gefahr droht, sind eher offene Fragestellungen und Mitbestimmung angezeigt. Bei Erwachsenen sind kleinschrittige Aufgabenstellungen nur nötig zur Herstellung von Verbindlichkeit in größeren Organisationseinheiten.

Kleinschrittige Aufgaben sind eher geschlossen als offen. Je geschlossener ein Auftrag ist, desto mehr Zeit bleibt für das eigentliche Tun, d.h. die Ausführung – desto mehr entstehen aber auch Routinearbeiten. Je offener ein Auftrag, desto mehr Zeit muss ein-

---

40 Vgl. von der Groeben/Kaiser, a.a.O., S. 35 ff.
41 Die Anregungen zu Strukturhilfen für die unterschiedliche Steuerung in komplexen Aufgaben sowie zugehörige Beispiele verdanke ich Hanneke Bohls. Strukturhilfen, die auf Steuerungsarten verweisen, werden in Hamburg in Fortbildungen verwendet, die aus dem Regionalprojekt erwachsen ist, für das Kerstin Tschekan und Joachim Herrmann mitverantwortlich waren/sind.

geplant werden für Verabredung und Zielklärung: Verstehen alle das Gleiche unter der Fragestellung? – Ist jedem klar, was gemeint ist? – Sind die Begriffe, die verwendet werden, ist die Formulierung verständlich? Hier droht die Gefahr, dass bloß Verabredungen und Klärungen erfolgen, das eigentliche Tun aber nicht mehr vorkommt.

Das ›aeiou-Prinzip‹ bietet die Möglichkeit, eine kreative Erkundung des didaktischen Potenzials eines Themas oder Lerngegenstands vorzunehmen. Die Vokale des Alphabets bilden die Eselsbrücke zum Finden von Aufgaben, die in unterschiedlichen Tätigkeiten Lohnenswertes an einem Thema oder Lerngegenstand auffinden helfen.

Argumentieren erfordert Begründungen und die Suche nach Hintergründen; die prototypische Fragestellung lautet hier: Warum kann man es so oder anders sehen? Am Beispiel des Themas ›Wir und unsere Haustiere‹ erläutern von der Groeben und Kaiser diese Richtung durch die Fragen: Sollten alle, die das wollen, ein Tier besitzen dürfen? Sind Tierschutzbestimmungen ausreichend? (In diesen Beispielen finden sich verschiedene Lerngegenstände zu einem Thema; eine Lehrkraft kann sich auch mit Hilfe solcher Richtungen von Aufgaben verschiedene Lerngegenstände innerhalb eines Themas eröffnen.)

Erkunden erfordert Tätigkeiten des Sammelns, der Analyse und der Exploration. Fragerichtung: Wie ist es? Mögliche Fragen im Bereich der Haustiere lauten: Woher kommen sie? Was ist artgerechte Tierhaltung? Welche Haustiere gibt es in unseren Familien?

Imaginieren appelliert an die Vorstellungskraft, man fantasiert und bildet vorläufige Modelle. Fragerichtung: Wie wäre es, wenn …? Haustieraufgaben könnten sein: Ein Hund erzählt seinen Tagesablauf … Was wäre, wenn jeder die Tiere zu Hause hätte, die er zur Verpflegung nutzt? Wie wäre es, wenn die Tiere sprechen könnten?

Ordnen bedeutet, Zusammenhänge und Unterscheidungen zu finden, etwa Begriffe, Beispiele, Regeln. Die Fragerichtung lautet: Wie passt es zu anderem? Eine Aufgabe wäre: Stelle Informationen über Körperbau, Ernährung und Verhaltensweisen von Tieren zusammen![42]

---

42 Weitere Beispiele in: von der Groeben/Kaiser, ebd., S. 38.

Urteilen heißt, begründete Entscheidungen zu fällen. Die Fragerichtung lautet: Was bedeutet es für mich, für dich, für andere? Was müsste geschehen, damit Haustiere artgerecht leben können? Was können wir dafür tun? Nicht immer lassen sich zu allen Themen und allen Lerngegenständen Aufgaben zu jeder dieser fünf Richtungen finden, aber im Sinne der Erweiterung eigener Optionen für Aufgabenstellungen ist ein Versuch lohnend.

Hier ist ein kurzer Vorgriff nötig. Will man Aufgaben stufen, d. h. mehrere Teilaufgaben nacheinander stellen, die Lernenden Orientierung, Überschaubarkeit und Überblick ermöglichen, dann ist es hilfreich, sich vor Augen zu führen, welche *Phasen* es in einem Lernprozess gibt. Das geschieht ausführlich im nächsten Kapitel. Gemäß dem *Modell der drei Denkebenen* ist etwas vollständig gelernt, wenn es auf der ersten Denkebene gesammelt und reproduziert wird, auf der zweiten Denkebene verarbeitet und vernetzt wird und auf der dritten Ebene angewendet und transferiert wird. (Der Unterschied zwischen Anwendung und Transfer besteht darin, dass das, was zuvor verarbeitet wurde, beim Transfer noch verändert und angepasst wird, während das bei einer einfachen Anwendung nicht nötig ist.)

Zu den drei Denkebenen gehören Tätigkeiten, die Verben für Aufgabenstellungen sein können: zur ersten aufzählen, beschreiben, nennen, wiedergeben und erzählen, zur zweiten argumentieren, vergleichen, klassifizieren, sortieren, hierarchisieren, unterscheiden und erklären, zur dritten Denkebene kombinieren, beurteilen, bewerten, vorhersagen, spekulieren, analysieren und interpretieren.[43]

Zugehörige Fragen lauten auf der ersten Denkebene: Wer? Was? Wo? Wie? Wann?, auf der zweiten: Warum? Inwiefern? Was ist die Hauptaussage? Welche Gemeinsamkeiten/Unterschiede bestehen …? und auf der dritten Ebene: Was würde passieren, wenn …? Wie würdest du … lösen, organisieren … um …? Was würdest du vorschla-

---

43 Vgl. Modell nach Robin Fogarty: Gehirngerechtes Klassenzimmer. In: Thüringer Institut für Lehrerfortbildung (Thilmm), Handreichungen für die Unterrichtspraxis. Heft 126/2007, S. 31. https://www.schulportal-thueringen.de/media/detail?tspi=2035 (letzter Aufruf: 29.03.2017) Vgl. Kerstin Tschekan: Kompetenzorientiert unterrichten. Berlin 2011, S. 90.

gen, um …? Welcher Zusammenhang besteht zwischen …? Wie bewertest du …?

Nicht alle Denkebenen sind für alle Schülerinnen und Schüler jederzeit erreichbar, weil nicht alle Menschen Lerngegenstände gleich tief durchdringen. Dennoch gilt es, sie für alle Schülerinnen und Schüler anzubieten, auch und gerade an allen Schulformen. Zwar bauen sie in der Regel kognitiv aufeinander auf, aber die Fähigkeiten, die für unterschiedliche Denkebenen relevant sind, sind gleichwohl teils voneinander unabhängig. Sie sind nicht linear, manchmal werden sie in anderer Reihenfolge durchlaufen, und bisweilen wird eine höhere erreicht, obwohl die darunter liegenden, explizit gesehen, nicht beschritten scheinen; es gibt implizite Lerner, etwa große Künstler, die sofort zu Urteilen gelangen, aber manchmal nicht sagen können, wie sie zu ihnen oder zu Umdeutungen gekommen sind. Und es wäre gefährlich, die Urteilsbildung, die zur dritten Denkebene gehört, für einige Schülerinnen und Schüler nicht zu schulen. Sonst müsste man im Endeffekt dafür plädieren, manchen Menschen das Wahlrecht zu entziehen. Meinungsbildung erfolgt auf Basis von Argumenten, aber ebenso auf Grund von Bildern und Erfahrungen; Können ist oft implizit und in Handlungen eingebettet, bei denen fraglich bleibt, ob und welches eine explizit zugrundeliegende Regel oder Denkstruktur ist (vgl. zu einer genaueren Kritik Kapitel 13).[44]

Denkebenen korrespondieren mit *Anforderungsbereichen,* zumeist als (I) Reproduktion, (II) Reorganisation und (III) Transfer verstanden. Erstere sind während eines Lernprozesses wichtig, letztere zur Beurteilung der Qualität von Lernergebnissen. Sie sind nicht deckungsgleich: Anforderungsbereiche messen sich an *aufgebauten* Anforderungen. Ist kognitiv gesehen eine bestimmte Denkstruktur erworben (erste Denkebene), dann gehört es zur zweiten Denkebene, flexibler mit ihr umzugehen und zur dritten, sie anzuwenden und zu beurteilen (oder mit ihrer Hilfe zu urteilen). Ist

---

[44] Andreas Brehme wurde gefragt, was er gedacht habe, als er 1990 am Elfmeterpunkt stand, kurz bevor er das entscheidende Tor zum Weltmeistertitel schoss. Seine Antwort war kurz, ich verkürze noch einmal: »Ich habe da gestanden und ihn ›reingemacht‹«.

auch das gelernt, dann kann die folgende Situation eintreten: Ein Schüler oder eine Schülerin reproduziert in seinem Kopf, was er im Unterricht aufgeschnappt hat, nämlich die Anwendungen und Beurteilungen. Das, was er reproduziert, gehörte noch vor einigen Stunden zur dritten Denkebene, entspräche dort also einer Anforderung im Anforderungsbereich III. Da er oder sie aber nur nacherzählend ›aufsammelt‹, was gelernt wurde, entspricht es jetzt einer Leistung auf der ersten Denkebene. Selbst eine flexible Darstellung einer Denkstruktur und ein begründetes Urteil kann im Anforderungsbereich I und auf der ersten Denkebene reproduziert werden.

Das ist für Lehrkräfte sehr wichtig zu verstehen, weil es zu einer gerechten Beurteilung von Schülerleistungen gehört. Bezogen auf kognitive Denkleistungen will ich es daher noch einmal mit Hilfe eines Strukturbildes erklären.

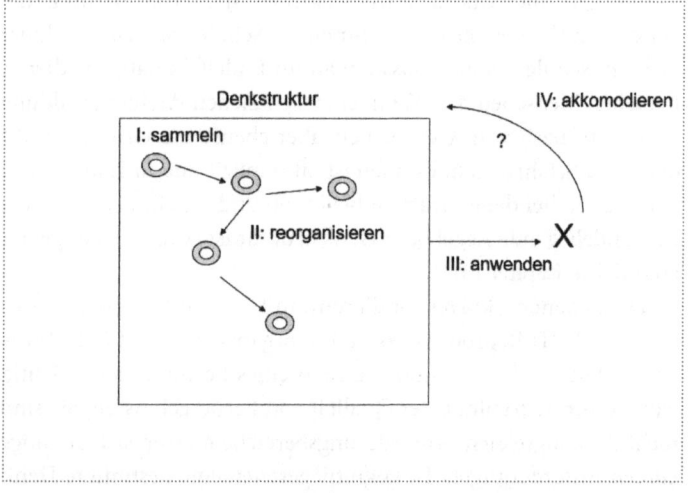

Abb. 5: Kognitive Denkebenen und Anforderungsbereiche

Auf der ersten Denkebene werden die Elemente der Struktur zur Kenntnis genommen, die mit Hilfe der Kreisscheiben des inneren Rechtecks symbolisiert sind; sie können genannt werden. Auf der zweiten Denkebene können sie in ihren Zusammenhängen flexibel erläutert werden, weil Verbindungen verstanden sind (etwas wird nicht auswendig, sondern inwendig begriffen). Auf der dritten Denkebene kann die gesamte Struktur auf einen Fall X in der Welt angewendet werden; je nach Neuheit des Falls X bezüglich der Struktur handelt es sich um einen Transfer. Es gibt noch eine vierte Denkebene, die vor vielen Jahren als Anforderungsbereich III bezeichnet wurde; vgl. zur Erweiterung des Modells die ›Bloomsche Taxonomie‹[45]. Sie besteht darin, eine Denkstruktur zu überschreiten; man bemerkt, dass sie nicht auf den Fall X angewendet werden kann, und man kann die Denkstruktur in ihrer Begrenztheit erkennen oder gar eine neue, erweiterte Denkstruktur formen; divergierendes Denken, Akkommodation (im Unterschied zu Assimilation) oder kreatives Denken wird diese vierte Ebene auch genannt. Würde man jedoch einen Rahmen um das gesamte Schaubild ziehen, so wäre das auch wieder ›nur‹ eine Denkstruktur, die reproduziert werden kann. Warum ist das so? Weil sich jede Denkleistung im Nachhinein, war sie auch während eines Erarbeitungsprozesses anwendend, urteilend etc., als Reproduktionsleistung abrufen lässt.

Das Modell der drei Denkebenen und die drei Anforderungsbereiche reduzieren die *Bloomsche Taxonomie* auf drei Stufen.[46] Blooms Strukturierung enthält jedoch vier bzw. sechs Ebenen: (1) Reproduktion, (2) Reorganisation, (3 und 4) Transfer, unterteilt in Anwendung und Analyse, und (5 und 6) Problemlösung bzw. Beurteilung, unterteilt in Synthese und Bewertung. Um eine Synthese herzustellen, kommen sprachlich neue Anforderungen hinzu, nämlich die Fähigkeit, Begriffe zu bilden (vgl. zu dieser Dimension des Lernens Kapitel 6).

Genau genommen, das zeigen diese unterschiedlichen Modellierungen, sind nicht alle Denkfähigkeiten kognitiv, und außerdem intendieren Modelle nicht *die* Wirklichkeit, die sie sozusagen abbilden, sondern sie ermöglichen uns, sie uns in begrenzter, reduzierter Form vorläufig anzueignen. Liegen zum Beispiel Reproduktion, Reorganisation und Transfer auf einer kognitiven Ebene, so Ana-

---

45 Vgl. Benjamin Bloom: Taxonomie von Lernzielen im kognitiven Bereich. Weinheim 1976. Das Bild der drei Denkebenen und die Bloomsche Taxonomie werde ich in Kapitel 13 als zwar für den Anfang nützlich, aber insgesamt irreführendes und erweiterungsbedürftiges Bild für Lernprozesse analysieren.
46 S. o. Thillm-Heft 126/2007, Gehirngerechtes Klassenzimmer, S. 30 ff.

lyse und Urteilsfähigkeit auf einer metakognitiven. Die Fähigkeit aber, Kognitionen zu befragen, lässt sich nur teilweise selbst kognitiv erfassen, selbst wenn, mit Hegel gedacht, das Ziel oder Ergebnis des Urteilens ein besserer Begriff ist. Sie erfordert personale und soziale, aber ebenso andere reflexive Kompetenzen. Urteilen darf dabei nicht mit einer bloßen Meinung verwechselt werden.

Beispielsweise sollte sich eine Lehrkraft durch die Fähigkeit zum Perspektivwechsel auszeichnen, sie sollte mehrere Konzepte des Lerngegenstands im Kopf haben, das eigene und das antizipierte möglichst vieler Schülerinnen und Schüler. Diese Fähigkeit liegt nicht bei allen Lehrerinnen und Lehrern vor; es gibt kognitiv hochbegabte Menschen, die sich nicht für den Lehrerberuf eignen, sie sind sozusagen eher monologisch als dialogisch bzw. gesprächsfähig. Und kreative Leistungen schließlich bleiben prinzipiell außerhalb jedes Schemas, auch wenn in ihnen kognitive Anteile liegen.

Zurück zu Aufgabenstellungen: Sie lassen sich mit Hilfe der drei Denkebenen und Anforderungsbereiche präzisieren, wenn die Lehrkraft *Operatoren* verwendet. Operatoren sind Handlungsaufforderungen (in Form von Verben), die Schülertätigkeiten initiieren, lenken und strukturieren können. Sie bestimmen Mittel und Methoden für die Bearbeitung der Aufgabenstellung. Signalwörter geben Schülerinnen und Schülern Auskunft, was bei einer jeweiligen Aufgabe überhaupt zu tun ist. Operatoren lenken hin zu Tätigkeiten, die, werden sie ordnungsgemäß ausgeübt, Fähigkeiten anzeigen. Benenne, beschreibe, erkläre, begründe, ordne zu, beurteile, prüfe, analysiere – das sind Operatoren. Inzwischen sind Operatoren durch Behördenvorgaben fachspezifisch erklärt (wobei es große Schnittmengen in den Definitionen gibt), und es existieren umfangreiche Operatorenlisten, die sich bequem im Internet abrufen lassen. Wichtig ist, dass man Schülerinnen und Schülern erklärt, was man von ihnen erwartet, wenn man einen bestimmten Operator verwendet. In der Regel können Operatoren je nach Zusammenhang und unterrichtlichem Vorlauf in jeden der drei Anforderungsbereiche eingeordnet werden; dennoch lassen sie sich Denkebenen innerhalb eines Anforderungsbereichs zuordnen je nach Aufgabenstellung oder Anforderungen einer Leistungsüberprüfung.

Nicht immer ist es sinnvoll, Operatoren und Aufgaben in der Reihenfolge der drei Denkebenen zu stellen. Dabei bestünde ggf. Unterforderungsgefahr; der Sinnzusammenhang, in dem eine Aufgabe steht, ergibt sich zumeist aus höheren Denkebenen, auch wenn die zur Bearbeitung nötigen Fähigkeiten zunächst das Beschreiten einer ersten Denkebene erforderlich machen mögen. Der Vorteil einer kleinschrittigen Aufgabe, den Lernenden Orientierung und Anleitung zu geben, birgt die Gefahr, dass sie nicht mehr wissen, wozu das alles gut sein soll, und zu Objekten des Lernvorgangs reduziert werden. Erkennen erfolgt außerdem immer durch Einordnung in Bisheriges, d. h. immer im Prinzip der Variation, auch wenn zeitweilig Einzelnes angeeignet werden muss. Auch deshalb ist es ein Vorteil, Unterricht und die Auseinandersetzung mit Lerngegenständen um die Leitidee des Verstehens zu gruppieren, die im Anforderungsbereich II genügend anspruchsvoll ist. Es ist falsch, ein Bild immer zuerst beschreiben zu lassen, bevor Deutungen genannt werden dürfen. Schülerinnen und Schüler werden dann zurückgehalten, ihre sowieso vorliegenden Deutungen zu artikulieren und mit ihnen zu operieren. Oft habe ich beobachtet, wie Schülerinnen und Schüler bei der Aufforderung, ›nur‹ zu beschreiben, also nach Zurückweisung ihrer Gedanken, die Aufmerksamkeit verloren und dadurch noch weniger beobachten und beschreiben konnten, als intendiert war. Richtig an der Aufforderung zum Beschreiben ist: Schülerinnen und Schüler sollen sehen lernen und nicht aufgrund vorschneller Deutungen selektiv wahrnehmen. Aber sinnvoller wäre, sie bei ihren Zugängen abzuholen: Was findest du merkwürdig? Was irritiert dich? Welche Gedanken und Einstellungen hast du zum Bild? Welcher Affekt wird ausgelöst? Das könnten Anfangsimpulse vor einer Beschreibung sein. Dann beschreiben Schülerinnen und Schüler das Bild, und im Anschluss korrigieren sie ihre ersten Deutungen durch Beobachtung und gelangen zu treffenderen Interpretationen.

Ein analoges Problem entsteht, wenn im naturwissenschaftlichen Unterricht die Aufgabe gestellt wird, angesichts von Experimenten zunächst ›nur‹ zu beobachten und auf Vermutungen und Deutungen zu verzichten. Vermutungen geben oft erst den Anlass, ein Experiment durchzuführen – und gezielt, aber ›unvoreingenommen‹ beobachten zu können, stellt eine fortgeschrittene Fähigkeit dar.[47]

Für nicht so fortgeschrittene oder unsichere Lernende sind Einstiegsaufgaben in der ersten Denkebene manchmal dienlich, sie geben ihnen Orientierung und eine Basis; für geübte Lerner bietet sich eine Aufgabe auf der zweiten Denkebene an. Diese erlaubt es ihnen, eigenständig zu prüfen: Was brauchen wir an Informationen und Wissen, um diese Aufgabe zu bewältigen? Schließlich ist selbst eine Aufgabe auf der dritten Denkebene unter Umständen lernförderlich, beispielsweise bei meinungs- oder bewertungsfreudigen Schülerinnen und Schülern und bei hochbegabten Lernern, die sich ansonsten unterfordert fühlen könnten. (Im Grunde genommen ist jedes Stellen einer echten Problemfrage eine Anforderung auf der dritten Denkebene.)

Will man auf der Basis der bisherigen Überlegungen Tipps zum Stellen von Aufgaben formulieren, dann gelange ich immer wieder zu diesen:

– Aufgaben sollen den *Bezug zu einer Frage* enthalten, und eine der Teilaufgaben sollte problemlösend sein.
– Wird eine Aufgabe in Teilaufgaben unterteilt, ist es oftmals hilfreich, das *Ziel* der Aufgabenbearbeitung zu nennen: Mit Hilfe dieser Teilaufgaben sollst du am Ende in der Lage sein, die Photosynthese zu erklären – beispielsweise.
– Enthält eine Aufgabenstellung die Aufforderung, ein *Produkt* zu erstellen, dann hat das den immensen Vorteil, dass den Schülerinnen und Schülern in einer anschließenden Besprechungsphase die Antworten nicht einzeln aus der Nase gezogen werden müssen, sondern dass sie Verantwortung sowohl für die Arbeits- als auch für die Besprechungsphase übernehmen können; die Lehrkraft kann dann die Moderation und Strukturierung der Anschlussphase übernehmen.

---

47 Vgl. zur Kritik am Modell der drei Denkebenen und Anforderungsbereiche, denen zufolge zunächst das Sammeln einzelner Informationen im Vordergrund stehe, die erst anschließend verbunden und angewendet würden: Kapitel 13.

Komplexe Aufgaben enthalten einen Realitätsbezug, sie sind bedeutungsvoll, auf verschiedenen Niveaus bearbeitbar, problembezogen und selbstdifferenzierend. Sie sollen Emotionen ansprechen und auf Basis der Kenntnisse Lernender lösbar sein. Sie sollen einen persönlichen Nutzen für die Lernenden enthalten, die Befähigung zu begründeten Entscheidungen, die Freiheit in der Wahl von Methode oder Inhalt, und ein Auftraggeber soll vorhanden sein. Wie soll das alles gehen?

Am besten erkläre ich es an Beispielen.[48] Die übergeordnete Aufgabe enthält eine Aufforderung oder eine Fragestellung, die sichtbar etwas mit der Wirklichkeit zu tun hat: ›Baut einen Roboter, der in die Richtung läuft, die man ihm mitteilt.‹ Oder: ›Ist die Herstellung von Schokolade fair?‹ Der Trick besteht nun darin, je nach erreichten Fähigkeiten der Lernenden unterschiedliche Strukturhilfen zu geben.

Drei Varianten lassen sich unterscheiden: eine eher *lehrergesteuerte*, in der alle Strukturhilfen kleinschrittig gegeben werden:
1. Untersucht Roboter und überlegt, wie sie sich fortbewegen.
2. Sucht euch aus dem Regal Material aus, mit dem man Roboter bauen kann.
3. Jeder aus der Gruppe macht einen Vorschlag, wie man dem Roboter Befehle erteilen kann, die er berücksichtigt.

---

48 Vgl. Tschekan, a.a.O., S. 14f., 93, 115. Vgl. https://www.uni-oldenburg.de/fileadmin/user_upload/diz/download/Veranstaltungen/Schulmanagement/Oldenburg-_workshop.pdf (letzter Aufruf 29.03.2017) Vgl. Materialien zu konkreten Aufgaben und zu Hinweisen für Lehrer aus dem Didaktischen Training in Hamburg. – Ich übergehe in meiner Darstellung die große Schwierigkeit mancher komplexer Aufgaben, in denen die Problemlösung im Mittelpunkt liegt, die zugehörigen Lerngegenstände aber je nach Problemlöseweg, für den sich Lernende entscheiden, höchst unterschiedlich sind. Das kann gewollt sein; die dynamischen und erlebten Lerngegenstände, die dann im Mittelpunkt liegen, sind entweder fachmethodisch (in der Mathematik etwa: modellieren können) oder austauschbar, weil es darum geht, bereits gelernte Inhalte zu aktualisieren. Ist das zweite der Fall, besteht die Herausforderung darin, in der Auswertung der Ergebnisse auch Neues lernbar zu machen und es nicht bei einer bunten Präsentation zu belassen, in der Schülerinnen und Schüler zeigen, dass sie das Problem (z. B. »Wie viel Wasser enthält das Fass auf der Abbildung?«) mit ihren begrenzten Mitteln sehr grob bearbeiten konnten, ohne dass sie aber z. B. Volumenbestimmungsmöglichkeiten gelernt hätten.

4. Prüft, wie ihr Sprachbefehle zu Handlungen umwandelt. Seht dabei in den Hinweisen nach, die ich euch beigelegt habe.
5. Entscheidet, welchen Vorschlag ihr am besten findet. Ihr könnt auch verschiedene Ideen ausprobieren und vergleichen.
6. Entscheidet, welchen Roboter ihr der Klasse vorstellen wollt.
7. Überlegt, wie ihr der Klasse erklären wollt, wie ihr vorgegangen seid.

In der zweiten Variante, einer eher *geteilten Steuerung*, werden aus vorgegebenen Planungsschritten Möglichkeiten ausgewählt.
1. Worum geht es?
2. Welche Informationen braucht ihr?
3. Woher bekommt ihr die Informationen?
4. Welches Material braucht ihr?
5. Woher bekommt ihr das Material?
6. Wie wollt ihr den Mitschülerinnen und Mitschülern eure Lösung erklären?

In der dritten Variante, in der Schülerinnen und Schüler ihren Lernweg *selber steuern* müssen (und dürfen), werden nur noch organisatorische Fixpunkte gesetzt, Schülerinnen und Schüler arbeiten selbstständig und können Fragen stellen.
1. Ihr habt 20 Minuten Zeit, eure Planung zu besprechen.
2. Um 9.30 Uhr solltet ihr alle Informationen und das Material gesammelt haben.
3. Heute Mittag sollt ihr uns eure Lösung zeigen und erklären können.

Das Strickmuster für komplexe Aufgaben mit Hilfen in unterschiedlichen Steuerungsarten sieht also folgendermaßen aus: Bei jeder Steuerungsart wird eine übergeordnete Frage oder Aufgabe gestellt. Lehrergesteuert werden kleinschrittigere Teilaufgaben mit konkreten Arbeitsanweisungen erteilt, die sich aus der Struktur des Lerngegenstands ergeben. In geteilter Steuerung werden für zentrale Bearbeitungsrichtungen W-Fragen gestellt, und bei einer schülergesteuerten Aufgabe werden nur (oder höchstens noch) organisatorische Rahmenvorgaben gegeben.

Im Beispiel ›Schokolade‹ wäre die dritte Variante im Extremfall vielleicht diese: ›Ist die Herstellung von Schokolade fair? Stelle deine Ergebnisse in geeigneter Form vor.‹ Oder, nicht ganz so viel Selbstständigkeit voraussetzend:
1. Du hast 15 Minuten Zeit, zu planen, wie du vorgehen willst. Danach solltest du deine Planung mit einem Partner besprechen.
2. Für die Informationsbeschaffung hast du zwei Stunden Zeit.
3. Deine Präsentation sollte nach vier Stunden fertig sein.

In geteilter Steuerung könnte die Aufgabe so lauten:
1. Worum geht es?
2. Welche Informationen brauche ich, um die Aufgabe lösen zu können?
3. Wie bekomme ich diese Informationen?
4. Welche Zusammenhänge muss ich herstellen, um zu einem begründeten Urteil zu kommen?

Und schließlich, lehrergesteuert, wäre diese möglich:
1. Finde heraus, welche Zutaten für Schokolade wichtig sind.
2. Beschreibe die Orte, an denen Kakao angebaut wird.
3. Beschreibe Klimafaktoren, die zum Kakaoanbau nötig sind.
4. Beschreibe, welche Besonderheiten in den Anbauländern wichtig sind.
5. Beschreibe Arbeitsbedingungen unterschiedlicher Menschen, die mit der Herstellung und Vertreibung von Kakao beschäftigt sind.
6. Erkunde, welche Firmen in diesen Ländern Kakaopulver herstellen und wer welche Menge an Einkommen aus der Kakaoherstellung und -vertreibung gewinnt.
7. Stelle deine Ergebnisse in einem Vortrag vor.

Je mehr Steuerung Schülerinnen und Schüler übernehmen können, desto stärker kann sich die Lehrkraft auf das Begleiten der Lernprozesse konzentrieren. Lernprozesse *zu steuern und Lernen zu begleiten* sind zwei Grundrollen, die jede Lehrerin und jeder Lehrer immer wieder einnimmt. Steuern dient der Progression, Begleiten der Unterstützung. Beide Rollen verweisen wechselseitig aufeinander. Jede Steuerung ist nur so gut, wie sie unterstützt und den Beteiligten das Gefühl gibt: Hier ist jemand bei mir, der auf meinem Weg für mich da ist. Und jede Begleitung ermöglicht selbsttätige Progression im Gefühl der Selbstwirksamkeit.

Das gilt für alle Unterrichtsphasen. Zwischenmenschliche Unterstützung gibt Lernenden von Anfang an das Gefühl, dass die Lehrkraft im Verlauf bei ihnen sein wird, dynamische Steuerung gibt von Anfang an das Gefühl: Hier wird etwas Wichtiges geschehen. In Erarbeitungsphasen ist die Steuerung bereits bei der Planung wichtig. Es gilt zu klären, wie der Lerninhalt logisch auf mehrere aufeinander aufbauende Phasen aufgeteilt werden kann. Während der Erarbeitung handelt eine Lehrkraft als Lernbegleitung. Sie unterstützt Lernende dabei, auf eigenen Wegen zum Lernerfolg zu kommen, sie beobachtet, sie gibt Hilfe zur Selbsthilfe. In der Schlussphase handelt sie moderierend, aber ebenso den Lernprozess gestaltend, denn sie hat nun die Aufgabe, dafür zu sorgen, dass angemessen ausgewertet wird und dass angemessene Ergebnisse erzielt werden. Hier ist die Bündelungs- und Strukturierungsfähigkeit der Lehrkraft gefragt. Und schließlich sorgt sie dafür (und beobachtet dazu genau), dass jede Schülerin und jeder Schüler individuell einen Lernertrag gewinnt; sie wird dafür zu Einzelnen gehen, um ihre Sicherung zu unterstützen (vgl. Kapitel 7).

Lernprozesse gilt es nicht nur generell, sondern auch *funktional*, d. h. hin zu geplanten und situativ erreichbaren Zielen, zu *steuern*. Und es gilt keineswegs, dass Steuerung zugunsten von Lernbegleitung zu vernachlässigen sei, weil etwa die ›autoritären Zeiten‹ vorbei seien oder das Ziel der Selbstbestimmung bereits erreicht sei – durch fortwährende Unterstellung wird dies nicht wahrer.

Wann aber ist eine Steuerung funktional? Aus dem Didaktischen Training in Hamburg ist eine Matrix bekannt, in der eine Balance zwischen Lehrer- und Schülersteuerung intendiert wird, in der aber auch eine Schülersteuerung als zu Erstrebendes nahegelegt wird.[49] Ich erweitere sie an einer Stelle, um Funktionalitäten sichtbar zu machen.

Als Extremfall könnte erstens eine Lehrkraft im Unterricht die ganze Zeit etwas ›tun‹. *Faire* will ich dieses Modell nennen, in Anleh-

---

49 Vgl. Tschekan, a. a. O., S. 14, 89 f.

nung an die erwähnte Formulierung: ›... – hab' ich gemacht‹. Die Lehrkraft erklärt, doziert, erklärt bei Bedarf noch einmal, strukturiert, definiert Begriffe usw. Man ist vielleicht geneigt zu sagen: ›Das geht ja nicht!‹ Aber wir alle wissen: In Vorlesungen an Universitäten funktioniert es so – ich werde erst später in eine Bewertung gehen.

Als *Lehrersteuerung* könnte man zweitens das folgende Vorgehen bezeichnen: Die Lehrkraft plant, weist an, erklärt, bewertet, strukturiert, stellt Aufgaben und Probleme. Die Lehrkraft entscheidet über Prozess und Inhalt. Schülerinnen und Schüler hören zu, schreiben mit, reproduzieren, arbeiten, verarbeiten, üben und wenden an, und sie stellen Fragen.

In *geteilter Steuerung* strukturiert drittens eine Lehrkraft kooperatives Lernen, beobachtet, gibt Hilfen zum Prozess, erklärt dann ggf. unverstandene Teile, steuert nach, gibt Feedback, leitet Reflexion an, stellt Probleme und lässt sie entwickeln. Schülerinnen und Schüler übernehmen Verantwortung, arbeiten gemeinsam, konstruieren, präsentieren, reflektieren, lösen Probleme. Schülerinnen und Schüler steuern hier die Inhalte, während die Lehrkraft die Prozesse steuert; daher könnte man diese Art der Steuerung auch *Prozesssteuerung* nennen.

In einer als *Schülersteuerung* zu benennenden Form begleitet viertens eine Lehrkraft den Lernvorgang; sie berät im Prozess. Schülerinnen und Schüler arbeiten und lernen selbstständig, sie planen und strukturieren ihr eigenes Lernen. Die Lehrkraft steuert hier auch, aber sie wird in stärkerem Maß zur Lernbegleiterin. Sie steuert durch organisatorische Vorgaben, Schülerinnen und Schüler entscheiden über Inhalt und Prozess.

Die bisherige Darstellung legt einen Balanceakt zwischen Steuerung und Begleitung nahe, denn bei Schülersteuerung wird eine Lehrkraft stärker zur Lernbegleitung, während sie bei Lehrersteuerung in stärkerem Maß das Heft in die Hand nimmt. Tatsächlich erfordert es einige Erfahrung, mehr Offenheit im Unterrichtsgeschehen zuzulassen, und Anfänger neigen dazu, lehrerzentriert zu unterrichten, schon weil es anfangs schwerfällt, ein komplexes Unterrichtsgeschehen zu beobachten und vom eigenen Plan abzuweichen. Allerdings ist das auch durch Bilder begünstigt, die werdende Lehrkräfte aus ihrer Schulzeit kennen, in der wohl Lehrersteuerung vorherrschend war. Inzwischen verändert sich das Bild, und junge Lehrerinnen und Lehrer bringen bereits Vorerfahrungen in geteilter Steuerung oder Schülersteuerung mit. Spricht das alles für eine Schülersteuerung?

Ich möchte noch das fünfte Modell darstellen, *Laissez-faire*. Die Lehrkraft kümmert sich nicht und weist Verantwortung von sich: ›Ihr dürft selber entscheiden! Später müsst ihr euch auch selber Informationen besorgen!‹ Schülerinnen und Schüler – ja, was tun sie hier eigentlich?

Die lapidaren Formulierungen der Lehrkraft weisen darauf hin: Mit unterschiedlichen Steuerungsarten können unterschiedliche Ziele von Unterricht in den Blick geraten. Ich komme zur Bewertung und beginne mit einigen Thesen; vorab sei gesagt, dass keine Steuerungsart an sich gut oder schlecht oder zu bevorzugen ist, und dass die Steuerungsarten mit verschiedenen Möglichkeiten korrespondieren, mehr oder weniger Unterstützung für komplexe Aufgaben bereitzustellen. Die diesbezüglichen genannten Aufgabentypen bei komplexen Aufgabenstellungen konkretisieren die hier genannten Steuerungsarten.

Die Steuerung der Lehrkraft dient im Wesentlichen zwei Zielen: möglichst großen Lernfortschritten aller Schülerinnen und Schüler und langfristig der Förderung der Selbstständigkeit. Jede Lehrkraft nimmt entsprechend ihrer Steuerung des Lernprozesses im Unterricht verschiedene Rollen wahr, d. h. hier: Sie passt ihre Art der Steuerung, ihr Verhalten und ihre Interventionen dem Lerngeschehen, den individuellen und gruppenbezogenen Lernvoraussetzungen und den Lernzielen an. Lernbegleitung, Lernprozessgestaltung und Inputs werden möglichst funktional ausgeübt.

Die sinnvolle Art der Steuerung hängt von mehreren Einflussfaktoren ab, a) von den einzelnen Lernern sowie der Lerngruppe, b) von den Zielen und c) vom Lerngegenstand. Bei jeder Steuerungsart soll sich die Lehrkraft folgende Fragen stellen:
– Wie viel/welche Steuerung übernehme notwendigerweise ich, und wie viel/welche Steuerung können die Lernenden selbst übernehmen?
– Liegen die Lernziele hauptsächlich im inhaltlichen Bereich oder in der Erhöhung einer Lernkompetenz?

Langfristig gesehen soll die Steuerungsart der Förderung der Selbstständigkeit dienen. In diesem Sinne entfalten die fünf Möglichkeiten Steuerungsarten, die eine Lernprogression hin zu einer Erhöhung der Lernkompetenzen abbilden. Unmöglich ist es, einen schülergesteuerten Unterricht durchzuführen, wenn bisher Lehrerzentrierung im Mittelpunkt lag. Dann gilt es, über eine geteilte Steuerung Lernkompetenzen Schritt für Schritt aufzubauen, die für eine höhere Selbststeuerung notwendig sind.

Durch welche Steuerungsart ist es am besten möglich, dass Schülerinnen und Schüler sich einen Lerngegenstand aufschließen, d. h. Lernziele erreichen können? Ist es aufgrund der Besonderheit oder des Schwierigkeitsgrades eines Lerngegenstandes zielführender, wenn ich in stärkerem Maße und eher inhaltlich steuere? Je nach Antwort empfehlen sich verschiedene Vorgaben für eine Steuerung.

Die Frage, welche Steuerungsarten jeweils funktional sind, lässt sich bezogen auf eine einzelne Unterrichtsstunde, auf eine Lerneinheit, auf die Progression verschiedener Jahrgangsstufen und bezogen auf die Entwicklung der Lernkompetenz der eigenen Klasse stellen.

Bei zwei Gestaltungsarten von Unterricht (*Faire* und *Laissez-faire*) lässt sich nicht entscheiden, was Schülerinnen und Schüler tun – weil dies selbst nicht Teil der *Steuerung eines Lerngeschehens* ist. Sie sind daher gesondert zu diskutieren. Überraschend ist, dass diese beiden Extreme – entweder die Schülerinnen und Schüler übernehmen alles oder die Lehrkraft übernimmt alles – einander ähneln: Der Unterricht wird nicht gesteuert; was Schülerinnen und Schüler tun, ist nicht ersichtlich oder geplant. Im Kern gilt: Wenn Lernende sich selbst steuern können, sind sowohl extreme Formen – wie Vorträge – als auch solche großer Selbstständigkeit höchst sinnvoll. Es gilt aber zu unterscheiden: Ist es hier wichtig, eine steuernde Person an der Seite zu haben? Dann sind Formen der Lehrersteuerung, der geteilten Steuerung oder der Schülersteuerung auch noch bei Erwachsenen funktional. Ich vermute, dass bei Studierenden Vorträge und Seminare sinnvoll sind, es aber dort effektiver wäre, gesteuerte Lernprozesse zu organisieren, wo klar benennbare Fähigkeiten im Mittelpunkt liegen. Und ich würde die Hypothese aufstellen, dass in der zweiten Phase der Lehrerbildung auf lehrergesteuerte Prozesse und Vorträge zu wenig Wert gelegt wird.

Es sind mehr Steuerungsarten denkbar, als in den fünf bzw. drei Modellen dargestellt sind. Beispielsweise ist auch eine geteilte Steuerung realisierbar, in der Schülerinnen und Schüler große Freiheiten bezogen auf methodische und organisatorische Aspekte erhalten (d. h. wann, wo und wie sie etwas bearbeiten); dafür werden im Gegenzug die zu bearbeitenden Lerngegenstände oder deren Reihenfolge stark reguliert, beispielsweise in abzuarbeitenden inhaltlichen Baukastensystemen oder im Bearbeiten von Checklisten.

Wenn die These richtig ist, dass es ein Ziel funktionaler Steuerung ist, langfristig die Lernkompetenz der Lernenden zu erhöhen, damit sie selbstständiger arbeiten können – unter anderem deshalb, weil es in unserer Welt nicht nur gilt, definiertes Wissen zu erwerben, sondern die Fähigkeit, sich Wissen im Bedarfsfall zu besorgen und kritisch mit ihm umzugehen – dann gilt es, die Steuerung aufbauend auf den erreichten Lernkompetenzen durchzuführen.[50] Stufen von Lernkompetenz und Möglichkeiten, zur nächst höheren überzugehen, aber nicht gleich die höchste vorauszusetzen, lassen sich einer Broschüre *Lernen für den Ganztag* und einer Zusammenfassung von Margrit Liedtke entnehmen, die ich hier nur anführe, ohne sie zu diskutieren. Der Übersicht kann aber entnommen werden: Je weniger Lernkompetenz vorhanden ist, umso mehr muss gesteuert werden. Die Idee, Lernende in Brennpunktschulen weitgehend allein zu lassen, erscheint vor diesem Hintergrund als ein Irrweg, wenngleich es sich anbieten kann, hier andere Arten an Steuerung vorzunehmen, um Schülerinnen und Schüler in ihrem Bedürfnis nach Sinn und nach Unterstützung in einer 1:1-Begleitung durch Erwachsene zu fördern, was bisweilen bei begrenzten Ressourcen nur in freieren Settings möglich ist. ›Völlige Abhängigkeit von Lehrersteuerung‹, ›geringe Selbstständigkeit in einem lehrerzentrierten Unterricht‹, ›Dominanz der Selbststeuerung‹, ›Zusammenspiel von Selbst- und Fremdsteuerung‹ und ›reflexive Steuerung des eigenen Lernens‹ lauten die fünf Lernkompetenz-

---

50 Vgl. Fischer, a. a. O., S. 56.

stufen, und es ist interessant, dass auf höheren Stufen die Gemeinschaft wieder in Wert gesetzt erscheint.[51]

Wenn man heutzutage von Lernbegleitung spricht, schwingt der Begriff der ›Stärkenorientierung‹ oder, synonym verwendet, der ›Ressourcenorientierung‹ mit.
Zwar suggerieren diese Begriffe eine ausschließliche Bekundung lobenswerter Eigenschaften oder Handlungen und der zweite reduziert den Menschen auf eine Art Rohstofflager, das gezielt auszuheben sei. Aber sehr wichtig an diesen beiden Kennzeichnungen der Art sinnvoller Lernbegleitung ist: Menschen wollen sich weiterentwickeln, wenn sie es sich zutrauen, wenn sie gestützt und anerkannt werden und wenn sie merken, sie können ihre bisherigen Fähigkeiten verwenden und sich stolz erinnern, wo sie ihnen bisher schon geholfen haben: Sie können selbsttätig zu neuen Ufern schreiten. Wie so oft wird vielleicht auch hier zunächst über Worte verstanden, was mit diesen Begriffen gemeint ist, d.h. es wird noch nicht verinnerlicht und durchdrungen – ich übertreibe der Verdeutlichung halber, was mir heute eine Tendenz zu sein scheint: Man lobt undifferenziert, man findet alles ›toll‹ oder ›großartig‹, ohne die Äußerungen später in irgendeiner Weise zu berücksichtigen. Das finden Lernende irgendwann schal oder verlogen; sie merken im Extremfall: Das wird immer gesagt, egal, was ich tue. Das Wichtige, also die Kritik, die kommt im Sandwich in der Mitte, eingekleidet durch unwichtige Lügen. Umgekehrt aber hat derjenige das Prinzip der Stärken- oder Ressourcenorientierung auch nicht verstanden, der sagt, das sei ja alles verlogen, man solle weiter kritisieren oder tadeln – wie früher. Denn der Kern von Stärkenorientierung ist eben: *wirklich* zugewandt zu sein. Es geht wirklich um eine positive Einstellung zu allen Menschen, mit denen man zusammenarbeitet. Es geht darum, *wirklich* zu schätzen und *wirklich* darauf aufbauend etwas mit dem Gesagten

---

51 Entnommen aus: Lernen für den Ganztag, Berlin Brandenburg, Modul 8: Individuelle Förderung- Chancen, Möglichkeiten, Anforderungen, 2008, Autoren: Hermann Zöllner, Ulrike Kahn, Ingeborg Rindt. Überschrift geändert von B. Köpcke/M. Liedtke-Schöbel/G. Pracht/G. Wollmann-Schewe (vorher: Stufen der Beherrschung von Lernstrategien).

anzufangen. Heute hingegen, so Lehmann-Rommel in einem Vortrag in Oldenburg, »herrschen Kommunikationssituationen vor, die von rhetorischer Wertschätzung bei gleichzeitiger Wahrnehmung einer Unterwerfungslogik durch die Ausgebildeten gekennzeichnet sind.«[52]

Auf dieser Grundlage versuche ich zu klären, was sinnvolle Lernbegleitung auszeichnet, und das in drei Schritten, zunächst mit Hilfe einiger teils provokanter Thesen, dann in einem relativ einfachen Modell und schließlich mit Hilfe der Strukturierung zum *Scaffolding*. Die Thesen:

- Begleiten heißt, die innere Welt des Lernenden zu verstehen, von ihr aus mitzudenken und Impulse zu geben.
- Alle Rollen einer Lehrkraft dienen letztlich der Lernbegleitung und -unterstützung.
- Die Idee der Lernbegleitung ist sinnvollerweise die der Hilfe zur Selbsthilfe – die Idee der methodischen Hilfe.
- Um das zu praktizieren, muss der Unterricht so geplant sein, dass genügend Zeit für (kriterienorientierte) Beobachtungsphasen vorhanden ist und Lernende differenziert wahrgenommen werden können. Eine Lehrkraft muss Zeit haben, mit Einzelnen Gespräche zu führen, und Muße sowie den Willen, den Aufbau oder die Weiterentwicklung von Lern- und Methodenkompetenz des Einzelnen zu unterstützen.
- Jede Lernbegleitung soll über die Tugend des Warten-Könnens verfügen. Es gilt dabei, die Balance zwischen Warten und Verstehen sowie Führen und Helfen zu wahren.

In der Schrittfolge bietet sich dieses einfache Modell an:
- Zunächst Kontakt herstellen und Anschluss an Vorheriges finden (siehe Kapitel 3),
- dann Empathie und Interesse zeigen und spiegeln (benennen, hochheben).

---

52 So die Formulierung in der Folienpräsentation. Vgl. Lehmann-Rommel, a. a. O., S. 41; vgl. dies.: Partizipation, Selbstreflexion und Rückmeldung: gouvernementale Regierungspraktiken im Feld Schulentwicklung. In: Norbert Ricken/Markus Rieger-Ladich (Hg.): Michael Foucault: Pädagogische Lektüren. Wiesbaden 2004, S. 265.

- Ggf. ist es nötig, Lernschwierigkeiten auszulagern und an ein Coaching durch eine andere oder auch extra dafür qualifizierte Person zu übergeben.
- Zur Unterstützung auf dem Weg zu einem Ziel ist es sinnvoll, diese Reihenfolge zu berücksichtigen:
  • nach bisherigen Strategien fragen,
  • methodische Hilfe geben und bei Bedarf sich nicht scheuen,
  • direkte inhaltliche Hilfe anzubieten.

Scaffolding (Gerüste bauen) heißt: Eine Lehrkraft unterstützt Lernende bei ihrem Lernen, indem sie Anstöße und Anregungen bei der Konstruktion von Wissen sowie zum Aufbau von Lern- und Denkstrategien (aber keine Lösungen und Arbeitsanweisungen) gibt – sie gibt Prozess- statt Inhaltshilfen.[53] Scaffolding umfasst Techniken der Lernberatung durch die Lehrkraft beim individuellen Lernen sowie beim Lernen in Gruppen oder mit der ganzen Klasse. Die Taxonomie des Scaffoldings zeigt also einzelne Techniken, die eine Lehrkraft bei der Lernberatung einsetzen kann. Ich nenne im Folgenden nur die Überschriften und einige Beispiele; es lohnt, genauer nachzuschlagen:

1. Hilfestellung bei der Vorbereitung von Lernprozessen (Verbesserung der Arbeitstechnik: Das betrifft die Zeitplanung, die Konkretisierung und Verinnerlichung des Ziels.
2. Unterstützung bei der selbstständigen Verarbeitung von Literatur: Lese- und Verstehenstechniken.
3. Verbesserung des aktiven Mitwirkens und der Motivation zum Mitdenken in der Gruppe (zu Lernprozessen anregen): Schaffung von Vertrauen durch stärkenorientierte Rückmeldungen und auf dieser Basis Anregungen, Herausforderung zur Selbstevaluation.
4. Herausfordern von verfügbarem oder trägem Wissen: Aufforderung, an sich vorhandenes Wissen wieder verfügbar zu machen,

---

53 Vgl. Rolf Dubs: Lehren und Lernen ein Wechselspiel, in: Ekkehard Nuissl (Hg.): Selbstgesteuertes Lernen. Auf dem Weg zu einer neuen Lernkultur. Deutsches Institut für Erwachsenenbildung (DIE) Materialien für Erwachsenenbildung. Frankfurt/M. 1999, S. 57–70, S. 64f. https://www.die-bonn.de/esprid/dokumente/doc-1999/dietrich99_01.pdf (letzter Aufruf: 29.03.2017).

z. B.: Erinnert euch an die Begriffe im Zusammenhang mit ... zurück. Gebt Beispiele, um eure Meinung zu begründen. Meiner Ansicht nach könntet ihr eine bessere Übersicht erhalten, wenn ihr die vielen Einzelerkenntnisse besser gliedern und definieren würdet.

5. Unterstützung von Denkprozessen: Aufforderung, nach weiteren Wissensgrundlagen zu suchen, z. B.: Wenn ihr im Lehrbuch genau nachschaut, findet ihr weitere Fakten, die für euer Problem relevant sind. Diese Aussage ist zu allgemein und zu wenig klar. Präzisiert sie. Zeigt eure Erkenntnisse an einem Beispiel. Umschreibt deutlicher, was ihr jetzt tun wollt.
6. Aufforderung, einen begonnenen Gedankengang weiterzuführen, z. B.: Es würde sich lohnen, diesen Gedankengang fortzuführen. Versucht, alle Ergebnisse systematisch zusammenzufassen, um damit weiterzuarbeiten.
7. Unterstützung bei der Selbstbewertung, z. B.: Was ist eigentlich euer Ziel? Welche Probleme, die auch noch zu beachten sind, sind durch eure Erkenntnisse entstanden?
8. Aufforderung zur metakognitiven Reflexion, z. B.: Wie seid ihr zu dieser Lösung gelangt? Wo und warum habt ihr Schwierigkeiten bekommen?
9. Förderung der Interaktion, z. B. (zu einem passiven Schüler): Wie beurteilst du diese Feststellung?

6 Üben. Und der Input ist gegessen – Lernphasen akzentuieren

Die Struktur zur Planung von Lernphasen zeige ich anhand von zwei Modellen, dem der Didaktischen Route und dem Modell von Hans Aebli. Für Neulinge im Unterrichten empfiehlt es sich, eins der beiden auszuwählen und sich an ihm zu orientieren. Etwas einfacher ist das Modell der Didaktischen Route; Aeblis Phasenlehre ist geringfügig komplexer. Wer etwas mehr Erfahrungen mit der Gestaltung von Unterricht hat, für den empfiehlt sich m. E. eine Ergänzung durch das jeweils andere Modell. Ich stelle hier beide Modelle vor, weil beide in der Lehrerausbildung verwendet werden, Aeblis, obgleich es schon über 50 Jahre alt ist, die Didaktische Route heutzutage in zunehmendem Maß in der zweiten Phase der Lehrerausbildung. Der Vergleich beider Modelle liefert Erkenntnisse über den Sinn der verschiedenen Elemente der Phasierungen. Aus dieser kritischen Betrachtung ergibt sich eine differenziertere Anwendung der jeweiligen Modelle, möglicherweise auch eine je nach unterrichtlicher Situation kombinierte Verwendung. Nach einer kurzen Reflexion und einem Vergleich der Modelle ändere ich in diesem Kapitel schließlich die Blickrichtung hin zu einer anderen Dimension, in der Lernfortschritte vollzogen werden, nämlich hin zu ihrer symbolischen Repräsentation. Die Art und Weise, wie Lernende handelnd oder sprachlich etwas in ihrem Kopf (oder in ihren Armen bzw. Beinen) zur Verfügung haben, lässt sich nämlich ebenfalls phasierend aufbauen.

Sich an der *Didaktischen Route* zu orientieren, bedeutet sich zu fragen, ob es jetzt gerade darum geht, ein ›subjektives Konzept‹ zu öffnen, ob es um Verarbeitung neuer Informationen, um praktische Anwendungen oder um Reflexion von Lerninhalten geht.[54] Erst die

---

54 Vgl. Tschekan, a. a. O., S. 17 ff.; Vgl. Kees Vreugdenhil: Jenaplan-Schule: Bildungspolitische Perspektive für Europa. Hagen 1995; http://www.nelecom. de/pdf/drvreugdenhil_moderner_unterricht_in_jenaplanschulen.pdf (letzter Aufruf: 31.03.2017).

Summe dieser Phasen und ihre lernförderliche Verknüpfung ermöglicht, dass Schülerinnen und Schüler sich auf ihrer geistigen Landkarte orientieren können, nachdem sie sie sich klargemacht und sie erweitert haben. Das ›subjektive Konzept‹ bezeichnet die Art und Weise, wie ein Lerngegenstand, ein Lerninhalt im Lernenden repräsentiert ist. Es bezeichnet insofern die Perspektive des Lerners auf den Lerninhalt, den subjektiven Zugang zum Lerninhalt bzw., was das Gleiche ist, das Schüler-Sach-Verhältnis. Das subjektive Konzept zu einer bestimmten Zeit ist der erlebte Lerngegenstand (vgl. Kapitel 4), d. h. er enthält nicht nur Einstellungen und Meinungen zu einem Thema, sondern er ist in einer bestimmten *Struktur* repräsentiert (die eine Lehrkraft antizipieren und einigermaßen verstehen sollte).

Ein von der Lehrkraft dargestellter Sachverhalt wird von einzelnen Schülerinnen und Schülern spezifisch aufgenommen, d. h. das Gelehrte wird nicht einheitlich übernommen, sondern subjektiv abgewandelt und aktualisiert. Das subjektive Konzept ist also die heimliche ›Theorie‹ des Lernenden, die ihm nicht bewusst sein muss (aber kann). Bezüglich des kognitiven Gehalts ist das subjektive Konzept gleichzusetzen mit dem mentalen Modell, dem Basisschema, der Denkstruktur, Denkweise, der Vorstellungswelt und den Gedanken, kurz: mit der geistigen Landkarte des Lerners – bezogen auf den Lerngegenstand. Es beinhaltet aber ebenso Kenntnisse, Bedürfnisse, Handlungsmuster, Interessen und Normen.

Eine Veränderung des subjektiven Konzepts ist oftmals nur dann nachhaltig, wenn sie in mehreren dieser Bereiche erfolgt. So hängen beispielsweise Interessen, Kenntnisse und Normen eng zusammen, und es ist durchaus möglich, dass ein Lerner zwar Kenntnisse erworben hat, aber glaubt, bestimmte Normen erfüllen zu müssen, die ihn an der Aufnahme der Kenntnisse als Wissen hindern – auch das, was wir üblicherweise Einstellungen und Haltungen gegenüber Lerngegenständen nennen, spielt bei subjektiven Konzepten eine Rolle.[55]

---

55 Jedoch enthalten kognitive Denkweisen nicht immer nur solche Gedanken, die als Schema bzw. als allgemeine Struktur zur Verfügung steht: Auch wenn Lehrkräfte denken, dass solche Strukturen zum Lernen und zur Rekonstruktion benutzt werden sollen, kann die allgemeine Struktur beim Lernvorgang

Wie in der Didaktischen Route subjektive Konzepte berücksichtigt werden, erläutere ich an einem Beispiel; ich wähle erneut den Lerngegenstand von Frau Grademacher, die am Beispiel der Rocky Mountains vermitteln will, warum es an Westhängen vegetativ günstiger ist als an Osthängen.

Frau Grademacher konfrontiert Schüler Max mit dem Lerngegenstand. Die Konfrontation geschieht, indem sie vielleicht
- ein Problem darstellt – ›Warum regnet es dort weniger als hier?‹
- ein Phänomen zeigt – ›Schau, dort ist es viel grüner!‹
- ein Ziel nennt – ›Nach der Stunde kannst du erklären, warum ...‹
oder
- ein Interesse artikuliert – ›Ich will heute von dir wissen ...!‹

Das alles hat noch nichts mit der Didaktischen Route zu tun, ist aber die Bedingung dafür, dass der erste Schritt stattfinden kann. In der Konfrontation erhält Max die Gelegenheit, sein subjektives Konzept zu *öffnen*. Er überlegt und reimt sich zusammen, was er schon weiß und wie es sein könnte. ›Regen fällt von oben. Hier bei uns gibt es keine Berge. Keine Ahnung, was die beiden Bergseiten unterscheiden soll!‹ wird er vielleicht sagen. Vielleicht auch: ›Spannend, dass es so etwas gibt. Das will ich jetzt aber wissen, woran das liegt! Die leben also dort ganz anders als auf der anderen Seite?‹ Frau Grademacher erhält einen ersten Eindruck der geistigen Landkarte von Max.

Nun kann der Lernvorgang hier natürlich nicht enden. Um subjektive Konzepte zu erweitern – und das ist Lernen gemäß der Didaktischen Route – erhält Max eine *Information* oder eine *Praxiserfahrung*. Max wird jetzt mit der Struktur des Lerngegenstands konfrontiert, sei es durch einen Vortrag, durch einen Film, durch einen Text, ein Schaubild oder durch entdeckendes Lernen in einem Praxiszusammenhang.

---

implizit bleiben oder fehlen – es kann dann beispielsweise transduktiv (von Einzelfall zu Einzelfall per Analogie) gelernt werden. Handlungen basieren ebenso auf subjektiven Konzepten; ihnen liegen implizite Schemata zu Grunde.

Die Information aber, das ist eine der zentralen Pointen in der Didaktischen Route, stellt nicht sicher, was im Kopf von Max geschieht. Was gelehrt wurde und auch was praktisch erfahren wurde, muss nicht gelernt worden sein. Daher sollen alle Einwirkungen, die auf den Lerner ausgerichtet werden, auf das subjektive Konzept des Lerners bezogen werden. Gewissermaßen erhält die Artikulation dieses Konzepts die Zentralstelle im Lernvorgang; Alles, was im Unterricht geschieht, wird rückbezogen auf das subjektive Konzept. Zunächst war das bereits in der Öffnung der Fall, jetzt nach einer Information oder nach einer Praxiserfahrung, durch die Neues in die Nähe eines Lernenden gerückt wurde, muss *verarbeitet* werden. Verarbeiten heißt, sich klar zu machen, zu verinnerlichen, was zu einem kam.

Erst nach einer Verarbeitung verfügt Max über ein neues subjektives Konzept (das in einer Korrektur, Erweiterung oder Modifikation des alten bestehen kann). Und erst nach Verarbeitung kann er es in einer (erneuten) Praxisphase auf etwas beziehen, mit dem er sich beschäftigt. Das Modell der Didaktischen Route spezifiziert im Bereich der Praxis nicht die Rolle der Anwendung. Genau genommen gilt es, diese beiden Momente zu unterscheiden. Denn eine Praxis kann dazu führen, ein Konzept neu zu erwerben, das dann verarbeitet wird; eine Anwendung besteht darin, einen Fall mit Hilfe eines (erweiterten) Konzepts zu betrachten.)

Nach Praxis bzw. Anwendung kommt das (neue) subjektive Konzept ein drittes Mal ins Spiel, nämlich in der *Reflexion*. Indem Max sich klar macht, was er praktisch anwenden kann, sichert er sein Lernergebnis und festigt es in seinem Kopf; er macht sich den Unterschied klar zwischen dem, wie er vorher über eine Sache dachte, und wie er jetzt denkt. Max bekommt Gelegenheit, es zu zeigen. Dadurch sitzt es besser, und Frau Grademacher erhält eine zweite (Nachher-)Diagnose. Max zeichnet, Max erklärt, Max schreibt auf oder Max gestaltet ein Strukturbild dazu, warum es an Westhängen mehr regnet als an Osthängen. Das ist das Lernziel (und das erhoffte Lernergebnis). Max sagt vielleicht: ›Also: Der Wind kommt von links. Da sind riesig hohe Berge, höher als alle Wolken. Deshalb: ... Aber wieso bauen die keine Wasserleitung von links nach rechts?‹

Zusammenfassung:
- *Öffnung* heißt Klärung: Wie konstruiert Max sich den Lerngegenstand? Wie denkt er zu Beginn des Lernvorgangs? Öffnung des subjektiven Konzepts bedeutet immer: bezogen auf den Lerngegenstand, nicht bezüglich des Themas generell.
- *Verarbeitung* heißt: Wie denkt Max nach einer Information? Wie baut er das Neue in sein subjektives Konzept ein? Wie hat er seine Praxiserfahrung genutzt, was ist in seinem Kopf passiert?
- *Reflexion* heißt, sich klarzumachen, was man gelernt hat: Wie konstruiert Max sich den Lerninhalt nun nach der Praxistätigkeit? Welche Lernerfahrung hat Max gemacht? Was will Max sich merken?

Das Einhalten der Didaktischen Route heißt also im Unterricht:[56]
- Keine Bearbeitung ohne Aktivierung des bisherigen Schüler-Sach-Verhältnisses – Es gibt Unterrichtsabschnitte, in denen sich die Schülerinnen und Schüler ihrer Vorerfahrungen, ihrer Erwartungen oder Fragen bewusst werden.
- Keine Information ohne Verarbeitungsauftrag – Schülerinnen und Schüler »bekommen immer konkrete Aufträge und Fragen zur Verarbeitung von Präsentationen und Vorträgen. Der Auftrag besteht niemals darin, einfach nur zuzuhören oder mitzudenken.«[57]
- Keine Anwendung ohne vorige Verarbeitung – Auch wenn es nur wenige Informationen gibt, bekommen die Schülerinnen und Schüler eine konkrete Aufgabe zum Nachdenken darüber, bevor sie diese Kenntnisse z. B. in Übungen anwenden müssen. »Nach einer Präsentation oder einem Referat wird nicht sofort diskutiert. Vielmehr gibt es Zeit und Aufgaben zum Verarbeiten.«[58]

---

56 Die illustrativen Darstellungen der folgenden Seiten sind z. T. wortgleich übernommen von Hanneke Bohls, Landesinstitut für Lehrerbildung und Schulentwicklung, Hamburg 2009, Tischvorlagen für Lehrer und Referendare – und beziehen sich im Wesentlichen auf die Darstellung in: Tschekan, a. a. O.
57 Tschekan, a. a. O., S. 22.
58 Ebd.

- Kein Festhalten von (Zwischen-)Ergebnissen ohne Verbindung zum bisherigen Schüler-Sach-Verhältnis – Der Lernprozess endet mit einer Aufgabe für das subjektive Konzept.[59]

Die *Öffnung des subjektiven Konzepts* kann geschehen durch ein Verankern der Leitfrage in der eigenen Lebenswelt:
- Denke an eine Situation, in der du ... Berichte deinem Nachbarn.
- Stell dir vor, du ... Was wäre dir besonders wichtig? Begründe!

Sie kann durch eine Aufgabe zum Aktivieren von Vorkenntnissen, Erfahrungen, Meinungen, Präkonzepten angeregt werden:
- Erstellt in Partnerarbeit ein Cluster/einen Advance Organizer zum Thema .../Was weißt du über ...?
- Wovon hängt es deiner Meinung ab, ob ... Begründe deine Einschätzung gegenüber deinem Partner. Bildet dann gemeinsam eine Hypothese.
- Setze dich mit folgender These auseinander: ... Formuliere sie gegebenenfalls um, bis sie für dich stimmt.
- Kommt über folgende Fragen in einem Kugellager miteinander ins Gespräch ...
- An welche ... kannst du dich erinnern? Denke zunächst allein nach und tausche dich dann in einem Geben und Nehmen mit deinen Mitschülern aus!/Wie bist du darauf gekommen?

Gemäß der Didaktischen Route lassen sich Möglichkeiten finden, *selbstständige Lernphasen* auswerten zu lassen. Solche Möglichkeiten sind:
- Präsentationen zur Verarbeitung mit kooperativem Austausch verzahnen, z. B. zum Vergleichen von Präsentationen anregen, Unterschiede thematisieren.
- Lernende erklären oder zusammenfassen lassen! Nur wenn sie selbst einen Vorgang erklären oder das Ergebnis zusammenfassen können, haben sie wirklich verstanden.

---

59 Vgl. ebd., S. 22 f.

- Selbst den Stand der Dinge zusammenfassen, spiegeln: Das war die Frage ... Damit habt ihr euch befasst ... Ich habe den Eindruck, dass ihr/einige ...
- Auf den Kern hinweisen: Wichtig ist, dass ihr prüft, ob ihr verstanden habt, wie/warum ...
- Sicherstellen, dass die Schülerinnen und Schüler Wesentliches dokumentiert haben.

Reflexionen zielen auf Lernerfolge oder Lernschwierigkeiten, nicht nur auf das, was getan wurde. Möglichkeiten der Reflexion sind:
- Was habe ich verstanden? Was ist mir klargeworden? Wo bin ich weitergekommen?
- Was ist unklar? Wo habe ich Schwierigkeiten? Welche neue Frage habe ich?
- Was hat in der Arbeit gut geklappt, was weniger?
- Was nehme ich mir vor? Wie geht meine Arbeit weiter?

Diese Konkretisierungen sind bereits Vorgriffe auf das Kapitel über Unterrichtsphasen; sie verdeutlichen, dass Unterrichtsphasen gemäß aufeinander aufbauender Lernphasen gestaltet werden können (und sollen).

Der Entwurf einer Didaktischen Route für eine Unterrichtseinheit kann im Bereich der Praxis, des subjektiven Konzepts oder der Information beginnen.

Ein Beispiel:
- Die Route beginnt in der Praxis: Das könnte »bedeuten, dass die Kinder sofort eine Übung zum Lerngegenstand ausführen.« Danach ist es entscheidend, »dass sie eine Aufgabe gestellt bekommen, die diese Praxis unter verschiedenen Kriterien, die mit dem Lernziel verbunden sind, reflektieren lässt.«[60]
- Die Route beginnt mit der Öffnung des subjektiven Konzepts: Der Beginn im subjektiven Konzept könnte so aussehen, dass

---

60 Ebd., S. 20.

die Schüler »zunächst aufgefordert werden, Erfahrungen und Vorkenntnisse zu rekonstruieren.«[61]
- Die Route beginnt mit der Information: Die Schüler setzen sich »zunächst mit Texten auseinander, oder sie hören ein Referat […] oder folgen einem Unterrichtsgespräch. Das Zur-Verfügung-Stellen einer Information ist mit einer Aufgabe zu verbinden, die deren Durchdenken, deren Verarbeitung instruiert. Dies kann methodisch vielfältig geschehen […] (z. B. ›Nenne die drei wichtigsten Punkte und sage, warum diese für dich wichtig sind!‹ Oder: ›Formuliere zwei bis drei Fragen zum Text!‹ oder ›Welche Argumente werden angeführt?‹).«[62]

Die didaktische Route ist insgesamt »ein Planungsinstrument, mit dessen Hilfe die konstruktivistische Lerntheorie konsequent bei der Konzipierung und Reflexion von Lehr- und Lerneinheiten beachtet werden kann.«[63] Das Modell der Didaktischen Route ist für Anfän-

---

61 Ebd.
62 Ebd.
63 Vgl. Tschekan, a. a. O., S. 18. Mit dem Begriff der *Konstruktion* wird in pädagogischen Kontexten üblicherweise der Umstand betont, dass Lernende sich Denkgegenstände subjektiv zusammensetzen, sie konstruieren sie. Jeder Erkenntnisprozess erfordert demzufolge – und entsteht nur durch – eigenständiges Aufbauen, Zusammensetzen und Entdecken der Wirklichkeit. Bei einer Re-Konstruktion liegt dem Lerner dafür bereits ein Denkzusammenhang vor (ein Text, ein Vortrag, ein Schaubild o. ä.), der Zusammenhang wird auf dieser Grundlage aber dennoch konstruiert; es wird nicht einfach abbildlich in den Kopf übernommen, was vermittelt wurde. Bei der De-Konstruktion werden Denkzusammenhänge wieder in ihre Teile aufgelöst oder in neuen Kontexten zusammengesetzt.
Unter Ko-Konstruktion wird das Lernen durch Zusammenarbeit von Lernenden und auch mit Lehrenden verstanden, wobei der gemeinsame Austausch über Bedeutungen im Vordergrund steht und weniger der Erwerb von Fakten. Das Verständnis von Konstruktion im pädagogischen Zusammenhang ist entstanden auf der Grundlage eines Konstruktivismus als erkenntnistheoretischer Position. Diese Position besagt in ihrer radikalen Form, dass jede Art der Erkenntnis eine Konstruktionsleistung des Menschen ist. (Diese Position ist natürlich nicht zu beweisen, denn wenn sie richtig ist, ist der Konstruktivismus (die Behauptung, dass alle Erkenntnis nur Konstruktion ist) selbst nur eine Konstruktion und keine Erkenntnis. Und diese Position würde letztlich dazu führen, dass es gar keine objektive Erkenntnis gibt. –

ger geeignet, aber auch für alle Lehrkräfte, die das Schüler-Sach-Verhältnis zu wenig berücksichtigen. Für fortgeschrittene Lehrkräfte ist es sicherlich zu erweitern, und einige kritische Stellen im Modell möchte ich später nennen. Auch um diese besser sichtbar zu machen, stelle ich ein weitgehend paralleles Modell vor; es ist geringfügig komplexer und wird mit verschiedenen Repräsentationsmodi kombiniert, mit symbolischen Möglichkeiten, in oder mit denen Lernende sich einen Sachverhalt deuten. Es stammt von Hans Aebli, einem Piaget-Schüler.[64]

Aebli zufolge ist Lernen ebenfalls Erweiterung der geistigen Landkarte des Menschen (der Begriff des ›subjektiven Konzepts‹ erweitert Aeblis Gedanken, die auf den kognitiven Gehalt konzentrieren). Das heißt genauer, der Mensch verfügt, bevor er etwas lernt, über eine bestimmte Denkstruktur. Aebli nennt diese sein *Basisschema*. Das Basisschema kann wiederum in einer Handlung, in einer Denkoperation oder in einem Begriff bestehen – das sind die symbolischen Formen bzw. Modi, in denen das Schema im Menschen repräsentiert ist. Unter einem Begriff versteht Aebli nichts anderes als die

---

Alle Referendarinnen und Referendare beispielsweise hätten ihre Seminarleiter auch nur ›konstruiert‹.) Der radikale Konstruktivismus ist von einem moderaten Konstruktivismus zu unterscheiden, dem zufolge Menschen sich die Wirklichkeit zwar mit Hilfe von Interpretationen aneignen, es aber dennoch Kriterien dafür gibt, wann eine Konstruktion eine Erkenntnis darstellt. In pädagogischen Zusammenhängen von Konstruktivismus zu sprechen bedeutet nicht, einen radikalen Konstruktivismus vertreten zu müssen. Hier wird nur der Umstand betont, dass Menschen auf dem Wege zu Erkenntnissen die Wirklichkeit eigenständig und subjektiv deuten – worauf dann in der Unterrichtsgestaltung zu achten ist. (Vgl. Kersten Reich: Konstruktivistische Didaktik. Lehren und Lernen aus interaktionistischer Sicht. Neuwied 2002) Bei der Reflexion von Lerneinheiten mit Hilfe der Didaktischen Route wird manchmal deutlich, »dass Lehrerinnen und Lehrer im Unterrichtsgeschehen davon ausgehen, dass Informationen nur klar und deutlich gegeben werden müssen und dass die Schülerinnen und Schüler nur aufmerksam sein müssen, damit diese Informationen gleichsam zu Kenntnissen werden. Diese Kenntnisse sollen die Schüler dann in Übungen oder Anwendungen vertiefen. In der Route spiegelt sich diese Annahme als Sprung von Information zur Praxis wieder – d. h. die Phase der Verarbeitung im subjektiven Konzept wird übersprungen.« (Tschekan, a. a. O., S. 20 f.)

64 Hans Aebli: Zwölf Grundformen des Lehrens und Lernen im Unterricht. Stuttgart 1964/1983.

Gesamtstruktur für einen gedanklichen Zusammenhang, die dann auch noch mit einem Begriffs*namen* bezeichnet werden kann. Ein Begriff ist also nicht mit dem *Wort* gleichzusetzen.

Basisschemata gilt es gemäß Aebli gezielt zu erweitern oder zu verändern. Das geschieht zunächst dadurch, dass Schülerinnen und Schüler *Probleme* zu lösen versuchen, d. h. durch Konfrontation mit einer lebendigen Fragestellung. Solche Probleme sollen jedoch so von der Lehrkraft ausgewählt werden, dass sie nur dann gelöst werden können, wenn sich das Basisschema der Person verändert.

Was hat eine Lehrkraft nun gemäß Aebli zu tun, damit Schülerinnen und Schüler neue Schemata erwerben und mit ihnen umgehen können?

1. Die Lehrkraft soll möglichst gut *verstehen*, welches Basisschema oder welche Basisschemata ihre Schülerinnen und Schüler haben.
2. Sie soll sie mit einem *Problem konfrontieren,* das es zur Beantwortung nötig macht, das Basisschema zu erweitern.
3. Sie soll Schülerinnen und Schüler auffordern, ihr *Basisschema zu aktivieren,* indem sie sich mit Hilfe des Basisschemas dem Problem stellen. Sie konfrontiert mit der unzureichenden Reichweite des Basisschemas. Die Aktivierung macht deutlich: Mein Basisschema genügt nicht. Schülerinnen und Schüler sind daher daran interessiert, ihr Basisschema zu erweitern.
4. Sie lässt die Schülerinnen und Schüler durch gezielte und sparsame Impulse das neue Basisschema *aufbauen.*
5. Die Struktur wird *durchgearbeitet.*
6. Sie wird *geübt.*
7. Sie wird *angewendet.*
8. Ein neuer Lernzyklus entsteht. Die Lehrkraft konfrontiert mit einem Problem, das auch mit Hilfe des neu erworbenen Basisschemas nicht gelöst werden kann.

Wichtig ist, dass der Lernprozess mit dem *Aufbau* keineswegs abgeschlossen ist. Denn die Schülerinnen und Schüler haben das neue Schema zunächst nur im Kurzzeitgedächtnis, es ist unflexibel, es muss mit anderen Strukturen des menschlichen Gehirns verknüpft werden, es muss häufig und flexibel trainiert, geübt und automatisiert werden, und es muss benutzt bzw. in Anspruch genommen werden können – auch und gerade in Fällen, in denen die Anwendung nicht selbstverständlich ist. Aebli empfiehlt die bewusste Gestaltung aller dieser Phasen.

Im Folgenden nenne ich ein paar Beispiele für Basisschemata (in Klammern der Grund dafür, dass sie unzureichend bzw. in ihrer Reichweite begrenzt sind):

- Um den Mittelwert von 11763, 11768 und 11782 auszurechnen, addiere ich die Zahlen und teile durch 3. *Puh, kann ich nicht im Kopf!* (Die Person hat das Schema zur Berechnung des Mittelwerts verstanden, aber noch keine einfachere Möglichkeit gefunden, ihn in solchen Fällen zu berechnen. Sie könnte die Daten verschieben, dann wäre es einfacher. 3, 8 und 22 haben den Mittelwert 11, dazu kommen noch 11760 – 11771 ist der Mittelwert.)
- Ich bin doch kein Egoist! Deswegen muss ich weiter allen helfen, die da sind. (Die Person denkt, es gäbe nur diese beiden Extreme – und macht sich vielleicht Schuldvorwürfe, wenn sie sich um sich selbst kümmert?)
- *I goed to school.* (Die Person hat das Schema zur Bildung einer Vergangenheitsform richtig verstanden, benutzt aber dieses Verb nicht als unregelmäßiges.)
- Herr Richter, ich kann gar nicht schneller als 130 gefahren sein; für die 65 km von Hamburg nach Lübeck habe ich genau eine halbe Stunde gebraucht! (Verwechslung von Momentan- und Durchschnittsgeschwindigkeit. Die Aussage ist der Beweis der Schuld.)
- Dass im *Faust* der Teufel erscheint, passt gar nicht; schließlich hatte Faust doch das ›Höchste‹ gesucht! (Die Person denkt, die Suche nach Höherem sei immer ›gut‹. Dass sie, je nachdem, wie und was gesucht wird, auch in die Hölle führen kann, wird nicht verstanden.)
- Es ist mindestens über null Grad; die Flüssigkeit ist ja nicht gefroren! (Offenbar verallgemeinert die Person aufgrund ihrer Erfahrungen unzulässig: Alle Flüssigkeiten seien in dieser Hinsicht gleich, Druck und andere Faktoren spielen in der Aussage keine Rolle.)
- Wir können froh sein, dass wir keinen König mehr haben; jetzt sind wir viel freier! (Die Person setzt unzulässigerweise Monar-

> chie und Unfreiheit sowie unsere Gesellschaftsordnung und Freiheit gleich. Es ist in Wirklichkeit wohl subtiler ...)
> - Hä? Die Fledermaus sieht doch kaum etwas. Wie kann sie da fliegen? (Wer hat noch mal Radarsysteme erfunden?)

Gemäß Aebli erfolgen Erarbeitung von Neuem und vor allem Komplexem eher im gemeinsamen Klassenunterricht, Durcharbeiten, Üben und Anwenden eher selbstständig. Einfaches kann auch auf selbstständige Art neu erlernt werden.[65] Das ist der Sozialform nach sicherlich heute anders zu sehen, aber: Die Lehrkraft wird mehr zu steuern haben, wenn ein neues Basisschema komplizierter ist. Gruppenarbeit solle eher beim Üben erfolgen, so Aebli, weil Schülerinnen und Schüler dabei eher auf Unterstützung der Lehrkraft verzichten können, der Aufbau eines neuen Schemas solle eher zentral erfolgen. Das stimmt inzwischen wohl nur noch zum Teil. Kooperative Lernformen ermöglichen auch einen eher selbstständig erarbeiteten Aufbau neuer Denkweisen.

Aus heutiger Sicht wird man ein Ausrufezeichen hinter die Steuerungsfunktion von Lehrkräften im Erlernen von Neuem machen müssen, das besagt: Liebe Lehrkraft, *prüfe*, an welchen Stellen Schülerinnen und Schüler deine Unterstützung zum Aufbau benötigen und an welchen Stellen sie sich neue Denkweisen auch ohne dich erarbeiten können. Je stärker Lernende eine neue Denkstruktur selbst entdecken, umso nachhaltiger der Lernerfolg – im anderen Fall des Erklärens muss der Aha-Effekt wahrscheinlich noch in einer eigenen Arbeitsphase erfolgen.)

Impulse zum *Aufbau* eines neuen oder erweiterten Basisschemas können sein:
- mitgebrachte Materialien, die irritieren,
- provokative Fragen,
- kleine Informationsbausteine, die nicht zusammenpassen oder/und
- Leitfragen, die zwingen, die ehemalige Denkstruktur zu problematisieren und zu überdenken, bis nötigenfalls hin zum
- schlichten Erklären der neuen Denkstruktur.

---

65 Vgl. Aebli, a. a. O., S. 233, 236, 258, 366 f., 376.

Der Aufbau einer neuen Denkstruktur lässt sich gemäß Aebli, Joerger und Bruner, alle drei Lernpsychologen und Didaktiker des 20. Jahrhunderts, durch gezieltes Inszenieren eines *kognitiven Konflikts* gestalten. Der Konflikt entsteht dadurch, dass Schülerinnen und Schüler mit Hilfe ihrer Denkstruktur ein Problem nicht lösen können. Weil sie es aber lösen *wollen*, sind sie motiviert, eine neue Denkstruktur zu erwerben.[66]

Was ist *Durcharbeiten*? Nach dem Aufbauen ist eine neue Denkstruktur noch starr und unflexibel. Lehrende sagen dann über Lernende: Er/sie sagt es auf wie in der Lektion. Der Inhalt ist noch nicht ganz durchdrungen, und daher kommt es nun darauf an, ihn für Anwendungen verfügbar zu machen. Durcharbeiten erfolgt in der Symbolwelt, in der ein Sachverhalt aufgeschlossen wurde; es erfolgt sozusagen noch nicht im Betrachten der Realität, auf die die Symbole verweisen. Warum? Weil die Person noch nicht zum Verständnis der Dinge vorgestoßen ist; sie ›sieht‹ die Symbole (Bilder, Worte, Pfeile) wie Dinge oder Prozesse an und vergewissert sich dabei immer wieder des Bezugs vom Symbol zur Sache. Erst danach können die Symbole in ihrer bedeutenden, sie selbst unsichtbar machenden Funktion verwendet werden. Als würde jemand sich zuerst seine Brille angucken müssen, um dann durch sie hindurchzusehen. Möglich wird das Durcharbeiten z. B. durch die folgende Schritte:
- Durchschreiten einer Struktur in einer weiteren Richtung,
- Bestimmung des Zusammenhangs von Symbolen,
- Rechnen von Umkehraufgaben,
- Erklärungen mit Hilfe anderer Wörter,
- Flexibilisierung,
- Beantwortung von Testfragen,
- Fragmentierung und Variation, um die Bedeutung eines Begriffs, Handlungsschemas oder Zusammenhangs in einem Strukturzusammenhang genauer auszuloten,
- Adressierung an die Urteilskraft, um Begriffe besser zu verstehen.

---

66 Vgl. Konrad Joerger: Lernprozesse bei Schülern. Stuttgart 1975; Leon Festinger: A Theory of Cognitive Dissonance. Stanford 1957; Aebli, a. a. O.; Jerome S. Bruner: Der Prozess der Erziehung. Berlin 1970 (Orig.: The Process of Education, 1960).

Beispiele sind:
- Vokabeln rückwärts (andersherum) lernen – *écouter:* hören. Was heißt hören? Ah ja: *écouter.*
- Rechenaufgaben andersherum rechnen – 4 mal 3 = 12. Aber was ist 12 : 3? Und erst recht: Was ist 12 : 4?
- Egoismus kann gesundes Achten auf sich selbst sein, Egozentrismus ist reine Ichbezogenheit. Wie kann sich Egozentrismus aus Egoismus entwickeln?
- Setzen wir anstelle von Mut Tatkraft. Ist es nun noch das gleiche Schaubild?
- Können wir für Nationalismus genauso gut auch Patriotismus sagen?
- Wenn die Figur nun ... tun (sagen) würde – was würde sich in der Folge im Roman ändern? Kann das entsprechend unserer herausgefundenen Merkmale der Erzählung so passieren?

Durcharbeiten kann vergleichbare Aufgabenformate enthalten wie eine Übung oder eine Anwendung auf einen bekannten Zusammenhang (nämlich dann, wenn zum besseren Verständnis ein Bezug auf die Wirklichkeit erfolgt), aber die Anwendungen sind leichter und eindeutiger, sie dürfen keine Verwirrung stiften und dienen dem besseren Verstehen – nicht etwa dem Überprüfen, Beurteilen der Richtigkeit und dergleichen.

An dieser Stelle sind zwei Vergleichsgesichtspunkte mit der Didaktischen Route sinnvoll. In Aeblis Modell werden alle Lernphasen von der Denkstruktur des Lernenden aus konfiguriert, in der Didaktischen Route nicht. Das Aktivieren entspricht haargenau der Öffnung, wie sie in der Didaktischen Route beschrieben wird. Wie es aber zum Aufbau eines neuen Konzepts kommt, wird in der Didaktischen Route nur grob beschrieben mit Hilfe der Begriffe ›Information‹ und ›Praxis‹. Das suggeriert eine Trennung zwischen dem, was handelnd erarbeitet und dem, was von anderen gesagt wird. In Wirklichkeit kann die Lehrkraft jedoch weit mehr hineingeben als nur Informationen. Informationen sind zwar mehr als einzelne Daten, aber weniger als Zusammenhänge. ›Information‹ wird in der Didaktischen Route als Begriff für alles verwendet, was von außen kommt. Das nivelliert Unterschiede zwischen Daten, Wissen, Zusammenhängen und Strukturen – und es befördert, obwohl genau das nicht beabsichtigt ist, insgesamt doch ein Transportmodell von Lernen. In Wirklichkeit kann eine Lehrkraft Impulse aussenden, die durch eine Mischung der Hereingabe neuer Bestandteile und Zusammenhänge und selbstständiger (Denk-)Handlungen geeignet sind, ein neues Basisschema aufzubauen. Außerdem wird bei Verwendung des Begriffs ›Information‹ der Sinn des zu Lernenden vollständig ausgeklammert. Zweitens stellen Aufbau und Durcharbeiten zwei Momente von Verarbeitung dar. Verarbeitung ist ein Akt, der zweiphasig ist: Er enthält (Nach-)Vollzug und Reorganisation. Verarbeiten, müsste man in der Didaktischen Route ergänzen, erfolgt in zwei Stufen. Das ist wichtig, weil sich die zugehörigen Arbeitsaufträge einer Lehrkraft unterscheiden. ›Sage, was du durch den Film über die Photosynthese verstanden hast!‹ fordert mich auf, etwas anderes zu tun als ›Photosynthese erfolgt in zwei Schritten. Nenne sie und beschreibe den Prozess in einem Strukturbild.‹

Üben heißt, etwas so oft zu tun, dass man es im Schlaf beherrscht. Das ist die eine Seite des Übens, das Automatisieren und Memorieren. Zu dieser Art des Übens gehört, etwas *häufig* zu tun, und gerade so abwechslungsreich, dass der Geist noch aktiv bleibt. *Stumpfes* gleichmäßiges Tun fördert nicht die Vertiefung gedanklicher Strukturen, es kann bei *Fertigkeiten* jedoch wichtig sein. Auf der anderen Seite heißt Üben, etwas (nach und nach stärker) *variierend* zu tun, so dass die *Flexibilität* einer gedanklichen Struktur weiter trainiert wird. Die Vertiefung des Könnens geschieht durch so genanntes elaborierendes Üben, d.h. beim Üben steigern sich die Fähigkeiten, bis es zur Anwendung kommt. Üben, wieder ein kleiner Vergleich, wird in der Didaktischen Route vernachlässigt.

Anwendung heißt, die Struktur auf Fälle zu übertragen, die mit ihrer Hilfe sinnvoll bearbeitet werden können. Auch hier gilt: Nach und nach entfernt sich die Anwendungssituation weiter von der klassischen Situation über den Transfer hin zu Streitfällen, bei denen dann in Frage steht, ob das erworbene Schema überhaupt noch hilfreich ist. Problemlösendes Denken heißt dann, entscheiden zu können, welche Struktur für welches Problem in Anspruch genommen werden kann (siehe Kapitel 8 und 9).

Ich erkläre alle Phasen an einem Beispiel: Eine Lehrkraft antizipiert, dass ihre Schülerinnen und Schüler nach der vorangegangenen Stunde denken: Den Mittelwert berechnet man, indem man die Zahlen (deren Mittelwert zu bilden ist) addiert und durch deren Anzahl teilt. Die sachliche Frage, die in der nächsten Stunde im Mittelpunkt liegt, lautet: Wie berechne ich den Mittelwert ›hoher‹ Zahlen (verschobener Werte)? Aber diese Frage setzt schon zu viel voraus. Der Lehrer gibt den Schülerinnen und Schülern zu Beginn der Stunde daher verschobene Daten, vielleicht sogar ähnliche, wie sie in der Vorstunde benutzt wurden, nur beispielsweise alle mit 10000 addiert, und stellt jeweils nur wenige Sekunden zur Verfügung, bis deutlich wird, dass die Lösung kompliziert zu finden ist, und die Suche nach einer anderen, einfacheren Lösung auftaucht. Ggf. schreibt der Lehrer links an der Tafel kleine Zahlen sowie deren Mittelwert hin und rechts die um glatte Tausender erhöhten Werte, so dass der Zusammenhang deutlich wird.

Jetzt wird die Problemfrage an die Tafel geschrieben. Dann folgt eine Strukturtabelle an der Tafel oder ein Beweis, der dazu dient, dass der Grund verstanden wird, warum der Mittelwert verschobener Daten ebenfalls nur verschoben ist. Die Schülerinnen und Schüler formulieren den Zusammenhang in einem eigenen Merksatz »So berechne ich den Mittelwert hoher Zahlen im Kopf ...« Nun geschieht das Durcharbeiten, indem die Schülerinnen und Schüler Mittelwerte auf neue Art berechnen. Die Zahlen variieren nur soweit, dass die neue Denkstruktur weiter verstanden wird. Aber die Schülerinnen und Schüler erhalten auch den Auftrag, Daten zu finden, zu denen es einen zahlenmäßig hohen Mittelwert gibt (3004, 3006, 3008) usw.

Ich stelle weitere Beispiele in den folgenden Tabellen dar.

Geschichte	
Basisschema	Die Bauern im Mittelalter wurden alle ausgebeutet.
Problemfrage	Warum blieb Herzog Fridolin so lange an der Macht?
Aufbau einer neuen Denkstruktur	Quellen über Vergünstigungen, Schutzbestimmungen, Glaube an festgefügte Ständeordnung, ... Benennen der Vorteile für Bauern durch die Existenz Herzog Fridolins

Geschichte	
Durcharbeiten	Schreibe aus der Sicht des Bauern Gumbert einen Brief an Vetter Raufold, weshalb du möchtest, dass Herzog Fridolin weiter regiert. Erkläre einem Zeitreisenden, warum die Ständeordnung für dich gut ist.
Üben	Erkläre am Beispiel der Ständeordnung in X, Y und Z, warum sie sich so lange halten konnte.
Anwenden	Warum akzeptieren im 20. Jahrhundert so viele Menschen, dass andere reicher sind als sie?

Englisch	
Basisschema	*I go to school* ist die richtige Art, zu sagen, dass ich gerade jetzt zur Schule gehe.
Problemfrage	Wie können wir Ereignisse ausdrücken, die ›gerade jetzt‹ passieren?
Aufbau einer neuen Denkstruktur	Strukturtafelbild entdecken lassen, in Text wiederfinden lassen: *I am going/You are going/…*
Durcharbeiten	Bilde alle Formen mit *to swim* wie folgt: *I am swimming/You …* – sieh dabei an die Tafel. Dann bilde alle Formen mit *to talk* – die Tafel wird dabei eingeklappt. – Weitere Lückentexte bzw. Tandembögen – Erkläre, wie das Verb *to swim* umgebildet wird. – Erkläre, weshalb es so einfach ist, den Plural zu bilden.
Üben	Entscheide bei den folgenden Sätzen, welche Formen das simple present und welche das present progressive erfordern. Übersetze: Ich liege gerade … (ich bade gerade …)
Anwenden	Unterhalte dich mit deinem Nachbarn: spielt ein Telefongespräch, in dem ihr euch über das, was ihr gerade tut und über das, was ihr generell gern tut, unterhaltet. Als Rollenspiel präsentieren!

Biologie	
Basisschema	Tiere wieder in einen Wald einzusetzen, gelingt immer; es kommt nur darauf an, ob man die Tiere schön findet und ob sie für uns Menschen gefährlich werden können.

Biologie	
Problemfrage	Soll der Luchs wieder im Sachsenwald eingebürgert werden?
Aufbau einer neuen Denkstruktur	Stelle fünf Lebewesen in einer einfachen Nahrungskette dar (z. E. Borke, Borkenkäfer, Reh, Fuchs, Luchs). Nenne Gründe, die es problematisch machen können, den Luchs einfach so wieder einzubürgern.
Durcharbeiten	Erstelle eine einfache Nahrungskette der folgenden fünf Waldbewohner. Prüfe in der Nahrungskette: Welches Tier könnte ausgerottet werden, ohne dass das Gleichgewicht zerstört würde? Könnte der Fuchs durch den Luchs *ersetzt* werden (oder durch einen Wolf)?
Üben	Unsere Nahrungsketten waren nur Vereinfachungen. In Wirklichkeit leben im Wald die folgenden Tiere: ... Erstelle eine Nahrungskette mit Pfeilen und entscheide, welche Tiere für das Gleichgewicht unentbehrlich sind. Kann *dieser* Wolf zurück in den Thüringer Wald, oder soll er geschossen/zurückgebracht werden?
Anwenden	Erkundige dich über die Meeresbewohner in der Ostsee. Können hier Delfine ausgesetzt werden?

Sport	
Basisschema	Wenn ich beim Volleyball den Ball bekomme, pritsche ich, so schnell es geht, zurück über das Netz. Dann ist der Ball außer Gefahr.
Problemfrage	Wie gewinne ich beim Volleyball?
Aufbau einer neuen Denkstruktur	Spiel gegen eine Mannschaft, die sich den Ball hoch zuspielen kann. Benennen der Gründe, weshalb es sinnvoll ist, dreimal hoch hin und her zu spielen, bevor der Ball zurück zum Gegner geht.
Durcharbeiten	Ball zwanzigmal hin und her pritschen, möglichst hoch – Benennen der Schwierigkeiten, Lösung
Üben	Ball wird zugeworfen, Mannschaft aus drei Spielern spielt dreimal hin und her und darf erst dann zurück spielen.
Anwenden	Spiel 6 gegen 6, bei dem es als Fehler gewertet wird, wenn der Ball bereits nach der ersten oder zweiten Berührung zurück zum Gegner geht.

Deutsch	
Basisschema	Interpretation ist subjektiv, oder es gibt genau eine richtige Interpretation.
Problemfrage	Versteht Felix Krull die Frauen? Wie interpretiere ich richtig?
Aufbau einer neuen Denkstruktur	Entscheide dich für eine Antwort und finde fünf Textstellen, die dafür (dagegen) sprechen. Schreibe so auf: An den folgenden Textstellen lässt sich erkennen, dass Felix Krull die Frauen (nicht) versteht. Stelle 1 …: Diese Handlung/Äußerung/Beschreibung bedeutet, dass Felix Krull … tut/ist. Damit versteht er auch (nicht) … Stelle 2 …: analog Insgesamt gilt also …
Durcharbeiten	Erkläre: Worauf ist beim Interpretieren zu achten? Finde nun Textstellen, die gegen deine Antwort sprechen und verfahre analog.
Üben	Interpretiere die Charaktere der Kurzgeschichte … – (Frage vorgegeben)
Anwenden	Bilde eine Hypothese zum Roman *Felix Krull* und begründe sie mit Hilfe einer Interpretation.

Ich gehe zu einer Reflexion der Didaktischen Route und der Aebli'schen Phasenlehre über. Der Nutzen beider Modelle ist offensichtlich: Lernen ist als Schrittfolge verstehbar, die einer durch die Lehrkraft gestaltbaren Struktur folgt. Lernen wird vom inneren Zustand des Lernenden aus gedacht (subjektives Konzept bzw. Basisschema) und durchgängig auf diesen bezogen. Unterrichtsphasen können von Lernphasen aus gestaltet werden. Das Augenmerk der Lehrkraft kann auf Phasen der Verarbeitung bzw. des Durcharbeitens gerichtet werden. Eine Lehrkraft kann funktional entscheiden: Welche Impulse sind zum Aufbau nötig? Welche Art der Verarbeitung unterfordert, weil Lernende Wissen bereits während eines Vortrags aufgebaut und verinnerlicht haben; welche ist nötig, damit eine anschließende Anwendung erfolgreich sein kann?

In der Didaktischen Route wird Metakognition systematisch berücksichtigt; das ist hilfreich und ein Vorteil gegenüber dem

Aebli'schen Modell. Ein Vorteil beider Modelle ist der klare Bezug zu den drei Denkebenen und Anforderungsbereichen:
- Ziel des Aufbaus ist Reproduktion,
- Ziel des Durcharbeitens sind Reorganisation und Verstehen,[67]
- Ziel der Anwendung ist Transfer,
- Ziel der Konfrontation mit einem neuen Problem ist Akkommodation.

Grenzen gibt es auch. Zunächst eine allzu schematische Befolgung, beispielsweise: Immer am Ende reflektieren. Oder: Immer einen Verarbeitungsauftrag, auch für schnelle Denker. Verarbeiten wie Durcharbeiten kann jedoch implizit geschehen, insbesondere bei zügigen Lernenden. Die wären schwer unterfordert, müssten sie, nachdem sie bereits während eines Vortrags alles durchdacht und in Gedanken teils bereits angewendet haben, noch einmal sagen, ›wie sie verstanden haben, was sie gehört haben und was ihnen noch unklar geblieben ist‹.

Die Reihenfolge kann nicht immer exakt eingehalten werden: Bei einer Anwendung kann jemand feststellen: Das habe ich noch nicht gut verstanden! Derjenige wird dann neu verarbeiten. Oder sogar feststellen: Das *lässt sich gar nicht* verstehen, denn da ist ein Fehler in der Denkstruktur – dann akkommodiert die Person.

Die Berücksichtigung des subjektiven Konzepts kann schließlich, hat jemand das Modell der Didaktischen Route nicht sehr tief verinnerlicht, nur bei der Öffnung geschehen.

Zur Kritik der Modelle: Das Modell von Aebli passt nicht gleichermaßen auf alle Fächer und auf alle Lerngegenstände. Es ist für solche Inhalte geeignet, in denen Kognitionen eine Rolle spielen. Die Didaktische Route hat einen breiteren Anwendungsbezug, insofern subjektive Konzepte nicht nur bei Kognitionen eine Rolle spielen. Aber beide sind für rein metakognitive Lerngegenstände nur begrenzt geeignet – in der Didaktischen Route wird Metakognition mit Hilfe des Begriffs der Reflexion ans Ende eines Lernprozesses gelegt. Öffnung und Verarbeitung sind ebenso in einem weiten Sinne Reflexionen, aber sie werden in der Didaktischen Route

---

67 Vgl. Aebli, a. a. O., S. 242.

auf den Erwerb von Konzepten bezogen. Es wird nicht zwischen außerkognitivem, kognitivem und metakognitivem Lernen unterschieden – je nachdem ist aber Reflexion unterschiedlich sinnvoll und beinhaltet, unterschiedlich ausgeprägt: Sicherung, Reflexion auf einen Lernvorgang, Transfer, Verallgemeinerung, Heuristiken, Strategien, Kontrolle. In Urteilskontexten sind Erörterungen und Perspektivwechsel zentral, in ästhetischen Fächern spielen breite und subjektive Bezüge eine zentrale Rolle, etwa in der Verwendung produktiver Verfahren im Deutschunterricht.

Ich kritisiere weiter: Es gibt Lerninhalte, bei denen das Schema oder Konzept implizit bleibt. Das ist in der Anwendung von Regeln beispielsweise bei transduktiven Schlüssen oder bei Schlüssen per Erfahrung und Analogie der Fall. Gilbert Ryle hat die These vertreten, dass sich zwar beim Verhalten von Menschen bisweilen aus der Beobachterperspektive Regeln rekonstruieren lassen, denen gemäß die Person sich verhalte. Daraus folge aber nicht, dass die Person selbst Regeln anwende oder Regeln in ihrem Kopf haben müsse. Dementsprechend wäre es kurzschlüssig, das Lernen dieser Person stets mit Hilfe der rekonstruierten Regeln zu gestalten.[68] Außerdem ist es schlicht möglich, dass bei einem Lerngegenstand gar kein subjektives Konzept existiert, weil der Lerngegenstand komplett neu für die Person ist. Man hat dann weder eine Fragehaltung noch ist es notwendig, ein Konzept zu öffnen oder ein Schema zu aktivieren.

Eine generelle Einschränkung beider Modelle lässt sich nennen: Eine Reflexion auf Bildung erfolgt nicht; in Aeblis Modell erfolgt immerhin ein Bezug auf Problemorientierung. Aeblis Abfolge ist problemlösend, nicht problemorientiert, d. h. problemlösende, fachmethodische Fähigkeiten werden nicht explizit behandelt. Es werden auch keine unlösbaren Probleme bearbeitet.

Die letzte Kritik betrifft die Tatsache, dass die Anwendung beider Modelle jeweils nur die Behandlung *eines* Lerngegenstands intendiert; Lernphasen werden auf einen Lerngegenstand bezogen fokussiert. Dann werden sie beispielsweise in drei Unterrichtsstunden oder Doppelstunden durchschritten. Inwieweit über Lerneinhei-

---

68 Gilbert Ryle: The concept of mind, Chicago 1949 (dt.: Der Begriff des Geistes, Stuttgart 2015).

ten hinweg aber subjektive Konzepte verallgemeinert oder Heuristiken etabliert werden, wird in beiden Modellen nicht explizit thematisiert.

Lernphasen werden in Aeblis Modell in Bezug auf die *Symbolisierungsart* auch über einen längeren Zeitraum betrachtet. Beispielsweise kann jemand die Addition als Handlungsschema lernen, und er kann dann später Zusammenhänge, die bei Rechenvorteilen genutzt werden, begrifflich nachvollziehen. Im ersten Fall ist die Art und Weise, wie die Addition im Gehirn repräsentiert wird, von anderer Art als in dem Fall, dass Begriffe gebildet werden. Das ist folgenreich für zwei Dinge: zum einen dafür, dass eine Lehrkraft auf lange Sicht sprachbildend tätig wird, zum anderen dafür, dass eine Lehrkraft innerhalb eines Lernzyklus versteht, auf welche sprachliche Art Lernende überhaupt Zugang zu einem Lerngegenstand haben.

»Sprachsensibler Unterricht, ist das nicht das, wo man immer ›-innen‹ sagt?« – so fragte ein Referendar, als wir über dieses Thema sprachen. Nein, ist es nicht, obwohl sich sprachliche Sensibilität darin mit Sicherheit auch zeigen kann. Unterricht ist *sprachsensibel*, wenn eine Lehrkraft diagnostiziert, wie Lernende sich Inhalte repräsentieren, und wenn sie auf dieser Grundlage angemessene Lernzugänge schaffen und dabei sprachbildend tätig werden kann.

Das klassische Modell der *Repräsentationsmodi* stammt von Gerome Bruner, ebenfalls Piaget-Schüler:[69] Zunächst repräsentieren wir uns etwas – einen Zusammenhang, einen Gegenstand –, indem wir mit ihm handeln. *Enaktiv* sind wir mit Dingen verbunden und können auf diese Art schon viele Dinge tun. Dann repräsentieren wir uns Dinge und Prozesse bildlich, *ikonisch*. Diese Bilder sind in unserem Kopf und leiten uns. Sie sind zunächst starr und unbeweglich. Ab dem Stadium der Verfügung über innere Bilder *denken* wir symbolisch. (Ich benutze hier das Wort *symbolisch* noch weitreichender: Insofern jemand etwas überhaupt repräsentieren, d.h. bewusst handeln kann, verfügt er über *seine* Realsymbole, seinen Körper.) Das bedeutet aber nicht, dass wir mit unseren Symbolen auch *operieren* können. Oft wird erst das *symbolische Operieren*

---

69 Bruner, a.a.O.

mit Vorstellungen als *symbolisch* gekennzeichnet, weshalb Bruners Modell auch als E-I-S-Modell abgekürzt wird: enaktiv – ikonisch – symbolisch.

Symbolisch mit etwas zu operieren, ist eine vielschichtige Tätigkeit und Fähigkeit. Aebli unterscheidet zwei Teile, nämlich *Operationen* und *Begriffe*. Operationen sind Strukturzusammenhänge, in denen – im Unterschied zu Handlungszusammenhängen – die Zusammenhänge selbst benannt werden und zum Gegenstand des Nachdenkens gemacht werden. »Erst war das ... Dann entsteht daraus ... Unter der Bedingung, dass ... ergibt sich ...«, solche Formulierungen verwenden Menschen, die Operationen durchführen. Operationen beziehen sich auf Handlungen, Prozesse, Dinge oder Bilder. Zentral ist nun für Aebli, dass sowohl Handlungen als auch Operationen aufgebaut, durchgearbeitet, geübt und angewendet werden müssen; auf jeder dieser Repräsentationsebenen gibt es vollständige Lernzyklen – und gilt es, sie zu gestalten.

Wer eine Operation anwenden kann, muss keinen Namen für sie haben. Für Lehrkräfte ist oft klar: Dieser Zusammenhang ist: die Photosynthese, die Entstehung der Französischen Revolution, der kategorische Imperativ usw. Aber in der Regel ist es nicht ebenso klar für die Lernenden. Daher kann ein Begriffswort erst *nach* einer Operation für den in ihr liegenden Zusammenhang als Ganzes verwendet werden.

Das Ganze eines Zusammenhangs ist für Aebli ein *Begriff*. Wer über ein solches Ganzes verfügt, hat nicht nur einen Namen, sondern eben: einen Begriff von etwas erworben. Begriffe werden ebenso aufgebaut, durchgearbeitet, geübt und angewendet. Und dabei werden sie in ihren Zusammenhängen und Abgrenzungen betrachtet, also in ihrer Eigenschaft, Unterschiede zu setzen. Begriffliches Denken, insofern Zusammenhänge nun als neue Teile von Zusammenhängen in den Blick geraten, helfen, abstrakt zu denken, aber nicht, insofern nun die Dinge verschwinden, sondern indem Zusammenhänge tiefer verstanden werden.

Für Lehrkräfte gilt es, symbolische Repräsentationen nutzen zu können und ihre Unterschiede als Analyseinstrument (sowie als Gestaltungs- und Differenzierungsinstrument) zur Verfügung zu haben.

Aebli und Bruner folgen als Piaget-Schüler dessen Modell der Wirklichkeit, das zum Modell des Lernens wird: Was es gibt, lässt sich in einem wohldefinierten, symbolisch-operationalen Schema erschließen. Das Modell zum Verstehen der Wirklichkeit ist die Mathematik. Nun sind, wie Erfolge der Naturwissenschaften und der Technik zeigen, viele Bereiche der Wirklichkeit am besten auf solche Art darstellbar. Aber erstens werden aus solchen Weltmodellen allzu schnell starre Weltbilder, in denen unzulässig generalisiert wird, ›was die Welt zusammenhält‹, und zweitens lassen sich andere Aspekte der Wirklichkeit besser mit anderen Begriffen beschreiben. Die meisten Begriffe sind komplexer; wir bewegen uns mit ihnen in Traditionen, in sozialen Sichtweisen auf die Wirklichkeit und in Reflexionskonstellationen. Solche Begriffe – wie *Liberalismus, Selbst, Dekonstruktion* – werden anders erworben als in symbolischen Operationen oder formalen Symbolen, die eindeutig definiert sind. Schließlich sind solche Begriffe Scheinwerfer: Sie lassen uns unsere Wirklichkeit neu ›sehen‹, sie geben Richtungen für Perspektiven und Untersuchungen. *Paradigmen* sind von dieser Art. Dort, wo mit solchen Begriffen im Unterricht gearbeitet wird, hält man sich besser an die Fachdidaktiken und nutzt Bruner und Aebli als Hintergrundfolie für kognitive Repräsentationen, die formal-operational sind.

Die Berücksichtigung unterschiedlicher Repräsentationsebenen im Sinne der auf Piaget aufbauenden Symbolisierungsarten unterscheidet sich von anderen Aspekten sprachsensiblen Unterrichts, in denen es um Schülerinnen und Schüler geht, die sprachlich gesehen bildungsfern aufwachsen oder, was etwas anderes ist, nicht Deutsch als Muttersprache haben. In diesen Fällen liegen ggf. sprachliche Lernhürden vor, die nicht kognitive Ursachen haben, die aber so erscheinen können, als lägen kognitive Ursachen vor. Lehrerinnen und Lehrer sind aufgefordert, den Blick auf solche Phänomene zu richten. Was zu einem solchen Blick gehört, kann hier nicht detailliert beschrieben werden.[70]

---

70 Jana J. Echevarria/Deborah J. Short/Mary Ellen J. Vogt: Making Content Comprehensible for English Language Learners: Implementing the SIOP® Model. Boston 2008; Charlotte Röhner/Britta Hövelbrinks (Hg.): Fachbezogene Sprachförderung in Deutsch als Zweitsprache: Theoretische Konzepte

Fragen, die sich eine Lehrkraft stellen sollte, sind:
- Gibt es Aktivitäten, die inhaltliche und sprachliche Konzepte sinnvoll integrieren?
- Ist die Lehrersprache dem sprachlichen Lernstand angemessen?
- Kann Sprachmittlung betrieben werden?
- Wurden Unterrichtsmaterialien in Hinblick auf sprachliche Schwierigkeiten analysiert?
- Wurde darauf geachtet, zusätzlich zu den Aktivitäten, die die Aufschließung eines Lerngegenstands inhaltlich betreffen, die Sprachfunktionen zu analysieren, die eine Rolle spielen? (Z. B.: Wo spielt Zuhören bei der Auseinandersetzung eine Rolle? Wie tauschen sich die Schülerinnen und Schüler über einen Text aus? Wie wird der Leseprozess angeleitet und begleitet? Welche Schreibaufgaben begleiten die Textarbeit?)
- Werden Darstellungsebenen gewechselt, um tiefergehendes Textverstehen zu überprüfen und zu fördern?
- Werden Redemittel bereitgestellt?
- Werden grammatische Strukturen bereitgestellt und ggf. kurz fokussiert?
- Werden Lernziele in Bezug auf ihren Sprachanteil erklärt?
- Werden Operatoren erklärt?
- Achte ich als Lehrkraft auf mögliche Missverständnisse durch Verwendung von Metaphern und bildliche Sprache?
- Passe ich meine Sprechgeschwindigkeit an?
- Akzentuiere ich Wichtiges entsprechend?
- Formuliere ich selbst zusammenhängend und normgerecht?
- Werden Artikel stets mit genannt?
- Fordere ich zum Bilden ganzer Sätze auf?
- Sind Sprachhilfen an der Tafel immer an der gleichen Stelle zu finden?

---

und empirische Befunde zum Erwerb bildungssprachlicher Kompetenzen. Weinheim/Basel 2013 – darin: Britta Hövelbrinks: Die Bedeutung der Bildungssprache für Zweitsprachlernende im naturwissenschaftlichen Anfangsunterricht, S. 75–86; Tanja Tajmel: Möglichkeiten der sprachlichen Sensibilisierung von Lehrkräften naturwissenschaftlicher Fächer, S. 198–211; Eike Thürmann/Helmut Johannes Vollmer: Schulsprache und Sprachsensibler Fachunterricht: Eine Checkliste mit Erläuterungen, S. 212–233.

- Thematisiere ich Sprachlernstrategien und Lesestrategien?
- Gehe ich mit Fachbegriffen behutsam um?
- Antizipiere ich auftretende sprachliche Schwierigkeiten im Umgang mit Materialien?

7 Viele, viele bunte Lernplakate! –
Unterricht phasieren

Unterrichtsphasen schreiten Lernphasen ab. Dennoch sind diese nicht deckungsgleich mit Unterrichtsphasen; das gilt schon aus Kontingenzgründen: Unterricht endet an der Stelle, an der die Zeit vorbei ist. Deshalb gilt es, Unterricht zu inszenieren, nicht im Sinne einer künstlichen Veranstaltung, aber darum wissend: Für Schülerinnen und Schüler werden anschließend andere Dinge wichtig; es gilt, einen Spannungsbogen zu erzeugen, weil niemand 90 Minuten lang auf höchstem Niveau aufmerksam sein kann. Eine Stunde ist als eine organisatorische Einheit zu sehen: Schülerinnen und Schüler sollen anders aus ihr heraus als in sie hinein gehen, sie sollen das Gefühl haben: ›Das hat sich gelohnt!‹ Da die Zeit tückisch ist und das Vergessen schnell eintritt, ist es wichtig, zum Ende einer Stunde Gelerntes so im Kopf zu verankern, dass später darauf zurückgegriffen werden kann. Ebenso gilt es, am Anfang wieder anzuknüpfen, in Erinnerung zu rufen, Köpfe, Hände und Gefühle aufzuwecken oder einzustellen, Aufmerksamkeit auszurichten und die Prozesskontinuität aufrechtzuerhalten. Die Phasen eines Lernzyklus können mehrere Stunden dauern; ebenso fallen aber auch die klassischen Unterrichtsphasen – Einstieg, Erarbeitung, Sicherung – nicht immer mit dem 45-Minuten-Takt zusammen; dann bedarf es einer anderen Phasierung, oder es werden Zwischensicherungen organisiert, Zwischenschritte gegangen oder Verabredungen getroffen. (Die Dreiphasigkeit von Unterricht ist eine gute Anfangsorientierung[71]; in vielen Fächern existieren aber mehr Phasen, beispielsweise im Sportunterricht, wenn nach einer Praxisphase erneut kurz reflektiert wird. Oder im Fremdsprachenunterricht, der viele kleine Übungen enthalten kann.)

Die Metapher für drei Unterrichtsphasen hat mir einmal ein Referendar geliefert: gasförmig, flüssig und fest. Am Anfang weht der Geist, wo er will, er soll frei ausschwärmen können; Schülerinnen

---

71 Vgl. Hilbert Meyer: Leitfaden Unterrichtsvorbereitung. Berlin 2007, S. 70 f.

und Schüler sollen daher offene Denkräume erhalten. Dann gilt es, in Form zu bringen, was entstanden ist, Gedanken zu bahnen und Fließrichtungen herzustellen. Am Ende wird gefestigt, damit etwas bleibt, auf das man später wieder zurückkommen kann.

Am *Anfang* einer Stunde wird man vor dem *Einstieg*, d.h. dem Beginn der inhaltlichen Arbeit, anderes sehen, das bereits in Kapitel 3 beschrieben wurde: Hier findet eine Begrüßung statt, da werden Lernende ritualisiert eingestimmt, dann wird noch Organisatorisches gesagt und in das Klassenbuch eingetragen, wer fehlt. Ruhe wird hergestellt, Aufmerksamkeit gebündelt, freundlich zugewandter Kontakt inkl. Anschluss gesucht. Die Lehrkraft schafft damit einen *Orientierungsrahmen*. Der kann sich bereits auf den Lerngegenstand oder auf die Art der Erarbeitung und Ziele erstrecken. Schülerinnen und Schüler erfahren: ›Das ist der Sinn, dazu ist das gut, und so läuft es gleich ab.‹

Allerdings besteht die Gefahr, Schülerinnen und Schüler durch rein verbale Informationen zu überfordern. Daher ist, wo Orientierung nötig und sinnvoll ist, so oft wie möglich eine anschauliche Einführung geboten – eine, die in überschaubar vielen Punkten darstellt, um was es geht. Wer hat nicht schon nach einer mühseligen, 18 Punkte umfassenden Gliederung den roten Faden und vor allem das Interesse verloren, bevor auch nur ein ergiebiger Inhalt in der Mitte des Raums angekommen war! Möglich, dass Information statt Motivation Desinteresse oder Ablehnung hervorruft.

Worüber kann informiert werden? Über Ziele, über den Verlauf, über Sinn und Zweck, Inhalte, Fragestellung und Kontexte. Bekanntes kann mit Neuem verknüpft werden und mit neu zu Erarbeitendem, so kann die Vernetzung von Ergebnissicherung und Neuanfang vorbereitet und eine Fragehaltung sowie Neugier geweckt werden; Interesse und Aufmerksamkeit kann auf den Lerngegenstand gelenkt werden.

Damit Schülerinnen und Schüler auch etwas zu tun bekommen, können Inhalte genannt, mögliche zugehörige Ziele aber erfragt werden, es kann ein ungeordneter Ablauf gegeben und gebeten werden, diesen zu sortieren. Visuell ist wichtig: Bleibendes (Frage, Ziel) gehört an die Tafel, Kurzfristiges kann am Tageslichtprojektor oder am Smartboard sichtbar gemacht werden.

Der inhaltliche Einstieg soll Schülern eine neue Lernaufgabe eröffnen. In der Theorie kann die Öffnung des subjektiven Konzepts den Anfang eines neuen Lernzyklus einleiten, in der Praxis werden Konzepte auch dann geöffnet, wenn am Ende der vorigen Stunde verarbeitet wurde. Wie kommt man in Beziehung zum subjektiven Konzept? Durch
- die Aufforderung zur Erinnerung an die Sache und den eigenen Zugang zu ihr,
- Variation,
- Emotionalisierung,
- Situierung,
- Kontroversität,
- das Einholen von Vermutungen und
- Weltbezug.[72]

Es muss etwas auf dem Spiel stehen, das mit den Lernenden zu tun hat. Die gute alte Rede von der ›Schülerorientierung‹ diente niemals der Ablösung von Sach- oder Fachorientierung, sondern der Anbahnung des Wegs jedes Schülers zur Sache. Identifikation bzw. das Stiften von Selbstbezügen ist geeignet: ›Würdest du einen solchen Herrscher, wie er hier auf dem Bild dargestellt ist, als Oberhaupt haben wollen? Wärest du gerne wie er?‹

Wie bringe ich den intendierten Lerngegenstand in den Fragehorizont des Kindes? Wie mache ich ihn für das Kind fragenswert? Wie mache ich den Gegenstand, der als Antwort auf eine Frage zustande kam, wieder zu einer Frage? Das sind Fragen, die sich eine Lehrkraft für einen Unterrichtseinstieg stellen kann. Die Antworten können lauten: durch Rückverwandlung von Sachverhalten in lebendige Handlungen, aus denen sie entsprungen sind – von Gegenständen in Erfindungen und Entdeckungen, von Werken in Schöpfungen,

---

72 Da Lerngegenstände nicht immer nur aus dem Nahbereich kommen müssen oder dort eine Rolle spielen, benutze ich lieber diesen Begriff als den des Lebensweltbezugs. Dieser markiert *eine* Möglichkeit der Herstellung von Bezügen zwischen subjektivem Konzept und Lerngegenstand.

Plänen in Sorgen, Verträgen in Absichten, Lösungen in Aufgaben, Phänomenen in Urphänomene.[73] Ein paar Beispiele:

- »Heute soll jeder am Ende der Stunde entscheiden können, ob der Luchs wieder im Sachsenwald eingebürgert werden soll. Das wird jeder in eigenen Sätzen begründen. Damit ihr das könnt, gehen wir in den folgenden drei Schritten vor ...«
- Anstelle von »Wer kann mir sagen, was wir letzte Stunde gemacht haben?«: »Denke eine Minute nach und tausche dich dann mit deinem Partner darüber aus, was wir zum Gebrauch des Plusquamperfekts erarbeitet haben. Für die Partnerarbeit habt ihr zwei Minuten Zeit. Anschließend werde ich jemanden drannehmen.«[74]
- »Erkläre deinem Nachbarn in drei Sätzen, was ... ist/wie ... funktioniert.«
- »Erzähle, was du besonders gut behalten hast und was du dir noch nicht gut merken kannst.«
- »Schreibe deine Hausaufgabe auf folgende Art um: ...«
- Karikatur (Bild, Zitat, These) zeigen und nichts sagen – anschließend z. B.: »Welche Frage stellt sich euch? Was hat das mit eurem bisherigen Lernstand zu tun? Warum könnte ich euch das gezeigt haben? Kommen wir durch die Betrachtung einer Antwort auf unsere Frage näher?«

Ähnliche Methoden sind die Durchführung eines Gedankenexperiments, das Zeigen eines Experiments, einer Karte, einer Karikatur oder eines Diagramms. Wichtig ist es, elementar zu bleiben, schließlich sollen Schülerinnen und Schüler auf vielfältige Art einen Einstieg in eine Lernsituation finden.

Zwei Grundkonstellationen herzustellen, ist zentral: Den Lernenden Gelegenheit geben, sich darauf zu besinnen, wie sie bisher denken. Und: Jeden Schüler/jede Schülerin auffordern, etwas zu tun.

---

73 Vgl. Heinrich Roth: Pädagogische Psychologie des Lehrens und Lernens. Hannover 1957.
74 Vgl. diese Möglichkeit und weitere illustrative Beispiele zur verbindlichen inneren Aktivierung in: Tobias Brüning/Ludger Saum: Erfolgreich unterrichten durch Kooperatives Lernen. Strategien zur Schüleraktivierung. Band 1, Essen 2007, S. 13.

Diese beiden Funktionen können sich in dem, was man beobachten kann, signifikant unterscheiden. Erinnerung setzt Nachdenklichkeit, tastende Schritte und vielleicht Schweigen voraus, Aktivierung Munterkeit, Redseligkeit und ggf. das Verbleiben im Bekannten. Wann sind Menschen *innerlich* aktiv, wann wird es ›hell‹ im Klassenzimmer: wenn geredet wird oder wenn konzentrierte Stille herrscht? Die innere Aktivierung lässt sich nicht an der Anzahl der Meldungen ablesen, vielleicht eher an Gesichtern.

Inhaltlich gesehen können die folgenden Kriterien dafür wichtig sein, welche Elemente eines Lerngegenstands für den Einstieg gewählt werden:
- die Beachtung des Vorverständnisses,
- die Berücksichtigung des Kerns der Sache (nicht Motivation um den Preis, ein nebensächliches Detail hervorzuheben),
- das Auswählen einer Schlüsselszene oder von Beispielen,
- eine Verrätselung,
- ein Gegenstand, der etwas mit dem Zentrum zu tun hat,
- die Ermöglichung eines handelnden Umgangs mit dem Lerngegenstand,
- Verfremdung, Provokation (gemäß Brecht: Der ›V-Effekt‹ lässt Vertrautes neu sehen und ist daher für Lernen geeignet[75]),
- die Möglichkeit der Veranschaulichung,
- eine Vergröberung,
- eine Überspitzung oder
- eine Verdrehung.

Verschiedene Arten von Einstiegen lassen sich unterscheiden, dabei habe ich schon klargestellt, dass ich sie kaum als Entweder – Oder begreife:
- motivierender versus sachlicher Einstieg,
- informierender versus entdeckender Einstieg,
- problemlösender versus problemgenerierender Einstieg (hierzu Kapitel 8).

---

75 Vgl. Bertolt Brecht: Neue Technik der Schauspielkunst. In: Ders. Gesammelte Werke. Bd. 15. Frankfurt/M. 1967, S. 355.

Die Frage, wie man sich in diesen Unterscheidungen positioniert, läuft letztlich darauf hinaus, wie viele Vorgaben und wie viel an selbstständiger Entdeckung man für sinnvoll hält und ob man der Auffassung ist, Motivation oder Sachorientierung sei sinnvoll. Motivation erfolgt immer in sozialen Kontexten; insofern ist die Trennung zwischen intrinsischer und extrinsischer Motivation vordergründig und kann lediglich verhüten, auf eine Art zu motivieren, die nichts mit dem Lerngegenstand zu tun hat, beispielsweise eine Belohnung bei gutem Benehmen in Aussicht zu stellen. Ansonsten ist wohl die unterstellte Autonomie des Lerners bezüglich seiner Motivation ebenfalls eine (moderne) Fiktion.

Ob ein Einstieg informierend oder motivierend ist, entdeckend oder vorgebend, das lässt sich variieren und hängt nicht zuletzt von den vorausliegenden Erfahrungen und Fähigkeiten der Lernenden ab. Darüber hinaus hängt vom Lerngegenstand ab, wie sinnvoll es ist. Informieren kann man immer, auch ohne Vorbereitung; einen Zugang zum Lerngegenstand zu schaffen, kann Aufwand darstellen, der Lernenden im Lernvorgang Unterstützung bietet – Menschen lernen besser, wenn sie wissen, was sie lernen und wie sie sich das, was sie erwartet, konkret vorstellen können. Will man informieren, so dient das der Vorhersagbarkeit und dem Einfinden in einen Sinnzusammenhang – und so sollte es auch erfolgen. Es ist nicht förderlich, in jeder Stunde an die Tafel zu schreiben: Heute wieder eine Erinnerung, dann Gruppenarbeit, dann Auswertung. (Will man Orientierung über Sozialformen geben, weil Schülerinnen und Schüler sonst verunsichert sind, kann es allerdings sinnvoll sein.) Grundprinzip einer Information soll eine Zielrichtung und ein Überblick sein – umfangreiche Tabellen sind in der Regel nicht nützlich.

Nach und beim Einstieg kann eine Information inhaltlicher Art durch die Lehrkraft erfolgen; sie kann einen Vortrag halten oder eine direkte Instruktion geben; der Unterschied besteht darin, dass das Lernverhalten bei einer Instruktion mit berücksichtigt wird – bei einem Vortrag wäre es nützlich, im Anschluss oder mehrmals zwischendrin einen Verarbeitungsauftrag zu erteilen. Eine direkte Instruktion ähnelt der Anleitung, wie sie in Kapitel 3 dargestellt wurde:
- explizite Darstellung aller Lösungsschritte,
- schrittweiser Aufbau neuer Schemata,

- individuelle Aufgaben,
- ausführliches Feedback,
- Transfer,
- Einführung von Neuem,
- dabei Wiederholung zuvor gelernter Inhalte.

Bevor ich zur zweiten Phase, der *Erarbeitung*, übergehe, ein Wort zu *Phasenübergängen*. Wofür sind sie da? Sie bilden die Klammer zwischen Phasen und sollen daher ihren Zusammenhang klären helfen, sie sollen für Überblick und Übersichtlichkeit im Kopf der Lernenden sorgen, und sie sollen die Aufmerksamkeit steuern und Zäsuren setzen – dies beispielsweise durch akustische Zeichen und Rituale. Ein Advance Organizer, der verteilt oder gezeigt wird, in dem man sieht, wo man sich gerade befindet, schafft Ordnung. Ein Rückbezug auf eine Leitfrage ruft das Wesentliche und eine Zielrichtung wieder in Erinnerung. Oftmals sind Schülerinnen und Schüler in Bezug auf Einzelnes klüger und schneller im Denken als ihre Lehrkräfte; sie haben aber keinen Überblick, schon deshalb, weil sie keine leitenden Begriffe haben, sondern in ihre Untersuchungen oder Handlungen verstrickt sind. Phasenübergänge sorgen für das Einnehmen einer Vogelperspektive – so ähnlich wie in Radionachrichtensendungen, in denen die wichtigsten Themen am Anfang, in der Mitte und am Ende noch einmal mit wenigen Worten in den Mittelpunkt gerückt werden.

Arbeitsaufträge strukturieren eine *Erarbeitungsphase* (vgl. Kapitel 5). Die folgenden Fragen sollte sich eine Lehrkraft stellen:
- Welche Leistungen sind gefordert?
  - In welchem Zusammenhang stehen sie?
- Welche organisatorische Struktur steht zur Verfügung?
- Welche zeitlichen Vorgaben gelten:
  - Wie lange haben die Schülerinnen und Schüler Zeit, allein die Aufgabe zu bearbeiten?
  - Mit wem sollen sie sich dann austauschen?
  - Wie soll dieser Austausch strukturiert sein?
- Wie soll die Gruppe ihre Ergebnisse darstellen?
- Wie wird bestimmt, wer die Ergebnisse der Gruppe vorstellt?

- Mit welcher Methode sollen die Schüler arbeiten?
  • Sollen sie selber aus ihrem Repertoire eine auswählen?
- Welche Hilfsmittel gibt es?
- Was passiert mit dem Resultat?
- Wie wird die Präsentation strukturiert?
- Werden die Ergebnisse eingesammelt und bewertet?
- Wie wird ggf. beurteilt?
- Welche Kriterien und Indikatoren gibt es für eine gelungene Leistung?
- Gibt es für Schülerinnen und Schüler, die fertig sind, eine Anschlussaufgabe?

Vor die Arbeitsphase gehört die Überprüfung des Aufgabenverständnisses, es sei denn, es handelt sich um geübte Lerner. »Jeder kann sich jetzt noch einmal mit dem Tischnachbarn austauschen und überlegen, was gleich zu tun ist. Anschließend rufe ich einen von euch auf, den Auftrag erneut zu erklären.«[76]

Für die Erarbeitungsphase selbst seien ein paar Empfehlungen genannt, die sich aus den Überlegungen zu kooperativem Lernen ergeben, das ich im Folgenden vorstelle.

Wie werden Zufalls-Gruppen zusammengesetzt?[77] Das kann beispielsweise geschehen mit Hilfe von Spielkarten, durch Aufstellung nach Geburtstagen oder durch in Teile zerschnittene Bilder.

Werden Partner zugeordnet? Das kann der Tischnachbar sein, es kann durch Aufstellung von Innenkreis und Außenkreis geschehen (Kugellager) oder traditionell durch Der-Reihe-nach-Aufstellen, Abzählen oder Zulosen.

Kooperatives Lernen ist ein Schlüssel zur Gestaltung von Erarbeitungsphasen, der oft passt. Er bezeichnet Lernarrangements, die eine ko-konstruktive Aktivität von Teilnehmenden verlangen, um eine gemeinsame Lösung eines Problems oder ein gemeinsam geteiltes

---

76 Der Impuls für die hier dargestellte Strukturierung von Arbeitsaufträgen geht von Rod van Drimmelen aus, anlässlich einer Fortbildung an der Gesamtschule Haspe.
77 Nach Brüning/Saum: Strategien zur Schüleraktivierung, Bd. 1, Essen 2008, S. 169 f. – dazu Seitenangaben mit genauen Beschreibungen der Strategien.

Verständnis einer Situation zu entwickeln. In dieser Definition können vier Dinge hervorgehoben werden:
1. Kooperative Lernformen sind so angelegt, dass sie eine *Konstruktionsleistung* jedes Schülers erforderlich machen.
2. Kooperative Lernformen sind so angelegt, dass Schüler einander ihre Konstruktionen vorstellen, *voneinander lernen* und ihre einzelnen Konstruktionen *für eine gemeinsame Aufgabe* benutzen.
3. Kooperative Lernformen sind in der Regel dazu da, eine Lösung für ein Problem zu erstellen. Daher sollen Aufgabenstellungen *problemlösende Elemente* enthalten.
4. Kooperative Lernformen dienen dazu, dass Schüler individuelle Lernerfolge erzielen und ihren Lernfortschritt gemeinsam überprüfen. Deshalb können Tests, Quiz-Elemente und Selbst- bzw. Partnerdiagnoseformen in kooperative Lernformen eingebunden werden. Kooperative Lernformen sind zumeist *mehrphasig*.

Konkrete kooperative Lernformen sollen zum Lerngegenstand, zur Klasse und zu den Lernzielen passen. Es kommt nicht darauf an, kooperative Lernformen um ihrer selbst willen zu etablieren. Kooperative Lernformen gehören in den größeren Kontext des Aufbaus kooperativer Lerngemeinschaften hinein. In einer kooperativen Lerngemeinschaft handeln Schüler und Lehrer als Forschungs- bzw. Untersuchungsgemeinschaft. Außerdem können sich Lehrkräfte untereinander als kooperative Lerngemeinschaften verstehen, d. h. miteinander kooperieren und voneinander lernen.[78]

Ein Lernarrangement ist kooperativ, wenn es den folgenden fünf Qualitätskriterien genügt:

---

[78] Vgl. David W. Johnson/Roger T. Johnson: Making Cooperative Learning Work, http://www.proiac.uff.br/sites/default/files/documentos/cooperative_learning_johnsonjohnson1999.pdf (letzter Aufruf: 29.03.2017); David W. Johnson/Roger T. Johnson/Edythe J. Holubec: Cooperative Learning in the Classroom. Alexandria, Virginia, 1994, S. 9 ff.; vgl. Brüning/Saum, Band 1 und 2, a. a. O.; Anne A. Huber: Kooperatives Lernen – Kein Problem; Stuttgart 2010; Heinz Klippert: Heterogenität im Klassenzimmer. Weinheim, Basel 2010; Martin Bonsen/Hans-Günter Rolff: Professionelle Lerngemeinschaften von Lehrerinnen und Lehrern. In: Zeitschrift für Pädagogik, 52/Heft 2, S. 167–184.

- *individuelle Verantwortlichkeit* – Jeder Schüler ist sowohl für sein eigenes Lernen als auch für das Lernen der Gruppe verantwortlich; jeder hat jederzeit eine definierte Verantwortung.
- *positive gegenseitige Abhängigkeit* – Die Schüler benötigen einander, um eine Aufgabe erfolgreich zu bewältigen, und jeder trägt zum Lernerfolg der Gruppe bei.
- *Reflexion* – Aufbereitung der Gruppenaktivitäten: Lernfortschritte, -ergebnisse, -wege und -probleme werden gemeinsam und individuell reflektiert, damit das Gelernte verarbeitet wird und damit Gruppen sich methodisch und sozial weiterentwickeln.
- *direkte zwischenmenschliche Interaktion* – Die Gruppenmitglieder unterstützen sich gegenseitig und helfen sich durch Fürsorge und Assistenz beim Konstruieren von Lerninhalten.
- *zwischenmenschliche und förderliche Gruppenaktivität* – Die Schülerinnen und Schüler lernen, einander zu vertrauen und Konflikte zu lösen.

Diese fünf Qualitätsmerkmale befördern einander. Um individuelle Verantwortung zu erzeugen, sind folgende Settings geeignet:
- Die Zusammenarbeit erfordert die Zuarbeit der Einzelnen.
- Von jedem Gruppenmitglied wird erwartet (z. B. durch zufällige Auslosung der Präsentierenden), dass es alle Teilaufgaben lösen kann.
- Jeder erhält zu Beginn individuelle Denkzeit.
- Am Ende wird das erreichte Lernergebnis jedes Schülers überprüft.

Möglichkeiten, positive gegenseitige Abhängigkeit zu erzeugen, sind zum Beispiel diese:
- Das Vorgehen ist arbeitsteilig.
- Ein weiterführender Arbeitsauftrag setzt notwendigerweise die Vorarbeit jedes einzelnen Schülers voraus.
- Die Gruppe erhält einen gemeinsamen Auftrag.
- Rollenzuweisung: Jeder übernimmt eine eigene Aufgabe (Spion, Protokollant, Materialwart etc.).
- Einer erklärt, der Zuhörende muss anschließend präsentieren.

- Spezifische Stärken einzelner Schüler werden bei der Aufgabenstellung berücksichtigt.
- Erfolge werden erzielbar gemacht (Vorteil: Selbstwirksamkeitserfahrung durch gegenseitige Unterstützung).

Ob ein Lerngegenstand arbeitsteilig erarbeitet werden kann, hängt davon ab, ob den Lernenden zuzutrauen ist, sich gegenseitig über Fragmente zu berichten, sie in Lernen von Zusammenhängen zu wandeln und daraus ein Drittes zu machen, sowie davon, ob der Lerngegenstand in voneinander unabhängige Teile zergliedert werden kann. Arbeitsteilige Aufgaben machen eine Auswertung notwendig.

Das *Prinzip D-A-B* ist die grundlegende Vorgehensweise des Kooperativen Lernens. In kooperativen Lernarrangements sind in der Regel Einzelarbeitsphasen (**Denken**), kooperative Arbeitsphasen/Partner- oder Gruppenarbeiten (**Austauschen**) und (nicht immer) gemeinsame Phasen (**Besprechen**) miteinander verbunden.[79]

Beim Grundprinzip D-A-B sollte die *Weiterverarbeitung* berücksichtigt werden: Phasen des kooperativen Lernprozesses sollen nicht nur einen Wechsel der Sozialform darstellen, sondern sie sollen logisch (für die Lernenden und der Sache nach) aufeinander aufbauen. Für jede Phase gilt: Sie soll dazu dienen, das weiterzuverarbeiten, was zuvor erworben wurde. Schülerinnen und Schüler sollen aus dem, was zuvor gelernt wurde, nun jeweils etwas Neues, Weiterführendes machen. Nur wenn das gut geplant ist, ist die entsprechende Lernform sinnvoll. Wenn beispielsweise sowieso alle Individuen das Gleiche denken, ist ein Tischdeckchen (Placemat) sinnlos. Es muss in den Augen der Schülerinnen und Schüler *Sinn machen,* dass sie jeweils etwas anderes tun. Schülerinnen und Schüler, die die Aufgabe erhalten, zunächst allein, dann mit einem Partner und schließlich in der gesamten Klasse darüber zu sprechen, was eine Maus ist, werden das in der Regel als ermüdend und wenig sinnvoll ansehen. Ein komplexer, mehrstufiger Arbeitsauftrag begünstigt, dass jede Phase für die nächste benötigt wird. In mehrstufigen Lernprozessen wird beispielsweise in einer Einzelarbeitsphase vom Einzelnen (z. B.

---

79 Vgl. Tschekan, a. a. O., S. 69 f.

einer Information) zum Zusammenhang in einer Partnerarbeit und schließlich zum Ganzen in einer ›frontalen‹ Auswertungsphase fortgeschritten. Aus Argumenten kann eine Erörterung gemacht werden, Informationen können benutzt werden, um ein Problem zu lösen, Zuhören kann dienlich dafür sein, eine Gegenposition vertreten zu können. So kann auch die Schlussphase, die anschließend im Mittelpunkt steht, kooperativ gestaltet werden.[80]

Kooperatives Lernen will erlernt sein. *Voraussetzungen* sind eine intakte Gruppenstruktur und ein vertrauensvolles Arbeitsklima. Nun kann dies auch durch kooperatives Lernen *entstehen*. Kooperatives Arbeiten setzt aber ein bestimmtes Maß an Sozialverhalten voraus. Es ist zu empfehlen,
- mit kleinen Formen zu beginnen (z. B. erst Partner- dann Gruppenpuzzle, erst D-A-B sorgfältig einführen, dann variieren),
- durch Besprechungs- und Reflexionsphasen für Sicherheit zu sorgen, Reflexionsphasen auch für den Arbeitsprozess und die Art der Zusammenarbeit genügend Zeit einräumen und auf Konsequenzen einzugehen, die sich daraus ergeben,
- besonders zu Beginn für klare Verbindlichkeiten zu sorgen und
- anfangs eher mehr als zu wenig zu steuern,
- positive gegenseitige Abhängigkeit durch Rollenzuweisung zu erzeugen,
- Erfolge zu initiieren statt sofort komplexe Problemlösezusammenhänge zu etablieren,
- sportliche und spielerische Elemente einzubauen wie z. B. Tests und Wettkämpfe zwischen Gruppen,
- keinen Gegensatz zwischen Frontalunterricht und Gruppenarbeiten oder selbstständigen Lernformen aufzubauen, sondern beides miteinander zu harmonisieren.

Da kooperative Lernformen oft bereits in der Methode selbst eine Auswertung enthalten, folgen nun wenige Gedanken zu ihrem Abschluss, bevor ich explizit zur Gestaltung von Schlussphasen übergehe. Es gibt kooperative Lernformen, bei denen eine Auswertung überflüssig ist. In diesen Fällen ist eine Problemlösung und/oder

---

80 Vgl. Johnson/Johnson/Holubec, a. a. O., S. 55, 51 ff.

eine Überprüfung des erreichten Lernstandes schon in der Lernform enthalten gewesen. Allerdings sollte eine Auswertung nur dann ausbleiben, wenn die Lehrkraft aufgrund von Beobachtungen (relativ) sicher ist, dass (nahezu) alle erfolgreich gelernt haben. Ansonsten ist bei einer Auswertung des Arbeitsprozesses eine monotone *Präsentation* der Arbeitsergebnisse zu vermeiden, in der ohne Zuhörauftrag fünf Mal das Gleiche gesagt wird. Bei den Alternativen eines Galeriegangs oder Museumsrundgangs empfiehlt sich ein Beobachtungsauftrag oder eine zu lösende Aufgabe während des Rundgangs, z. B. durch ein Quiz oder Testaufgaben.

Für die Auswertung gelten ebenso wie für die vorigen Phasen kooperativen Lernens die fünf Qualitätsmerkmale, und so soll eine Auswertungsphase auch gestaltet werden! Je nachdem, ob Schülerinnen und Schüler bereits sicher zu Erfolgen gelangt sind oder nicht, bietet es sich an, den Akzent der Besprechung auf eine *Sicherung* oder *Weiterverarbeitung* (bzw. *Vertiefung*) zu legen. Möglichkeiten der Vermeidung von Monotonie sind: Verschiedene Gruppen haben an verschiedenen Aufgaben oder Darstellungsarten gearbeitet, so dass ein Zusammenführen oder Betrachten der Akzente lohnt; ein Impuls, mit dessen Hilfe die Arbeitsergebnisse für etwas Weiterführendes benutzt werden können; ein Beobachtungsauftrag; eine, wenn nicht inhaltliche, dann reflexive Betrachtung des Bisherigen.

Reflexion dient der Verinnerlichung und der Auswertung der Lernform für künftige Situationen. Im Sinne der Verinnerlichung dient eine Reflexionsphase der Verarbeitung (siehe »subjektives Konzept – Didaktische Route« in Kapitel 6), der Verallgemeinerung (damit erworbene Denkschemata für neue Situationen zur Verfügung stehen) oder der methodischen Bilanzierung, d.h. der Selbstvergewisserung, ob der Lernweg für den Lernenden selbst gelungen war. Wichtig ist, eine bloß ritualisierte Reflexion, aus der nichts folgt, zu vermeiden. Wenn alles gut gelernt wurde, die Gruppenprozesse gelungen waren, verarbeitet und verallgemeinert wurde – dann kann eine Reflexionsphase ausbleiben.

Sollen kooperative Lernsituationen bewertet werden? Zunächst ist wichtig, *Lern*situationen von *Leistungs*situationen zu trennen. Lernende brauchen die Erfahrung, dass sie sich ausprobieren dürfen, ohne dass Fehler benotet werden. Im Gegenteil, dass es, wenn überhaupt, als gut bewertet wird, wenn sie sich trauen, Fehler zu machen. Sodann können Lern*prozesse* bewertet werden, d. h. die Art und Weise, wie gelernt wurde. Dies unterstützt Gruppenprozesse. Nach Ankündigung dürfen auch Lernergebnisse bewertet werden; zur Entlastung ist es hilfreich, exemplarisch zu bewerten und Beobachtungen auf wenige Schüler zu konzentrieren. Wenn eine Präsentation bewertet wird, kann der oder die Präsentierende ausgelost werden – das erhöht die individuelle Verbindlichkeit. Der Transparenz halber sind Bewertungskriterien offenzulegen.

Nun zur *Schlussphase* einer Unterrichtsstunde. Schlussphasen werden häufig (inhaltlich und zeitlich) vernachlässigt. In ihnen zeigt sich aber, wieviel ›wirklich‹ gelernt wird. Nur dann, wenn nach einer Arbeitsphase alle Schülerinnen und Schüler das zu Lernende erworben haben oder können, sind sie nicht notwendig. Ansonsten könnte man überspitzt formulieren: Die Schlussphase ist nicht das *Ende* eines Lernprozesses, sondern sie kann den *Beginn* einer Auseinandersetzung mit dem Lernvorgang bilden, für die vorher Vorbereitungen getroffen wurden.

An zwei Beispielen will ich einen Vorgeschmack auf die Aufgaben der Gestaltung einer Schlussphase geben, um dann strukturierter darzustellen.
- In Geographie, Klasse 5, wird eine Gangsterjagd auf den Spuren Al Capones durchgeführt. Schülerinnen und Schüler sollen lernen, mit Karten zu arbeiten und sich in Deutschland zu orientieren. Das ist herausfordernd; es gilt, einen Kriminalfall zu lösen, für den es notwendig ist, Stationen und Flüsse in Deutschland zu finden. In der Schlussphase wird gesammelt. Alle Städte sollen an das Smartboard gebracht werden; die talentierte, aber noch unerfahrene Lehrerin dirigiert, holt einzelne Schüler nach vorn, mit denen sie sich unterhält. Da die meisten aber die Aufgabe schon richtig gelöst haben, beschäftigen sie sich mit anderen Dingen; es wird unruhiger und unruhiger. Eine Alternative, die die Verantwortungsübernahme schult und die Interaktion verbessert, kann darin bestehen, die jeweils präsentierenden Schüler oder Schülerinnen aufzufordern zu erklären: ›Das habe ich herausgefunden: An dem Ort war Al Capone. Diesen Weg hat er zurück-

gelegt.‹ Und die Zuhörer würden verpflichtet zu ergänzen: ›So kann man das herausfinden. Diese Karten sind dabei hilfreich.‹
- Ein zweites Beispiel: Fremdsprachen, es geht um Urteilsbildung zu einer aktuellen Frage, Genethik; in der Arbeitsphase werden argumentative Perspektiven rekonstruiert, nachvollzogen und notiert. Die Lehrerin könnte nun alle Argumente sammeln, weil sie das Ziel der Sicherung verfolgt. Es könnte besonders in höheren Klassen das Problem resultieren, dass Schülerinnen und Schüler das Gefühl erhalten, ihnen werde alles ›aus der Nase gezogen‹, Redundanz und wenig Verantwortung könnten dominieren. Alternativ lässt die Lehrkraft die Schülerinnen und Schüler diskutieren; zwei Paare gehen an die Tafel, das eine Paar notiert die in der Diskussion verwendeten Argumente, das andere die verwendeten Redemittel, die ebenfalls zuvor erarbeitet wurden. Hinterher erfolgt ein Abgleich mit den eigenen Notizen und einem vorbereiteten Wunschtafelbild, das die Lehrerin auf dem Smartboard zeigt.

Schlussphasen gestalten zu können, ist der anspruchsvollste Teil der Lernprozesssteuerung. Es erfordert,
- mit Schülerbeiträgen zu arbeiten,
- fruchtbare Lernchancen ergreifen zu können,
- fokussieren zu können,
- elementarisieren und ggf. konkretisieren zu können,
- für Übersicht zu sorgen,
- funktional zu entscheiden,
- die Lernenden bei Bedarf als eine Forschungsgemeinschaft wachzurufen.

Das ist hohe Kunst. Schlussphasen dienen im Wesentlichen vier Funktionen, der *Würdigung* des bisher Erarbeiteten (oft in einer Präsentation), der *Auswertung*, der *Sicherung* und der *Reflexion*.

Generell gilt für die Lehrkraft, sich für die Schlussphase Zeit zu geben. Daher ist es sinnvoll, zuvor in Erarbeitungs- und Einstiegsphasen nicht zu viel zu behandeln: Weniger ist mehr, weil es gründlicher betrachtet werden kann.

Wenn eine *Präsentation* sinnvoll erscheint, dann ist es wichtig, Schülerarbeitsergebnisse zunächst stehen zu lassen, Lernenden

Gelegenheit zu geben, sie zu artikulieren, und Gelungenes würdigen zu lassen. Findet eine Präsentation gemeinsam mit allen statt, soll die Lehrkraft die Präsentation nur moderieren und noch nicht auf inhaltliche Punkte eingehen. (Eine Ausnahme bildet grundlegend Falsches, das sich niemand merken soll.) Die Lehrkraft sollte sich ein Setting überlegen, in dem die Präsentierenden Verantwortung übernehmen und in dem die Zuhörenden eine aktive Rolle erhalten. Für eine Präsentation ist Visualisierung (oder Symbolisierung) wichtig.

Würdigung erfolgt zunächst personenbezogen, sie schafft einen angstfreien Raum. Sodann bedeutet sie aber in der Anerkennung Wertschätzung, sie erfolgt also sachlich, d. h. Ergebnisse müssen in ihrem Wert geschätzt und verarbeitet werden.

Auswertung bedeutet, einen Bearbeitungsgegenstand gedanklich zu klären oder weiter zu verarbeiten, z. B.
- noch Unverstandenes oder Halbverstandenes zu klären,
- durch Bereitstellung von Situationen und Beispielen für Anknüpfungsmöglichkeiten zu sorgen,
- Strukturen und Zusammenhänge sichtbar zu machen oder zu entwickeln (in der Regel: zu visualisieren),
- Schemata zu flexibilisieren, d. h. zu variieren,
- den Lernstand/Lernstände in einen Problemlösungszusammenhang zu stellen,
- Spannungsfelder/Widersprüche aufzugreifen,
- Kontroversen aufzuzeigen,
- zu vertiefen,
- fruchtbare Lernchancen und Wichtiges zu markieren,
- gedankliche Ebenen voneinander unterscheidbar zu machen,
- eine wichtige (weiterführende) Unterfrage hervorzuheben.

In Auswertungsphasen, die gemeinsam stattfinden, gilt es für die Lehrkraft, das Gespräch zu *führen*.[81] Wie sorge ich dafür, dass Schüler

---

[81] Vgl. zu dieser wichtigen Fähigkeit der Gesprächsführung, die hier nicht behandelt wird: Hartmut Thiele: Trainingsprogramm Gesprächsführung im Unterricht. Kognitives Lehrtraining zum Selbststudium. Bad Heilbrunn 1983, S. 26. Vgl. Michael Fröhlich/Klaus Langebeck/Eberhard Ritz: Philosophie-

Lernprozesse und -ergebnisse auswerten? Erste Antwort: Man steuert vom inhaltlichen Ziel her – ein Arbeitsauftrag, der zur Bündelung oder Weiterverarbeitung dient. Und man sorgt für Verbindungen zu Vorstunden. Klassische Impulse zur Auswertung sind die folgenden:
- *Ergänzen und Differenzieren:* Ihr habt erkannt … In manchen Fällen gilt es aber nicht … Einen Aspekt möchte ich ergänzen …
- *Korrigieren:* Ihr habt treffend benannt, dass … Einzuwenden ist aber …
- *Vergleichen:* Verglichen mit … wird besonders deutlich, was das heißt …
- *Beurteilen:* Besonders gelungen ist die Darstellung von …, es fehlte aber …
- *Einführen eines neuen Begriffs;* Die Ergebnisse lassen sich durch den Begriff … erfassen, weil …
- *Anwenden:* Bezogen auf das Problem des … heißt das …

Konkreter:
- Nenne bei der Präsentation Unterschiede und sage, worauf die Gruppe besonders geachtet hat.
- Notiert als Zuhörer während der Präsentation die genannten Argumente.
- Welche Antwort ergibt sich aus allem?
- Fasse die Präsentation in drei Sätzen zusammen.
- Denke dir eine Testfrage/Übungsaufgabe für deinen Nachbarn aus. Lass sie ihn bearbeiten, korrigiere sie und zeige sie mir anschließend.
- Schreibe einen zusammenhängenden Text: Aus einer Argumentsammlung wird eine Erörterung, …
- Ich habe den Eindruck, Gruppe 1 würde einen anderen Merksatz als Überschrift wählen als Gruppe 2. Welcher wäre das?
- Jeder von euch hat einen Merksatz aufgeschrieben. Ich habe diesen … Worin unterscheiden sie sich? Welcher Merksatz hilft dir, das Gelernte gut zu behalten?

unterricht. Eine situative Didaktik. Göttingen 2014, S. 104–118; vgl. zu Auswertungsformen Elfriede Brumsack: Ergebnissicherung in heterogenen Lerngruppen. Berlin 2014, S. 135.

- Schreibe auf, weshalb ... ein treffender Merksatz für diese Stunde ist.

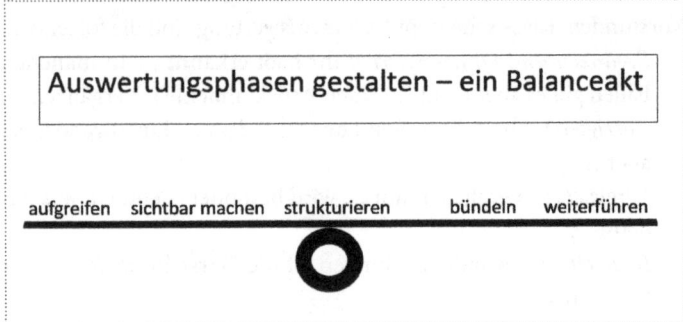

Abb. 6: Auswertungsphasen gestalten – ein Balanceakt

Zweite Antwort: In einer Auswertungsphase gilt es, die Balance zwischen dem Aufgreifen von Schülerbeiträgen und einer Vertiefung zu wahren. Zum Aufgreifen gehört, Schüleräußerungen hervorzuheben und sichtbar zu machen, zunächst in der verwendeten Formulierung oder Darstellung. Zum Vertiefen gehört, weiterführende Ebenen aufzuzeigen, Hintergründe, Bedingungen oder Differenzierungen. Bloßes Aufgreifen enthält die Chance, ausgehend vom jeweiligen Lernstand an Verstehensgrenzen und Lernchancen anzuknüpfen; es besteht aber die Gefahr, zu lange dort stecken zu bleiben. Zu schnelles Vertiefen kann natürlich umgekehrt dazu führen, die Schülerinnen und Schüler zu verlieren. Zwischen diesen beiden Möglichkeiten liegen Impulse der Lehrkraft, in denen sie strukturiert, vereinfacht, für Übersicht sorgt und bündelt: hin zu Kontroversen, unbemerkten Zusammenhängen, weiterführenden Gedanken, Fragestellungen oder mehrdeutig verwendeten Begriffen. Alle Möglichkeiten des Vertiefens sollten immer wieder kommunikativ rückgebunden werden an die Verstehensmöglichkeiten der Schülerinnen und Schüler, beispielsweise mit solchen Impulsen:

- Kann es sein, dass einige von euch unter ›Mut‹ etwas eher Moralisches, andere aber eher ›schnelles Handeln‹ oder ›nicht so langes Abwägen‹ verstehen? (Unterscheidung an die Tafel schreiben)

- Ich vermute, ihr streitet euch gerade und kommt nicht weiter, weil ihr euch nicht die Frage stellt, wovon es abhängt, ob das eine oder andere gilt – kann das sein? Und wovon hängt es ab?
- Rüdigers Bemerkung von vor fünf Minuten – ich schreibe sie hier an die Tafel – habt ihr nicht mehr aufgegriffen, ich vermute, sie könnte jetzt weiterhelfen. Inwiefern?
- Stopp. Jeder schreibt bitte für sich auf: Was können wir bisher als sicher und verstanden festhalten, und welche Aspekte sind noch unklar?

Am Ende einer Arbeitsphase ist die Situation oft wie folgt: Schülerinnen und Schüler haben ihre Konzepte und Verständnisse durch die Arbeitsphase erweitert oder verändert. In welcher Weise sie das getan haben, ist unterschiedlich – und unterschiedlich gut. Ist die Lehrkraft zufrieden damit, weil (alle) Schülerinnen und Schüler anhand ihrer Äußerungen vermuten lassen, dass sie sich etwas angeeignet haben, ist nichts mehr zu tun. Je mehr sie aber den Eindruck hat, das ausgedrückte Verständnis entspreche (unterschiedlich bei verschiedenen Schülerinnen und Schülern) nicht dem, was es zu lernen galt, desto nötiger ist es, nun dafür zu sorgen, dass der erreichte Stand nicht der abschließende ist.

Je nachdem, wie viele Schülerinnen und Schüler *auf eine aufeinander beziehbare Art* etwas verstanden haben, kann die nun folgende Schlussphase sinnvollerweise in verschiedenen Sozialformen stattfinden: im Einzelgespräch mit jeweils einer Schülerin, in einer Kleingruppe, während andere etwas anderes zu tun erhalten, oder in der gesamten Gruppe.

Davon hängt ab, wie die Situation nun aussieht. In einer 1:1-Situation liegen zwei Verstehensperspektiven vor, die in Auseinandersetzung treten. Damit eine Lehrkraft sie aufeinander beziehen kann, muss sie beide Strukturierungen kennen, ihre eigene (d. h. die Struktur des intendierten Lerngegenstands) und die Struktur des erlebten Lerngegenstands zu dieser Zeit (vgl. Kapitel 4 und 6).

Eine gute und wichtige Fingerübung besteht darin, bereits bei der Unterrichtsplanung diese beiden Strukturierungen in Form eines Schaubilds anzufertigen, beispielsweise links die Struktur aus antizipierter Schülersicht (den erlebten Lerngegenstand), rechts die Struktur aus Lehrersicht (den intendierten). Verbindet die Lehrkraft die Strukturbilder mit einer Linie, kann sie daran entlang Impulse aufschreiben, durch die der Lernende angeregt wird, angemessener zu deuten oder sich mit der intendierten Struktur auseinanderzusetzen (vgl. Kapitel 4, hier aber bezogen auf die Gestaltung einer Schlussphase, d. h. zur Erweiterung derjenigen Konzepte, die sich nach einer Arbeitsphase zeigen). Die Lehrkraft kann in der konkreten Unterrichtsdurchführung zunächst bestätigen und nachfragen, um dann zu Erweiterungen anzuregen oder auch zu korrigieren. Mit anderen Worten, es gilt, Unerwartetes zu strukturieren und dafür

- vorher zu antizipieren, was Schülerinnen und Schüler wahrscheinlich herausfinden werden und wo Verstehenslücken bleiben werden,
- dies mit dem Erwartungshorizont, d. h. dem Zielfilm zu vergleichen, der einem sagt, wann man zufrieden mit dem Ende der Stunde sein darf,
- aus dem Unterschied Impulse abzuleiten, mit denen man vom Antizipierten zum Erwünschten gelangt.

Man muss dafür fachlich kompetent sein und übersichtlich strukturieren können: drei, maximal vier oder fünf Punkte gilt es herauszugreifen, nicht 16. Das macht den Kopf frei dafür, mit Strukturelementen operieren zu können und sie nicht einfach nur im Geiste immer wieder abzuschreiben.

In einer Gruppensituation hingegen müssen alle aktiviert bleiben, und die Lehrkraft muss dafür sorgen, dass sie sich aufeinander, auf ihre Verstehensarten und auf die Sache beziehen. Das macht die Steuerung anspruchsvoller. In Gruppensituationen, in denen es gilt, Verständnisse, obwohl sie sich schon veränderten, noch zu erweitern, liegen unterschiedliche Verstehensperspektiven der Schülerinnen und Schüler vor, d. h. erlebte Lerngegenstände bzw. subjektive Konzepte. Außerdem sollte die Strukturierung des Lerngegenstands, wie sie durch die Lehrkraft erfolgt ist, zur Geltung kommen. Zunächst können Schülerinnen und Schüler von ihren unterschiedlichen Perspektiven profitieren: Sie können Fehlvorstellungen und Kurzschlüsse korrigieren, sie können tiefer verstehen, indem sie ins Gespräch treten – die Lehrkraft unterstützt durch diesbezügliche

Impulse. Dann sollte, wo noch nötig, die Lehrkraft ihre Struktur ins Spiel bringen, damit die Schülerinnen und Schüler sich mit ihr auseinandersetzen und so zu tieferem Verständnis angeregt werden.[82]

Zum Zweck der *Vertiefung* ist es hilfreich, bereits durch die Art des Aufgreifens eine *elementare Struktur* zu etablieren; so lassen sich Aufgreifen und Vertiefen miteinander verknüpfen. Es gilt in der Regel, *Denkspielräume* visuell sichtbar zu machen.[83] Weder ist es in der Regel hilfreich (außer man möchte um Vertrauen werben, weil diese Grundlage erst etabliert werden soll), alles Einzelne an die Tafel (oder das Whiteboard, das Smartboard) zu schreiben – das würde eine rein additive Auflistung ergeben –, noch sollte man normalerweise gleich zu einer fachbegrifflich gefassten, thesenartigen Auflistung übergehen. Meistens sind *Strukturschaubilder* hilfreicher, in denen räumliche Gestaltungen und bildliche Vorstellungen zum Verschieben gedanklicher Zusammenhänge einladen; Sprechblasen und Strichmännchen können zu Perspektivierungen einladen; mit wenigen Worten, mit Pfeilen verbunden, werden Möglichkeiten für gedankliche Bewegungen eröffnet. Ist eine Struktur einfach bzw. elementar, können die Beteiligten auf sie blicken und mit ihr spielen; ist sie zu komplex, bleiben sie in ihr gefangen. Sprachliche Metaphern, die immer wieder von Schülerinnen und Schülern genannt werden, lassen sich nutzen – ›oben ist der, unten der‹, ›erst das, dann das‹ usw. Solche Äußerungen lassen sich an der Tafel oben und unten bzw. mit Pfeilen darstellen. *Gedankliche Räume* entstehen durch wenige Elemente in einer Form – statt durch »bloße Offenheit«, also dadurch, dass man als Lehrkraft *nicht* steuert. Ich greife die Eingangsmetapher dieses Kapitels auf – Unter-

---

[82] Auch wenn die Lehrkraft in einer Auswertungsphase bisweilen energisch auf genauere, Erfahrungen stärker berücksichtigende Deutungen hin steuern sollte – und nicht mit jeder Art Verstehen zufrieden sein soll, gleichgültig, wie falsch es aussieht –, ist es nicht das Ziel, zu genau *einer* richtigen Deutung zu gelangen. Vielmehr zeigt sich der Lerngegenstand in solchen Phasen bisweilen gerade in seiner Beleuchtung durch viele Perspektiven. (Später werde ich das als einen zentralen Grundzug der Auseinandersetzung mit Lerngegenständen ausweisen: Er wird erst durch die Betrachtung in mehreren Perspektiven sichtbar. Für Hannah Arendt eröffnet sich die Welt prinzipiell erst in mehreren Perspektiven, die in gemeinsamem Handeln aufeinander bezogen werden, vgl. Kapitel 13.)
[83] Vgl. Brüning/Saum, a. a. O. 2017.

richtsphasen sollen erst gasförmig, dann flüssig und schließlich fest gestaltet werden: In Vertiefungsphasen gilt es, zu verflüssigen. Schülerinnen und Schüler sollen in gedanklichen Konfigurationen beweglich werden. Sie können nach einem entsprechenden Impuls sagen: ›Aber *das* gehört doch nach oben!‹ – ›Nein: erst *das,* dann *das*!‹ usw.

Sicherung bedeutet, Erarbeitetes fest im Kopf der Lernenden zu verankern, z. B. Merksätze zu bilden, ein Lernergebnis zu formulieren, einen Zusammenhang zu erklären oder eine Übungsaufgabe zu erledigen. *Ergebnis*sicherung kann dabei helfen, dient aber immer der *Lern*sicherung: Es gilt, Ergebnisse in die Köpfe (oder Hände) gelangen zu lassen und zu konservieren. Ging es in der Präsentation um Würdigung und in der Auswertung um Strukturierung, so geht es hier um Zusammenfassung und Bündelung.[84]

Zur *Ergebnissicherung/Festigung* dient eine übersichtliche Visualisierung (die ins Heft übertragen werden soll, damit auf sie zurückgegriffen werden kann). Zur *Lern*sicherung dient eine Aufgabenstellung; jede Sicherung soll dem Lernenden dienen. Was am Ende noch einmal ›bloß gesagt‹ wird, trägt die Gefahr in sich, dass es nur bei wenigen auch gelernt und gesichert wurde. Es kann der bloßen Beruhigung des Lehrers dienen. ›… – hab' ich gemacht‹. Wenn die Lehrkraft mit einem Tafelbild Ergebnisse festhält oder Teilergebnisse zusammenträgt, dann ist es sinnvoll, Schülerinnen und Schülern anschließend die Aufgabe zu geben, ihre eigenen Aufzeichnungen mit dem Tafelbild in Beziehung zu setzen. Schülerinnen und Schüler sollen aufgefordert werden sich klarzumachen, was sie (anders als vor der Stunde) jetzt verstanden haben oder besser können. So sind Schülerinnen und Schüler gezwungen, die eigenen Lernergebnisse neu zu bedenken; so unterstützt eine Lehrkraft die aktive Einbindung des Neuen in vorhandene Wissensstrukturen.

> Beispiele für eine schüleraktive Lernsicherung sind:
> 1. Denke dir eine Aufgabe aus, die du jetzt lösen kannst, und gib sie deinem Nachbarn als Hausaufgabe auf.
> 2. Welche Hausaufgabe ist gemäß dem Stundenverlauf sinnvoll?

---

84 Im Modell der Didaktischen Route wird der Begriff ›Reflexion‹ sowohl für Sicherung als auch für Reflexion verwendet.

3. Schreibe den Strukturzusammenhang des Tafelbildes in ganzen Sätzen in dein Heft. Vergleiche mit deinem Nachbarn und meldet euch bei Unterschieden.
4. Was habt ihr heute gelernt?
5. Schreibe auf, was du gelernt hast, und erkläre es deinem Nachbarn.
6. Schreibe das Tafelbild ab.
7. Mache dir die Notizen, die du brauchst, um das heutige Lernergebnis morgen der Parallelklasse erklären zu können.
8. Notiere die Worte, die du brauchst, um in der nächsten Stunde nur mit Hilfe dieser Aufzeichnungen über das Thema X referieren zu können. Sieh in deiner Checkliste nach, welche Ziele du heute erreicht hast.
9. Wenn du deinen Eltern heute Abend erklären willst, was du gelernt hast, wie tust du das?
10. Schreibe drei Begriffe ab, mit deren Hilfe du ... erklären kannst.
11. Schreibe die Antwort auf die Stundenfrage auf.
12. Schreibe alle genannten Argumente auf.
13. Schreibe die Argumente auf, die gegen deine Position sprechen.
14. Erstelle mit Hilfe der App ›Actionbound‹ ein Lernquiz für die anderen.
15. Erstelle Aufgaben für die nächste Klassenarbeit.
16. Schreibe die Stundenergebnisse als Lexikonartikel. (Ich bin auch gespannt, welche Überschrift du wählst.) Erstelle aus den Gedanken dieser Stunde ein Strukturdiagramm.
17. Löst nun noch zur Übung die Aufgaben 2 und 3, der Rest ist Hausaufgabe.
18. Schreibe die Unterrichtsergebnisse als Merksatz auf.

Wichtig ist, nach der Sicherung kein neues Thema anzufangen. Das könnte zu einer Ähnlichkeitshemmung führen und also ein Merkerschwernis darstellen.

Zur Funktion der *Reflexion* werde ich in Kapitel 13 noch einiges sagen, hier nur in aller Kürze: Reflexion kann sich beziehen auf die Leitfrage, Lernziele, Begriffe, Handlungsschemata, Erreichtes, Lernwege, Fachmethoden, Vorgehensweisen, Zusammenarbeit oder die Lernbereitschaft, auf das, was man sich vorgenommen hatte.

›Was kannst du jetzt besser (verstehen, erklären), als vor der Stunde?‹ und ›Was hat heute besonders gut zur Erreichung des Lernziels beigetragen, was weniger?‹ können die beiden Grundfragen sein, Beispiele diese:
- Entspricht der Verlauf dieser Stunde euren Interessen und unseren Verabredungen?
- Mache einen Vorschlag, wie wir auf dieser Grundlage sinnvoll weitermachen können.
- Worauf möchtest du künftig achten, um die Aufgabenarten dieser Stunde lösen zu können?
- Dieses Ziel habe ich für heute verfolgt. Wie gut (von 0 bis 10) könnt ihr es, und was braucht ihr noch, um es ganz zu erreichen?

Ein einzelner Mensch reflektiert, *Feedback* erfolgt in Gruppen – beides kann aufeinander bezogen sein und dem jeweils anderen dienen. Reflexion ist dort sinnvoll, wo Metakognition Lernerfolg vertieft und wo Verallgemeinerungen sinnvoll sind: zu bisherigen Lerngegenständen, zu Zusammenhängen innerhalb einer Lerneinheit, zu Fachmethoden oder Heuristiken. Außerdem natürlich dort, wo Lernwege verbessert werden können, die Einzelner oder einer Gruppe: Manchmal sollten ritualisierte Feedbackverfahren genutzt werden, sie können die Zusammenarbeit verbessern oder dazu dienen, dass man sich des Funktionierenden vergewissert; dabei gilt es, den Dreischritt aus Feed-back, Feed-up, Feed-forward zu berücksichtigen und die Grundregel für Feedback: ›Hole dir nur Feedback zu Dingen, die du bereit bist, in Frage zu stellen.‹

Reflexion dient der Metakognition. Die Lehrkraft lässt Lernende beispielsweise eine Metaebene beschreiben, Heurismen erkennen, verallgemeinern, eigenes Vorgehen reflektieren. Die Reflexion kann sich auf Lernergebnisse und Lernwege beziehen.

Im Normalfall ist die angegebene Reihenfolge – Würdigung, Auswertung, Sicherung, Reflexion – sinnvoll, in der Schlussphasen ablaufen. Es gibt aber viele Ausnahmen:
- Die Durchdringung eines Lerngegenstands macht es erforderlich, viele kleine Unterrichtsphasen durchzuführen. Dann wird (z. B. im Anfangs-Fremdsprachenunterricht) mehrfach gesichert, ohne dass davor eine Auswertung noch nötig wäre.

- Eine Präsentation ist unnötig, weil alle das Richtige (oder etwas Angemessenes) bereits in der Arbeitsphase erarbeitet haben, und zwar alle das Gleiche.
- Eine gemeinsame Sicherung ist unnötig, weil sie bereits in der Arbeitsphase erfolgte.
- Erst muss gesichert werden, dann gilt es, zu vertiefen.
- Die Auswertung wird in die Hausaufgabe verlagert. Nur einige wären in der Lage, zu vertiefen – dann nicht mit allen!
- Eine Reflexion wird zum sinnentleerten Ritual und trägt nichts zur Gestaltung der Zukunft bei.
- Sicherung und Reflexion erfolgen gleichermaßen in Form von Einträgen in ein Logbuch, Hausaufgabenheft oder Lerntagebuch/ Portfolio.

Insgesamt bedeutet die Berücksichtigung der vier Funktionen *nicht*, sie alle immer in 45 Minuten durchzuführen. Es gilt, funktional zu entscheiden, welche Funktion aktuell wichtig ist, und flexible Ausstiege aus einer Stunde zu gestalten.

Darüber hinaus kann eine Schlussphase auch symbolisch-sozial wichtig sein: Alle treffen sich noch einmal gemeinsam, feiern Erfolge oder versichern sich der Tragfähigkeit der Gruppe.

Die vier Funktionen machen deutlich: Als Faustregel sind eher 15 Minuten einzuplanen als fünf.

**Tragende Balken, Wände,
 Fenster und Decken**

8 It's not a trick, it's a Problem – Problemorientierung: mehr als Leitfragen

›Proppleme‹, lässt sich bei Tucholsky nachlesen, schreibt man mit Doppel-P.[85] Und es stimmt ja: Wenn meine Partnerin mir sagt, ›Schatz, wir müssen reden, Problemgespräch‹, dann ahne ich berechtigterweise nichts Gutes. Erschwerend kommt hinzu, dass *problem talk* in Diskursen um Ressourcenorientierung als verpönt dargestellt wird. Denn wer sich mit Problemen beschäftigt, kreist unter Umständen in ihnen, statt den Blick nach vorne auf Lösungen auszurichten. Warum also ›Problemorientierung‹? Schülerinnen und Schülern gegenüber braucht dieses Wort nicht erwähnt zu werden; im Unterricht ist es ratsamer, vom Beantworten von Forscherfragen oder von Erkenntnisinteressen zu sprechen. Vereinfacht gesagt, dient Problemorientierung dazu, Unterricht eine Motivation und Richtung zu geben, die an Forschungssituationen angelehnt ist. Der Wille, eine Antwort auf eine Frage zu erhalten, die einen interessiert, kann Unterricht tragen. Er wird handlungsorientiert, denn Problemlösen geschieht handelnd, und er wird zielführend strukturiert, denn es eröffnet sich ein Feld der Auseinandersetzung. Problemorientierter Unterricht wird dem Lernen als Horizonterweiterung gerecht, denn eine Frage stellt das Orientierungswissen in Frage; problemorientierter Unterricht hält außerdem die Balance zwischen Instruktion und Konstruktion, in ihm werden Engschrittigkeit und Überforderung der Lernenden vermieden, Lernprozesse können in fest geplanten Zeiteinheiten organisiert werden; er ist projektorientiert – eine problemorientierte Unterrichtseinheit ist ein Projekt, d. h. ein Forschungsvorhaben –, und schließlich kann problemorientierter Unterricht fächerübergreifend akzentuiert werden (dann bieten Fächer Aspekte und Perspektiven der Problemlösung).

---

85 Vgl. Kurt Tucholsky: Schloss Gripsholm. Berlin 1931, Kapitel 5: »Ohne ein Wölkchen. Kein Krach, keine Proppleme, keine Geschichten«.

Konkret wird durch problemorientierten Unterricht vermieden, dass viele einzelne Fragen gestellt werden und Schülerinnen und Schüler kurze Antworten geben, von denen sie glauben, die jeweilige Lehrkraft wolle sie hören. Wie vermeide ich, zu viele Fragen zu stellen und den Schülern Antworten aus der Nase zu ziehen? Indem ich sie motiviere, selbst Antworten auf Fragen zu finden. Das ist problemorientierter Unterricht: Es wird als Herausforderung eine Hürde aufgebaut, die Schülerinnen und Schüler zum Überschreiten motiviert.

Was ist ein Problem? »Ein Problem ist eine ungelöste, zwecks ihrer Lösung bearbeitete Aufgabe oder Frage.«[86] – so die Definition in einem philosophischen Wörterbuch. In dieser Definition sind drei Dinge wichtig:

1. Ein Problem kann als Frage formuliert oder als Aufgabe vorgelegt werden.
2. Die Frage ist nur dann ein Problem, wenn sie noch nicht gelöst bzw. beantwortet ist.
3. Die Frage stellt *für jemanden* eine Herausforderung (und daher ein Problem) dar, d.h. sie oder er bearbeitet sie gerade (mindestens gedanklich).

Problemorientierter Unterricht enthält also eine Frage oder Aufgabe, die zu beantworten bzw. zu lösen für Schülerinnen und Schüler eine Herausforderung darstellt. Ein Problem ist immer *ein Problem für jemanden*.

Insofern Fragestellungen anspruchsvoll sein müssen, damit sie für Lernende Probleme darstellen, liegen Problemstellungen normalerweise im Anforderungsbereich II oder III. Die Leitfrage ›Wo auf der Welt befindet sich tropischer Regenwald?‹ liegt eher noch im ersten Anforderungsbereich. ›Wie kann die Pflanze X im Regenwald gedeihen, wo sie doch kaum Regen verträgt?‹ gehört eher in den zweiten Anforderungsbereich. ›Können Papayas in Kassel angebaut werden?‹ wäre ebenso eine Aufgabe, die den Anforderungsbereich III anspricht wie: ›Warum werden einige Früchte, die im

---

86 Georgi Schischkoff (Hg.): Philosophisches Wörterbuch. Stuttgart 1978, Art. »Problem«.

tropischen Regenwald gedeihen, nicht im afrikanischen Regenwald angebaut?‹ Hans Aebli formuliert so:

»Die Frage: ›Wie könnte man Milch verarbeiten, damit sie haltbar und ohne spezielle Einrichtungen transportabel wird?‹ formuliert ein Problem. Der Gedanke, dies über den Weg der Gerinnung und Pressung zu erreichen, ist ein Projekt.
Wie das Problem nach seiner Lösung, so ruft das Projekt nach seiner Verwirklichung. Es handelt sich hier um den gleichen psychologischen Tatbestand. Folglich muß am Anfang eines unterrichtlichen Unternehmens eine lebendige Problemstellung, ein Projekt stehen, das bei den Schülern zündet. Es ist wichtig, daß die Frage nicht nur im Kopf des Lehrers lebt, sondern daß sie auch von den Schülern übernommen wird. Denn bei ihnen muß sie das folgende Suchen und Forschen auslösen und lenken. Der Lehrer arbeitet die Problemstellung mit den Schülern sorgfältig aus [...] Es lohnt sich, dabei nicht mit der Zeit zu sparen.«[87]

In Aeblis Didaktik stellen Probleme stets den Anfang des Unterrichts sowie den durchgängigen Rahmen dar. Das sei (in den 1960er-Jahren!) nötig geworden, so Aebli, weil Kinder nicht mehr mit interessanten Phänomenen und Fragwürdigem in die Schule kommen; daher sei ein eigener Arbeitsschritt, das Generieren von Problemen, nötig. Drei Problemtypen unterscheidet Aebli.
- *Probleme mit Lücke* sind solche, in denen eine Lücke im Kopf des Lernenden existiert, die es ihm unmöglich macht, die Frage zu beantworten. – Wie kann die Fledermaus fliegen, wo sie doch nahezu blind ist?
- *Probleme mit Widerspruch* sind solche, die einem Lernenden klarmachen, dass gemäß seinem Basisschema nur ein Entweder – Oder gedacht werden kann. – Soll der Staat sich für Wirtschaftswachstum oder (teuren) Umweltschutz einsetzen?
- *Probleme mit unnötiger Komplikation* resultieren aus einem unnötig komplizierten, nicht in einer einfachen Struktur organisierten Basisschema – Wie kann ich aus diesem Text die zentrale These und die wichtigsten Begründungen entnehmen?

---

[87] Aebli, a. a. O., S. 196 f.

Einige problemorientierte Fragen seien als Beispiele genannt:
- Wie kommt der Berg in die Karte?
- Wieviel Stoff braucht ein Künstler zum Verhüllen der Pyramide …?
- Weshalb regnet es an Westhängen der Rocky Mountains mehr als an Osthängen?
- Ist die Aufklärung gescheitert?
- Inwiefern ist der Gott des Christentums ›Liebe‹?
- Wie berechne ich die Höhe des Gebäudes mit Hilfe des Schattens?
- Wie beschwere ich mich im Land X über meine Unterkunft?
- Wie unterscheiden sich Alleinsein und Einsamkeit im Lied *Ma solitude* von Georges Moustaki?
- Wie soll ich mich gegen einen Angreifer beim Spiel Y verteidigen?[88]

---

[88] Weitere Fragen seien nur deshalb genannt, weil Unterrichtsanfänger bisweilen klagen, es gäbe nur relativ selten gelungene Leitfragen zur Gestaltung von Unterricht: Welches sind die Besonderheiten der Bourgogne?/Wie kaufe ich in Frankreich ein?/Welcher Handytarif ist am besten?/Wie kann der mittelalterliche Kämpfer Heidolf aus Kupferoxyd und Eisen Kupfer gewinnen, um sein Schwert zu schmieden?/Wie kann ich einen Klon herstellen?/Inwiefern ist Magersucht gefährlich?/Entwickelt sich eine Heuschrecke genauso wie ein Schmetterling?/Warum konnten die Alchimisten kein Gold herstellen?/Wie können wir Kosmetika herstellen?/Wie lässt sich der Stromkreislauf bauen, so dass die Glühbirne leuchtet?/Wie baue ich aus DIN-A4-Papier einen Flieger, der durch das ganze Klassenzimmer fliegt?/Was ist günstiger: 1,5 l für 0,99 € oder 0,7 l für 0,49 €?/Wie viele Fische können jährlich aus dem Teich gefischt werden, der mit Hilfe der Leslie-Matrix beschrieben ist?/Weshalb erscheint Grönland auf der Karte beinahe halb so groß wie Afrika, obwohl Afrika in Wirklichkeit fast 15-mal so groß ist? (Vergleiche ggf. mehrere Karten miteinander, z. B. die Mercator-Projektion mit der Mollweide-Projektion.)/Ist der Tourismus, wie er auf der Insel Juist geplant ist, nachhaltig?/Wie kann nachhaltiger Kaffeeanbau in Äthiopien aussehen?/Warum durften Frauen in der griechischen Antike nicht wählen?/Ist das in der Quelle dargestellte Verfahren legitim oder Lobbyismus?/Eignet sich Özil im Vergleich mit Müller besser als Werbeträger für den Schokoriegel X?/Soll die Bundesrepublik Deutschland Truppen nach Y senden?/Urknall und Schöpfungsberichte – unversöhnliche Gegensätze?/Warum soll Abraham Isaak opfern?/Warum stehen die Verbformen des Gedichts im Imperfekt?/Wie schreibe ich eine Zusammenfassung des Textes in der Länge einer SMS?/Welche Übersetzung des Titels passt besser: »Der Traum …« oder »Der Schlaf der Vernunft gebiert Ungeheuer«?/Wie

Ein paar Kriterien lassen sich formulieren, mit deren Hilfe die Lehrkraft ein Problem finden kann, das den Unterricht leitet – sofern nicht der eleganteste Fall eintritt, dass Schülerinnen und Schüler selbst auf ein Problem stoßen, das sich aus ihrem Leben oder dem Unterricht ergibt. (Solche Situationen sollten Lehrkräfte stets aufmerksam werden lassen.)
- *Anknüpfung an Vorkenntnisse bzw. subjektive Konzepte:* Was wissen meine Schüler, welche Verfahren beherrschen und welche Methodenkenntnisse haben sie?
- *Anknüpfung an (Lebens-)welt/authentische Situationen:* Ist das Problem den Schülerinnen und Schülern vertraut und eröffnet ihnen neue Perspektiven?
- *Fachlichkeit:* Ist das von den Schülerinnen und Schülern zu erarbeitende Wissen fachlich zu ordnen?
- *Sinn:* Können die Schülerinnen und Schüler der Frage entnehmen, warum es wichtig ist, sich mit ihr zu beschäftigen?
- *Verfremdung:* Verfremdung stellt das vertraute Wissen und Können in Frage und ist somit eine Herausforderung für das Individuum, sein Orientierungswissen neu zu strukturieren, zu differenzieren oder zu ergänzen.
- *Überschaubarkeit, Art und Reichweite des Impulses:* Forschungsaufträge müssen begrenzt, einsehbar und erreichbar sein. Ist der Impuls zu weit, forschen viele Schüler(innen) vergeblich. Ist er zu klein, kann lustlose Unterforderung die Folge sein.
- *Übertragbarkeit auf andere Situationen:* Ermöglicht das Problem ein verallgemeinerungsfähiges Wissen und Können? Kann im Verlauf der Transfer auf weitere Probleme sichergestellt werden?

Problemorientierte Lernphasierung erweitert die in Kapitel 6 genannte: Zunächst gilt es, das gestellte Problem genau zu verstehen und in einer das Problem genau fassenden Frage bzw. Aufgabe zu formulieren, die möglichst sicherstellt, dass das Problem zur Schülerfrage wird. Anschließend gilt es, eine Lösung zu pla-

---

kann ich das Haus bauen, wenn ich ... berücksichtigen will?/Wie können wir aus »Hoch auf dem gelben Wagen« ein Jazzstück machen?/Welche musikalischen Mittel setzt Brahms ein, um diese traurige Stimmung zu erzeugen?/ Welche Handlungen führen beim Völkerball zu »Teamgeist«?

nen und eine Struktur für die Problemlösung zu entwickeln, aus der sich die Schritte der Durchführung einer Lösung ergeben. Nach den dann folgenden üblichen Phasen der Erweiterung der Schülerkonzepte wird die Lösung überprüft. ›Löst mein Ergebnis das gestellte Problem? Ist das Ergebnis im Lichte meiner allgemeinen Erfahrung plausibel?‹ Heuristik und fachmethodische Fähigkeiten der Schülerinnen und Schüler spielen also eine größere Rolle.

Der Schritt vom Thema zur problemorientierten Leitfrage lässt sich für Lehrkräfte planen, indem sie sich fragen, was für Schülerinnen und Schüler bei diesem Thema eine Schwierigkeit ist, und mit welcher Frage sie das Ziel gut erreichen können. Indem eine Lehrkraft Lernfragen antizipiert, gewinnt sie aus einem Thema, wie im Kapitel 4 dargestellt, einen Lerngegenstand. Der Lerngegenstand lässt sich in der Regel als Frage formulieren. Aus dem Antwortzusammenhang ergibt sich dann seine Struktur, d. h.: Problemorientierter Unterricht benötigt zusätzlich die Analyse der Struktur von Lerngegenständen.

Geübte Lehrerinnen und Lehrer können meistens relativ leicht problemorientiert unterrichten; sie heben durch geschickte Impulse Fragwürdiges hervor und greifen Schülerfragen auf. Beginnende Lehrkräfte denken jedoch häufig, es handle sich um eine kunstreiche und künstliche Angelegenheit, solche Fragen in den Mittelpunkt des Unterrichts zu rücken. Noch ungeübt darin, Problemorientierung als Rahmen für den gesamten Unterricht zu denken, in dem Lernende Mitverantwortung übernehmen, nehmen sie an, Fragen spielten nur in Unterrichtseinstiegen eine Rolle; es gälte, sie irgendwie trickreich an die Tafel zu bekommen – und in genau der geplanten Formulierung. Um sie dann im Verlauf einer Stunde gänzlich unberücksichtigt zu lassen, aber die unrealistische Hoffnung und Annahme zu hegen, sie werde genau nach 45 oder 90 Minuten beantwortet. Jedoch: Die Länge einer Problemlösung variiert, und Schülerinnen und Schüler sollen durch Problemorientierung gerade in den Unterrichtsverlauf einbezogen werden.

Weil die Wege für Anfänger besonders herausfordernd sind, nenne ich im Folgenden die wichtigsten vier Wege zu einer Leitfrage für eine Unterrichtsstunde:

1. Der Normalfall – Die Frage für die Unterrichtseinheit steht bereits fest, sie ist den Schülerinnen und Schülern vertraut, gegenwärtig

und ein Problem. Die Lehrkraft aktualisiert sie lediglich kurz noch einmal zu Beginn einer Stunde. Die Chance besteht darin, dass Schülerinnen und Schüler Mitverantwortung übernehmen, der Unterricht wird kooperativ geplant. Sie erlernen Methoden der Untersuchung einer Frage. Zum Problem könnten eine Schülerüberforderung bei lange anhaltender Bearbeitung der Frage, Ermüdungserscheinungen und die fehlende Binnenrundung werden. Daher kann es Sinn machen, zu Fragen für Lerneinheiten Unterfragen zu generieren.

2. Der Radikalfall – die freie Anknüpfung an Schülerinteressen: Sie sagen, was sie interessiert und wählen demokratisch eine Frage aus. Chancen liegen in der Mitbestimmung, Mitverantwortung und Selbstwirksamkeit. Problematisch ist, dass das durch Bildungsplanvorgaben nicht immer möglich und auch nicht immer ergiebig oder zielführend ist. Nicht immer wird die Frage gewählt, die auch am fruchtbarsten ist. Daher kann es sinnvoll sein, Fragen begründungspflichtig zu machen und im Nachhinein zu erörtern, ob eine Frage gut gewählt wurde und wie dies künftig geschehen soll. Außerdem kann es sinnvoll sein, Grenzen der Zulässigkeit bzw. Bedingungen für Fragestellungen zu setzen.

3. Die geschickte Entwicklung einer Leitfrage oder die geschickte Wiederanknüpfung an sie – die Lehrkraft gibt einen Impuls (z. B. mit Hilfe einer Karikatur, eines Zitats oder einer Provokation) und fragt dann, welche Frage sich angesichts des Impulses stellt. ›Was ist daran besonders interessant?‹ Geeignet sind: (Gedanken-)Experiment, Bild, Karikatur, Zitat, stummer Impuls, Zeitungsausschnitt, Lied, spielerischer Zugang, kurz: Alles, zu dem es Anknüpfungspunkte gibt, ist möglich (es sollte aber kurz sein).

Bei bereits vorhandenen Themen, zu denen es noch keine Leitfrage gibt, bietet es sich an, wie folgt vorzugehen: ›Welche Frage haben wir behandelt? Welche Frage steht im Mittelpunkt?‹ ›Ich denke, alle Gedanken, Experimente sind Versuche, eine Antwort zu geben auf …‹ Chancenreich hieran ist: Jede Stunde beginnt spannend; Schülerinnen und Schüler werden jeweils neu hineingezogen und von Beginn an aktiviert, das Fachthema in Bezug zu ihrer Denkungsart oder ihrer Lebenswelt zu setzen. Problematisch ist: Wenn sich die vorgeplante Frage nicht ergibt,

folgt ein Ratespiel, oder die Lehrkraft nennt einfach die Frage, die unvermittelt neben dem Schülerinteresse steht. So entstehen unter Umständen künstliche Fragen. Daher ist es sinnvoll, die Reichweite des Impulses gut zu antizipieren, im Anschluss offen zu planen oder gemeinsam zu erörtern, welche Frage die beste ist.
4. Die Frage vorgeben und zum Problem machen – die Lehrkraft nennt eine Frage und lässt Schülerinnen und Schüler begründen, warum dies eine wichtige Frage ist. Chance: Unterricht lässt sich gut planen, Schülerinnen und Schüler sind trotzdem ›dabei‹. Problem: Schülerinnen und Schüler sollen lediglich sagen, was die Lehrkraft sich vorher bereits überlegt hat.

Am besten ist es, wenn es eine Frage *für Lerneinheiten* gibt, nicht nur für einzelne Stunden. Implizite Fragen können beispielsweise wie folgt rekonstruiert werden:
- Eure Hausaufgabe können wir lesen als Antwort auf die Frage …
- Finde für deine Hausaufgabe eine Frage, zu der sie die Antwort ist.
- Finde für die Hausaufgabe deines Nachbarn eine Frage, auf die sie die Antwort ist. Gibt es Unterschiede?
- Die letzte Stunde endete mit einem Schaubild. Finde dazu eine passende These und eine Frage.
- Wofür braucht man das eigentlich, was wir in der letzten Stunde gemacht haben? Kann jemand das als Frage formulieren?

Fast der wichtigste Vorteil problemorientierten Unterrichts ist der, dass sich ein Kriterium für die *Unterrichtssteuerung* ergibt, das für alle nachvollziehbar ist. Werden ansonsten markante Aspekte hervorgehoben oder von der Lehrkraft nützliche Techniken etabliert, dann geschieht das häufig durch bloße Setzung oder mit Verweis auf die größere Erfahrung. Solange Schülerinnen und Schüler darauf vertrauen, ist das hilfreich; es fördert aber nicht die eigene Einsicht. Anders bei problemorientiertem Unterricht: Hier kann sich alles daran bemessen, welchen Beitrag es zur Problemlösung leistet. Das ist insbesondere für die Kunst der Gesprächsführung vorteilhaft, in der ansonsten für Lernende oftmals verschlossen bleibt, warum genau dieser oder jener Aspekt hervorgehoben wurde.

Problemorientierte Gesprächsführung beinhaltet beispielsweise
- das Festhalten an der Fragestellung, die Erörterung, inwiefern das jetzige Vorgehen zur Problemlösung beiträgt: ›Inwiefern bringt uns der Beitrag X der Problemlösung näher?‹ ›Welche Argumente und Vorgehensweisen scheinen bisher am wichtigsten zur Beantwortung?‹
- das Aufmerksam-Machen auf Widersprüche und Unterschiede sowie auf Implikationen (Folgen): ›Es scheinen zwei gegensätzliche Antworten vorzuliegen: Welche lässt sich besser begründen?‹ ›Wenn das die Antwort ist, was folgt dann bezüglich …?‹
- die Methodenreflexion: ›Wie sollten wir jetzt vorgehen, um das Problem zu lösen?‹ ›Wo stehen wir gerade im Verlauf unserer Problemlösung?‹

Wird Unterricht problemorientiert durchgeführt, so sollte sich das auch in Aufgabenstellungen wiederfinden – und in Klassenarbeiten und Klausuren. Problemorientierte Klausuren können in höheren Klassen etwa wie folgt gestaltet sein (Vorstufen lassen sich unter einer Leitfrage mit konkreteren Teilaufgaben entwerfen).[89]

---

89 Ich könnte mir vorstellen, dass Abituraufgaben generell auf die folgende Art formuliert würden: Beantworten Sie eine selbstgewählte Frage. Sie können sich dabei an der Reihenfolge der nachfolgenden Aufgabenteile orientieren; ebenso möglich ist es, dass Sie einen eigenen methodischen Zugriff wählen und dabei die Aufgabenteile berücksichtigen.
- Entwickeln Sie eine Frage, für die Sie das vorgelegte Material und Ihren Unterricht im Fach X in Anspruch nehmen. Erläutern Sie, inwiefern Ihre Frage fachlich relevant, wichtig und sowohl vom Material als auch von Ihrem Unterricht her ergiebig ist.
- Rekonstruieren Sie die zentralen Aussagen, die Sie dem Material für Ihre Fragestellung entnehmen können.
- Nehmen Sie Ergebnisse oder Positionen aus Ihrem Kurszusammenhang in Anspruch, die für Ihre Frage ergiebig sind.
- Entwickeln Sie weiterführende Aspekte, die zu dieser Frage und dem Material diskutiert werden sollten.
- Formulieren Sie ein eigenes Urteil: Welche Antwort auf Ihre Frage ergibt sich aus Ihren bisherigen Gedankengängen? Begründen Sie Ihre Antwort und problematisieren Sie sie gegebenenfalls.

Dieser Prüfungsteil dient der Beantwortung der folgenden Frage:

- Erläutern Sie, welche Antwort sich aus dem vorliegenden Material ergibt.
- Beschreiben Sie wesentliche Ergebnisse aus Ihrem Unterricht und beziehen Sie sie auf das Material und die Frage.
- Entwickeln Sie weiterführende Aspekte, die im Hinblick auf Material und Frage diskutiert werden sollten.

Auf diese Art würde ein Unterricht befördert, der wissenschaftspropädeutisch wäre. Schülerinnen und Schüler würden wissen, dass am Ende einer Lerneinheit in einer Musteraufgabe das zu beantworten ist, was von ihnen verlangt wird. Und gemäß Poppers Diktum schreitet die Wissenschaft nun einmal von offenen Fragestellungen zu offenen Fragestellungen, mit anderen Worten, problemorientierter Unterricht erfüllt das Postulat der Einheit von Lehr- und Forschungsmethode.

Problemorientierung lässt sich gleichwohl generell und auch in der Reichweite der Gestaltung von Schulunterricht *kritisieren*. Zunächst einmal benötigt man gewisse Voraussetzungen dafür, etwas als problematisch empfinden zu können. Fragen stellen zu lernen, setzt Kompetenzen voraus. Problemorientierung ist im Anfangsunterricht, in dem eine Motivation vorherrscht, Kenntnisse zu erwerben und etwas herauszufinden, weder nötig noch sinnvoll. Es genügt dort, zu sagen ›Heute dürft ihr ... herausfinden!‹ Wer hier mühsam Problemstellungen formulieren lässt, wird sich die Retourkutsche einfangen: ›Nun sagen Sie uns doch, was wir tun oder fragen sollen!‹ Das gilt insbesondere im Fremdsprachenunterricht:
- Wie begrüße ich jemanden auf Englisch?
- Heute werdet ihr zum ersten Mal jemanden auf Englisch begrüßen dürfen.
- Heute lernt ihr, jemanden auf Englisch zu begrüßen.
- Dies ist euer Ziel: Am Ende der Stunde kann ich jemanden auf Englisch begrüßen.

Das scheinen mir gleichwertige Formulierungen zu sein, mit denen sich Englischunterricht beginnen lässt. Problemorientierter Unterricht beinhaltet Wissenserwerb. Genügt es, diesen in den Mittelpunkt zu rücken und herrscht dabei genügend Motivation, braucht es nicht die Nennung des Sinnzusammenhangs in Gestalt einer Leitfrage. Ansonsten gilt natürlich: Kenntniserwerb geschieht in problemlösendem Unterricht, ist ein zentraler und unverzichtbarer Bestandteil, um Probleme lösen zu können, liegt in Anforderungsbereich I, wird durch Anwendung auf ein Problem motiviert und für die Anforderungsbereiche II und III zugrunde gelegt.

Problemorientierung legt ein – gegenüber der Orientierung an Lerngegenständen und an Verstehen – umfassenderes Verständnis von Unterricht zugrunde, dem zufolge Verstehen notwendig ist, um Probleme zu lösen oder besser zu begreifen. Auch damit dieser Sinnbezug nicht verloren geht, ist es hilfreich, Lerngegenstände als Probleme zu formulieren.

In jüngeren Klassen kann problem*basierter* Unterricht sogar schädlich sein, im Unterschied zu problem*lösendem* Unterricht. Hattie unterscheidet diese beiden Begriffe. In problemlösendem Unterricht werden Probleme eher durch die Lehrkraft gestellt – also nicht gemeinsam entwickelt –, und sie sind lösbar. Im Unterricht gilt es, ein konkretes Problem inhaltlich zu lösen, d.h. verallgemeinerbare Heuristiken und Problemlösestrategien liegen anders als bei problembasiertem Lernen nicht primär im Untersuchungsinteresse. Hattie ermittelt für problemlösendes Lernen einen Effekt von 0,61, für problembasiertes hingegen nur einen von 0,15. Hierbei herrscht ein hoher Standardfehler. Er ergibt sich aus Alters- und Niveaustufen. Vereinfacht gesagt: Je kompetenter Lernende sind, umso sinnvoller ist problembasierter Unterricht. Hattie ermittelt die folgenden Effekte: Einfluss auf Fertigkeiten 0,66, auf Wissen −0,04, auf Anwendung 0,40, auf Prinzipien 0,75. Der Effekt bei Strategien mit heuristischen Methoden beträgt 0,71, für metakognitive Strategien 0,69 (als zweite Stufe des Problemlösens: Planen, Fortschrittsbewertung, Verständnisüberprüfung). Wie erfolgreich problembasierter Unterricht ist, ergibt sich demzufolge aus dem Können der Lernenden und aus den Zielbestimmungen für Unterricht. Unterricht, in dem Probleme erörtert werden und in dem je nach Bedingungen gar verschiedene Lösungen oder die Unlösbarkeit bzw. Perspektivabhängigkeit geschlussfolgert wird, ist in jüngeren Klassen im Allgemeinen schädlich, in höheren unter Umständen höchst sinnvoll.[90]

Zwei weitere Kritikpunkte seien abschließend erwähnt, zum einen eine Kritik an der Vorstellung, Problemlösung geschehe generell intentional und sei durch Methodisierung problemorientierten Unterrichts ›herstellbar‹. Julian Jaynes rekonstruiert für Problemlösungen in kreativen Forschungsprozessen:

»… zuerst ein Präliminarstadium, in dem das Problem bewusst durchgearbeitet wird, dann eine Inkubationsphase ohne irgendwelche bewusste Konzentration auf das Problem und darauf die Erleuchtung, die hinterher logisch begründet wird. (…) In der Tat scheint es manchmal fast so, als habe das Problem vergessen werden müssen, damit sich die Lösung zeigen konnte.«[91]

Dieser Kritik folgend könnte es höchst bedeutsam sein, Lernende in gewissen Phasen vom direkten Ansteuern von Problemlösungen zu befreien. Intentionalität ist tückisch, und wer beizeiten seinen Geist freilässt oder mit anderen Tätigkeiten beschäftigt, kann Probleme vielleicht schneller lösen als durch immer engere Steuerungstechniken.

Zum anderen kann problemlösendes Denken Wahrnehmungen verengen (siehe Kapitel 13 und 14), denn alle Phänomene werden dabei stets mit Blick auf ihr Potenzial betrachtet, ein festliegendes Problem zu lösen; sie und die Materialien werden zum Steinbruch degradiert und von vornherein in Deutungsabsichten eingemeindet. Für mich persönlich folgt daraus keine Aufgabe von Problemorientierung. Möglicherweise dient sie als Fundament zur Schulung der Wahrnehmung. Sie darf nur nicht als das Höchste angesehen werden. Es sollte auch Dinge geben, die im Unterricht um ihrer selbst willen betrachtet werden – jedenfalls immer dort, wo genügend Interesse zum Wahrnehmen sichtbar wird.

---

90 Vgl. Hattie, a.a.O., S. 248.
91 Julian Jaynes: The origin of consciousness in the Breakdown of the Bicameral Mind (1976), dt.: Der Ursprung des Bewusstseins durch den Zusammenbruch der bikameralen Psyche. Reinbek 1988, S. 60.

9 Wissen heißt jetzt Können! – Kompetenzorientierung: mehr als Zweckrationalität

Weinert zufolge lassen sich Kompetenzen verstehen als

»die bei Individuen verfügbaren oder durch sie erlernbaren kognitiven Fähigkeiten und Fertigkeiten, um bestimmte Probleme zu lösen, sowie die damit verbundenen motivationalen, volitionalen und sozialen Bereitschaften und Fähigkeiten, um die Problemlösungen in variablen Situationen erfolgreich und verantwortungsvoll nutzen zu können«.[92]

Kompetenzorientierung ist *der* Schlüsselbegriff der Diskussion um guten Unterricht, die nach der ersten PISA-Studie um die Jahrtausendwende eingesetzt hat. Diese empirische Leistungsmessung war eine Grundlage für die Annahme, Veränderungsprozesse in Schulen sollten unter der Leitlinie der Kompetenzorientierung erfolgen; diese Veränderung wurde bisweilen als ein Paradigmenwechsel aufgefasst, der begrüßt (und kritisiert) wurde. Was steckt dahinter? Ich will versuchen, zunächst den Begriff so zu profilieren, dass die Chancen hervorgehoben werden; anschließend erläutern, wie Unterricht möglichst konkret aussehen kann, der unter der Leitidee der Kompetenzorientierung gestaltet ist; und zum Schluss das Prinzip der Kompetenzorientierung einer Kritik unterziehen – getreu dem Motto dieses zweiten Teils des Buchs: Wände, Decken und tragende Balken sind beim Hausbau wichtig; sie bieten begrenzende Heimat und Ausblick, es gilt sodann aber, aus dem Fenster zu schauen.

In einer PISA-Aufgabe sollte die Tiefe des afrikanischen Tschadsees anhand von Informationen aus einem Diagramm berechnet werden. Es stellte sich heraus: Deutsche Schüler scheiterten häufiger als Schüler anderer Länder. Das war ein niederschmetternder

---

92 Franz E. Weinert: Leistungsmessung in Schulen – Eine umstrittene Selbstverständlichkeit. In: Ders. (Hg.): Leistungsmessung in Schulen. Weinheim/Basel 2001.

Befund, der sich nicht nur auf einzelne Fragen wie diese bezog. Im Nachhinein wurden die gleichen Schüler, die die Aufgabe nicht gelöst hatten, befragt, warum sie die Frage nicht beantwortet hatten. Als Antwort gaben sie an: »Den See hatten wir noch nicht.«[93]

Nun lässt sich schlussfolgern: Deutsche Schülerinnen und Schüler denken, Lernen heiße *Kennen*. Demzufolge liegt es nahe anzunehmen, dass sie solche Aufgaben besser bearbeiten können, wenn im Unterricht bewusst trainiert wird, Informationen auf eine unbekannte Situation anzuwenden. Es liegt weiter die Annahme nahe, der Unterricht solle über Kenntnisse hinaus die folgenden Fähigkeiten fördern: ›Ich kann die Tiefe eines unbekannten Sees berechnen, wenn ich ... kenne.‹ ›Ich kann unbekannte Probleme lösen, indem ich benutze, was ich gelernt habe.‹ Und bezüglich der Gestaltung des Unterrichts bietet es sich an schlusszufolgern, Schülerinnen und Schüler vor Aufgaben zu stellen, in denen sie komplexe Probleme zu lösen versuchen.

An drei Beispielen sei konkretisiert, auf welche Weise Unterricht sich verändert, wenn er nicht primär thematisch oder auf Kenntnisse ausgerichtet wird – in den Beispielen werden einige Elemente von ›Kompetenzorientierung‹ stärker berücksichtigt, andere weniger:

1. Sagt sich eine Chemielehrkraft, das Ziel des Unterrichts sei es, dass die Schülerinnen und Schüler die Bedeutung der Alkane und Alkene kennen, so wird sie den Unterricht auf diese Kenntnisse ausrichten und vielleicht an die Tafel schreiben: ›Heute: die Alkane und die Alkene‹. Wenn sie sich aber sagt, die Schülerinnen und Schüler sollen die Bedeutung der Alkane und Alkene

---

93 Vgl. OECD Programme für International Student Assessment, Deutschland, PISA 2000, Beispielaufgaben aus dem Lesekompetenztest, Unit ›Tschadsee‹, Frage 1, https://www.mpib-berlin.mpg.de/Pisa/Beispielaufgaben_Lesen.PDF (letzter Aufruf 29.03.2017); http://www.gruene-fraktion-hamburg.de/blog/11-06-2015/der-tschadsee-und-die-kompetenzorientierung (letzter Aufruf: ebd.); Gerhard Ziener: Pädagogisch-Theologisches Zentrum Stuttgart, Lust auf Lehren – Lust auf Lernen. Lehren und Lernen im Fokus der Kompetenzorientierung. Stuttgart 2014, https://www.schulportal-thueringen.de/c/document_library/get_file?uuid=4629b9a3-af7f-4460-93f6-ba06566b3539&groupId=10113 (letzter Aufruf ebd.); vgl. ders.: Bildungsstandards in der Praxis, Kompetenzorientiert unterrichten. Seelze 2008.

erläutern können, dann ist sie bereits einen Schritt hin zu einem kompetenzorientierten Unterricht gegangen. Geht die Lehrkraft noch einen Schritt über die Kenntnis hinaus, dann wird sie vielleicht in den Mittelpunkt rücken, dass ihre Schülerinnen und Schüler die Bedeutung von Erdöl in unserer Welt erklären können oder, und das wäre dann am ehesten kompetenzorientiert: ›Meine Schülerinnen und Schüler sollen in der Lage sein, aus Erdgas Feuerzeuggas herzustellen.‹

2. Eine Lehrkraft kann die Stunde vor einer Klassenarbeit eröffnen, indem sie an die Tafel schreibt: ›Themen in der Arbeit: lineare Funktionen, quadratische Funktionen, Schnittpunktberechnung, Anwendungsaufgabe‹. Sie sagt dazu: ›Und jetzt bekommt ihr noch eine Übungsaufgabe.‹ Sie teilt ein Arbeitsblatt aus. Kompetenzorientierter könnte die Stunde wie folgt beginnen (ich erkläre später, wie diese Vorgehensweise mit der Orientierung an Kompetenzen zusammenhängt):
›In der Arbeit sollt ihr zeigen, dass ihr das Folgende könnt:
Ich kann
- zu einem Sachverhalt oder Problem die Gleichung einer linearen Funktion aufstellen.
- zu einer Graphik die Gleichung einer quadratischen Funktion aufstellen.
- den Scheitelpunkt einer quadratischen Funktion bestimmen.
- den Schnittpunkt zweier quadratischer Funktionen berechnen.
- eine Anwendungsaufgabe lösen und dabei entscheiden, welche Funktionen ich dafür benötige. Bei der Aufgabe wird es darum gehen, eine kleine Brücke möglichst gut zu bauen, die über einen Fluss führt.

Bitte schätzt eure Fähigkeit jetzt von ++ bis – ein. Wenn ihr + oder ++ angekreuzt habt, schreibt dazu: So geht das ... Zu den Fähigkeiten, die ihr weniger gut beherrscht, erhaltet ihr hier verschiedene Aufgaben ...‹

3. Statt zu Beginn einer Stunde an die Tafel zu schreiben ›Heute: die Gelenke‹ könnte eine Lehrkraft in einer Klasse, in der die

Lernenden viel Orientierung benötigen, gleich zu Beginn dieses Tafelbild verwenden.[94]

> **Warum können Menschen springen und Elefanten nicht?**
>
> Heute werde ich Experte:
> Ich kann erklären, wie die menschlichen Gelenke aufgebaut sind.
> Ich kann verschiedene Arten von Gelenken benennen und erläutern.
> Ich kann echte von unechten Gelenken unterscheiden.
> Ich kann erklären, weshalb Elefanten nicht springen können.
>
> Zeichentrickfilm
> Hypothesen
> Expertengruppen
> Stammgruppen
> Test und Quiz
> Besprechung, warum Elefanten nicht springen können.

Abb. 7: Tafelbild zur ›Elefantenfrage‹

Welches Verständnis von Kompetenzorientierung beschreiben diese Beispiele? Zunächst und im Wesentlichen das des letzten Kapitels: *Kompetenzorientierter Unterricht ist problemlösend.* Schülerinnen und Schüler sollen lernen, Probleme zu lösen. Die zu Beginn dieses Kapitels genannte inzwischen schon berühmte Definition von Weinert, so oft zitiert, lässt sich im Wesentlichen darauf zurückführen: Kompetenzen sind Fähigkeiten und Fertigkeiten, um Probleme zu lösen. Was kommt hinzu bzw. weshalb konnte diese Ausrichtung so wirksam werden? Ich nenne ein paar Elemente, die möglicherweise im Diskurs über guten Unterricht der 1990er-Jahre eine nicht so große Rolle spielten.

1. Am häufigsten wurde die so genannte *Outputorientierung* (im Unterschied zu einer Inputorientierung) hervorgehoben. Kompetenzorientiert achtet man darauf, was ›am Ende herauskommt‹,

---

94 Diese Stundeneröffnung habe ich in einer Hospitationsstunde bei Magdalena Pellowski gesehen. Sie ist inzwischen Didaktische Leiterin einer Stadtteilschule in Hamburg.

anstatt sich darauf zu konzentrieren, was man als Lehrkraft ›hineingibt‹. Sehr verkürzt formuliert: Kompetenz- statt Stofforientierung. Das scheint klar und sinnvoll: Wenn sich in einer empirischen Vergleichsstudie herausstellt, dass Schülerinnen und Schüler schlechter abschneiden, dann gilt es, das Lernergebnis in den Blick zu nehmen, zumal dann, wenn die erworbenen Kenntnisse nicht die Leistungen verbessern. Man kann schließlich schlecht fordern, zuerst alle Seen ›durchzunehmen‹, damit man dann ihre Tiefe berechnet. Vielleicht war Unterricht vor der Jahrtausendwende tatsächlich zu sehr an Kenntnissen ausgerichtet, d. h. im Anforderungsbereich I angesiedelt, vielleicht hat die Ausrichtung der PISA-Aufgaben schon weggenommen, in welche Richtung sich Unterricht verbessern sollte. Eine Schwierigkeit bestand allerdings: Der Begriff der Kompetenz legt im Unterschied zu einer Performanz eine innere Disposition nahe. Die Kompetenz ist das gerade nicht Überprüfbare, aber Intendierte. Dennoch: Nach PISA wurden Bildungsstandards formuliert, in denen so benannte Kompetenzen formuliert wurden – Anforderungen.
2. Lernziele, an denen Unterricht ausgerichtet werden kann, gab es bereits in den 1970er-Jahren, sie wurden unterteilt in Grob-, Richt- und Feinziele. Letztere ließen sich operationalisieren, d. h. überprüfen. Das war ebenfalls outputorientiert. Der Begriff der Kompetenz aber zielt auf ein Können. Wer kompetent ist, kann etwas.
3. Weinert hebt auf die kognitiven Fähigkeiten ab, die in fachlichen Domänen der Weltdeutung erworben werden.
4. Kompetenzorientierung ist Orientierung an übergreifenden Fähigkeiten: Wer kompetent ist, kann Probleme lösen, die in einem Sinnzusammenhang stehen. Wer kompetent ist, kann mit seinem Wissen (Informationen) variabel umgehen. Er verfügt über intelligentes Wissen, eine angesichts der heutigen Wissensmenge und Unmöglichkeit, all dieses Wissen zur Verfügung zu haben, unverzichtbare Fähigkeit. Es geht um situative, kontextbezogene Problemlösefähigkeit oder -fertigkeit. Damit geht es um das Anwenden spezifischer Fachmethoden oder Heuristiken. Waren Diskurse in den 1990er-Jahren möglicherweise auf fachübergreifende Unterrichtsmethoden ausgerichtet, so jetzt auf fachliche Problemlösemethoden (die in Teilen fachgruppen-

spezifisch sein können, denkt man etwa an das Experimentieren oder an Erörterungen).
5. Der aus dem Bereich der beruflichen Bildung übernommene Begriff der Kompetenzorientierung machte auf eine Gefahr aufmerksam: dass Anforderungen des späteren Berufslebens in schulischem Unterricht nicht genügend berücksichtigt werden. Dabei lässt sich vordergründig an Klagen über mangelnde Rechtschreib- oder Rechenfertigkeiten denken; genauer geht es darum, eine zu große Aufgliederung in ›Lernsegmente‹ zu verhindern. Übergreifende Sinneinheiten sollen im Unterricht erhalten bleiben, damit Lerner mit diesen Sinnzusammenhängen umgehen lernen. Komplexität statt didaktische Vereinfachung, Anwendungsorientierung und der Umgang mit Werkzeugen statt ›reiner Denkleistungen‹, Erwerb genereller Wissensbestände statt kurzzeitig gültiger Informationen, erfahrungsgeleitetes Handeln statt kognitiver Übungen sollten im Vordergrund stehen.
6. Bei aller Fachlichkeit und Zielausrichtung scheint Kompetenzorientierung einen entscheidenden Vorteil zu besitzen: Unterricht kann, insofern ein Können im Mittelpunkt liegt, am Schüler bzw. der Schülerin ausgerichtet werden und an seiner bzw. ihrer Vorkompetenz. Andreas Müller, der ehemalige Leiter des Instituts Beatenberg, sagte 2006 in einem Vortrag im Landesinstitut Hamburg, kompetenzorientierter Unterricht sei ›zum Erfolg verurteilt‹, denn er baue auf Kompetenzen auf und ermögliche deren Erweiterung; dadurch entstehe stets Selbstwirksamkeit. Kompetenzorientierter Unterricht ist immer individualisiert, wenn darunter verstanden wird, dass möglichst viele Individuen unterstützt werden, ihre Kompetenzen zu erweitern.
7. Wer kompetent ist, ist bereit, etwas zu tun. Im zweiten Teil der Weinert-Definition werden der Wille, die Motivation und die sozialen Komponenten hervorgehoben, die nötig sind, damit jemand Probleme lösen kann.[95] Könnte sich eine Lehrkraft in den ersten Bedeutungskomponenten noch auf ihre neu justierte Fachlichkeit konzentrieren, die hinsichtlich der Fachmethoden,

---

95 Volition ist die willentliche Steuerung von Handlungen und Handlungsabsichten.

Anwendungsorientierung und Problemlösefähigkeiten erweitert ist, so genügt das nicht. Denn es gilt offenbar, die Bereitschaft selbst zu schulen. Das bedeutet, Unterricht kann erst dann kompetenzorientiert genannt werden, wenn Schülerinnen und Schüler gezielt dabei unterstützt werden, personale und soziale Fähigkeiten und Fertigkeiten zu erwerben, die ihnen helfen, fachliche Probleme zu lösen. Sie müssen dafür Verantwortung übernehmen. Die Lehrkraft als Lernbegleiter und die reflexive Überwachung des eigenen Lernens, d. h. Selbststeuerung und Metakognition – diese Facetten geraten plötzlich in den Blick, und es wird deutlich, wie sie mit Kompetenzorientierung zusammenhängen (können). Die Berücksichtigung der Schulung von Bereitschaft kann schon im Wortsinn auf ›Kompetenz‹ zurückgeführt werden; *competere* bedeutet, einer Sache vorzustehen. Das ist mit führender Verantwortung und mit Zuständigkeit verbunden. (Früher, als das Wort ›Kompetenz‹ noch nicht in aller Munde war, wurde es weit häufiger in dieser Richtung verwendet, nämlich in der Frage, ob jemand etwas ›dürfe‹, ob er eigentlich dazu ›befugt‹ sei. Heute wird es meist synonym mit ›Fähigkeit‹ verwendet; das ist im allgemeinbildenden Bereich auch weitaus sinnvoller, denn berufliche Kompetenzen werden in der Schule nicht erworben.[96])

Kompetenz ist, verkürzend zusammengefasst, also: Problemlösefähigkeit, Wissensanwendung und Bereitschaft incl. Verantwortungsübernahme. Kompetenzen unterscheiden sich von Lernzielen so: Kompetenzformulierungen zielen ab auf Anwendung des Gelernten und auf Handlungsorientierung (sie überschreiten eine Einzelstunde), Kompetenzformulierungen setzen das Erlernen von Einzelelementen voraus und integrieren es, Kompetenzformulierungen beschreiben übertragbare Fähigkeiten auf mittlerem Abstraktionsniveau.[97]

---

96 Ich verwende es für die Aufgabe der Gestaltung konkreten Unterrichts im Folgenden synonym, obgleich das eine Reduktion bedeutet; Kompetenzorientierung ist für mich im Wesentlichen Orientierung an Fähigkeiten.
97 Vgl. Elisabeth Bonsen/Gerhard Hey: Kompetenzorientierung – eine neue Perspektive für das Lernen in der Schule. Kiel (IPTS) 2008 http://arbeitsplattform.bildung.hessen.de/lsa/modulkonferenz/modulkonf_ghrf/070918_Bonsen_Hey_Kompetenzorientierung.pdf (letzter Aufruf: 29.03.2017).

Zu kompetenzorientiertem Unterricht gehören im Grunde genommen zwei Säulen, die Schulen unterschiedlich stark leiten können, eine inhaltsbezogene und eine Selbstständigkeit fördernde, in der so genannte *Checklisten* eine wichtige Rolle spielen:[98] Durch das Achten auf erreichte Kompetenzen statt auf Informationen oder (kleinschrittigere) Lernziele soll ein erweiterter, nachhaltigerer und problemorientierter Bildungsansatz leitend gemacht werden; Kompetenz*listen* stellen eine Technik dar, die Haltung selbstgesteuerten und kooperativen Lernens zu befördern. Zum ersten gehören
- Problemorientierung,
- Orientierung an Zielen,
- die fachliche Fokussierung auf Kernideen und -kompetenzen,
- kumulatives und spiralförmiges Lernen,
- die Zuspitzung auf Fachgruppenkompetenzen,
- die Konzentration auf intelligentes Wissen und Können,
- die Orientierung auf Anwendungen,
- Training von Heurismen,
- Training der Fähigkeit, zu entscheiden, welche Forschungsmethode oder welches Schema für welches Problem benutzt werden soll,
- komplexe Aufgabenformate und
- variables Üben und Automatisieren.

Zum zweiten gehören
- die Förderung der Bereitschaft jedes Lernenden,
- selbstgesteuertes Lernen,
- Lernvereinbarungen,
- kooperative Lernformen,
- Rückmeldung über erreichte Kompetenzniveaus,
- Förderung der Verantwortungsübernahme,
- Transparenz,
- zielorientierte Lernreflexion und
- Selbstlernzeiten.

---

98 Vgl. Franz E. Weinert: Lehren und Lernen für die Zukunft – Ansprüche an das Lernen in der Schule. Pädagogische Nachrichten Rheinland-Pfalz 2/2000, S. 1–16.

Ich möchte zunächst konkreter werden und ein paar Beispiele für Fähigkeiten nennen. Sie machen vorstellbar, wie Unterricht aussähe, der sich zum Ziel setzte, diese Fähigkeiten zu schulen.
- Ich kann mich mit meinem Austauschschüler auf Englisch über *Lorde* unterhalten.
- Ich kann für unsere Gruppe Akrobatikfiguren auswählen und eine Präsentation gestalten.
- Ich kann erklären, wie ein Motor funktioniert.
- Ich kann Kohlenstoffdioxid in der Luft nachweisen.
- Ich kann beurteilen, ob und unter welchen Umständen Abtreibung moralisch erlaubt ist.
- ›Im Zeitraum von Mai bis Juli wird für jeden verkauften Kasten Bier unserer Brauerei ein Quadratmeter Regenwald nachhaltig geschützt.‹ Ich kann einschätzen, wie die Regenwaldaktion der Brauerei X zu bewerten ist.
- Ich kann zu einem Sachtext eine mathematische Frage formulieren.
- Ich kann zu einem Bild eine spannende Geschichte schreiben.
- Ich kann die Rolle rückwärts.

Man sieht an diesen Beispielen, dass Unterricht sich in seiner konkreten Gestalt nicht immer um die großen Kompetenzen herum gruppieren muss. Diese mögen als Hintergrundfolie für eine Lehrkraft zentral sein; für Schülerinnen und Schüler gilt es, sie zu konkretisieren.

Kompetenzorientierter Unterricht bietet umfangreiche Chancen: Er kann Unterricht vom Kopf auf die Füße stellen, zuallererst in Bezug auf *Kooperation*.
- Schülerinnen und Schüler kennen die Ziele, deshalb können alle gemeinsam überlegen, welche Wege zu ihnen führen – der Unterricht kann in stärkerem Maße selbstgesteuert sein, ohne dass die Lehrkraft dadurch auf Steuerung verzichten muss.
- Schülerinnen und Schüler erreichen möglichst selbstständig bekannte Ziele, daher kann der Unterricht einen Gegensatz zwischen Lehrer- und Schülerorientierung überwinden.
- Ein Lernweg gelingt leichter mit der Bereitschaft der Lernenden.
- Schülerinnen und Schüler lernen leichter, wenn sie wissen, was sie lernen.

- Es können Partnerschaften zwischen Eltern, Lernenden und Lehrerkräften entstehen, weil alle das gleiche bekannte Ziel anstreben: Die Kompetenzformulierungen in Bildungsplänen können allen Beteiligten transparent gemacht werden, entweder direkt aus den Plänen oder in schülergerechter Sprache in Form von Listen oder Kompetenzprofilen.
- Schülerinnen und Schüler sammeln Erfolge, insofern sie ›immer besser‹ werden.
- Der Unterricht bietet Selbstlernchancen – Schülerinnen und Schüler können auch ohne Lehrkraft arbeiten: zu Hause, in Studienzeiten, bei Krankheit der Lehrkraft.
- Etablierte Kompetenzlisten, verbunden mit jahrgangsübergreifenden Studienzeiten können ein Instrument dafür sein, dass Lernende sich gegenseitig unterrichten.
- Kompetenzlisten bilden einen produktiveren Rahmen für Feedbackgespräche und Lernreflexionen als evaluative Verfahren, in denen Lernende nicht wissen, ›wonach‹ sie bewertet werden.
- Kann eine Lehrkraft Kompetenzen in ›Ich kann … tun‹-Form formulieren, kann sie sich besser in Schülerinnen und Schüler hineinversetzen und von deren Perspektive aus planen. Sie kann dann außerdem besser mit ihnen gemeinsam über den Weg zur Erreichung der Kompetenzen beraten.

Sodann bewirkt Kompetenzorientierung *systemische Vorteile*.
- Verpflichtet sich eine Schule darauf, die Fähigkeiten zu formulieren, die angestrebt werden, wird das Selbstverständnis geklärt; das sichert die Qualität einer Schule.
- Kompetenzlisten in einer einfachen Sprache orientieren Fachschaften.
- Die Effizienz der Unterrichtsplanung wird erhöht. Wenn Lehrer Kompetenzlisten mit zugehörigen Aufgaben erstellen, ist dies effizienter, als wenn jede Lehrkraft ihre eigenen Arbeitsblätter erstellt. Kompetenzlisten bilden den Rahmen für eine zielgerichtete kooperative Unterrichtskultur an einer Schule.
- Kompetenzlisten sind geeignete ›Basisstützpunkte‹, um die herum Materialien angeordnet werden können (beispielsweise mit Hyperlinks).

– Lehrkräfte können im Extremfall auch konferieren, während Lernende an Aufgaben arbeiten, für die Kompetenzlisten existieren, die sie kennen und deren Ziele sie erreichen wollen.

Die *Phasierung* und damit *Strukturierung* kompetenzorientierten Unterrichts enthält die in den bisherigen Kapiteln genannten Elemente; es kommen jedoch einige hinzu. Zu Beginn einer Lerneinheit werden angestrebte Kompetenzen transparent gemacht. Das kann nach einer entdeckenden Phase oder gleich zu Beginn geschehen. Möglicherweise werden Checklisten ausgeteilt, in denen die zu erwerbenden Kernfähigkeiten sowie die Teilfähigkeiten genannt werden plus dazugehörige Aufgabenstellungen. An den Beginn einer Lerneinheit gehören außerdem wie bei problemorientiertem Unterricht der Aufbau eines Arbeitsbündnisses, die Verabredung einer Prozessstruktur und ggf. von Lernprodukten. Lehrende und Lernende können so zu einer Forschungsgemeinschaft werden, ›Vehikel‹ und Erkundungssituationen motivieren dazu, dass die Beteiligten sich einen Plan machen.

Alle Phasen wie Aufbau, Durcharbeiten, Üben und Anwenden kommen im Laufe einer Lerneinheit zur Geltung, Vorträge ebenso wie entdeckendes Lernen, kleinschrittige Übungen ebenso wie komplexe Erörterungsgespräche, gelenkte Phasen und fragend-entwickelndes Unterrichtsgespräch ebenso wie der Aufbau fachmethodischen Lernens. Es kommt das zwischenzeitliche Überprüfen und Neujustieren hinzu, d.h. die Reflexion des Kompetenzfortschritts und der erlernten Problemlösemethoden. Durch kooperatives Lernen und durch konkrete Lernprodukte wird die Selbststeuerung und Verantwortungsübernahme erhöht. Selbstständige Phasen sind notwendig, damit wirklich jeder Einzelne etwas lernt. Dazu können gehören: Studienzeiten, Recherche, Exkursionen, Forschungsvorhaben, Lektüre, Übungen oder die Vorbereitung von Präsentationen, Trainings- und Wiederholungsphasen, die Bearbeitung von Diagnosebögen und Aufgabenblättern – und ebenso die reflexiven Phasen: Eintrag in ein Heft, ein Lerntagebuch, Logbuch, Portfolio oder Glossar. Diese Phasen können auch in Partnerarbeit gestaltet werden, etwa indem Schülerinnen und Schüler sich gegenseitig abfragen, Fragen klären oder unterstützen.

In Trainingsphasen können variierte *Checklisten* zum Einsatz kommen; Rosel Reiff hat hierzu ein praktikables Modell vorgeschlagen, den so genannten *Diagnosekreislauf*[99]: Zwei Wochen vor einer Klassenarbeit werden Selbstdiagnosebögen ausgeteilt; sie enthalten die Kompetenzen bzw. Teilfähigkeiten noch einmal so konkretisiert, dass ihre Erreichung überprüfbar wird. Jede Schülerin und jeder Schüler schätzt seine Fähigkeiten ein und erhält im Anschluss neue Aufgaben, die sie oder er in der nächsten Woche bearbeiten darf. Eine Woche vor der Klassenarbeit erhält jeder Thesen, deren Gültigkeit einzuschätzen ist; das ist etwas anspruchsvoller. Zu zweit werden die Thesen überprüft, und wiederum gibt es im Anschluss individuell passende Aufgaben. Die Klassenarbeit selbst wird anhand der zu Beginn ausgeteilten Kompetenzen beurteilt.[100]

In Checklisten und Diagnosebögen werden Fähigkeiten in ›Ich kann ... tun‹-Formulierungen eingetragen. Dabei werden *Operatoren* verwendet. Dort, wo der Einsatz solcher Checklisten auch in fachübergreifenden Zusammenhängen Einsatz findet, sollte auf ›Können‹ verzichtet werden, wenn eindeutig Bereitschaften intendiert sind. Statt ›Ich kann den Klassenraum fegen, wenn ich gerade Dienst habe‹ formuliert man besser ›Ich bin bereit, ...‹ oder › Ich fege ...‹. Es gilt,
- eine für Schüler verständliche Sprache zu wählen,
- das Basiswissen zu berücksichtigen – ›Ich kann ... erläutern, nennen‹, aber ebenso
- Problemlösefähigkeiten – ›Ich kann ... anwenden, mit ... umgehen, folgende Probleme lösen: ...‹.
- größere Sinneinheiten ebenfalls zu berücksichtigen,
- handlungsleitende Formulierungen zu wählen,
- Regelstandards und höhere Standards zu nennen, um Differenzierungsmöglichkeiten herzustellen,
- eine überschaubare Anzahl an Fähigkeiten zu benennen, die alles enthalten, was geprüft und benotet wird.

---

99 Vgl. Rosel Reiff: Selbst- und Partnerdiagnose im Mathematikunterricht. Gezielte Förderung mit Diagnosebögen, in: Friedrich Jahresheft Diagnostizieren und Fördern 2006, S. 68–73. Vgl. http://www.sinus-transfer.de/fileadmin/MaterialienBT/Halle_2007/Aufgabenformate_f_r_die_Partnerdiagnose.pdf (letzter Aufruf: 29.03.2017).

100 Viele große Schulbuchverlage bieten inzwischen zu erreichten Kompetenzständen passende Aufgaben für Kernfächer – sowohl zur Diagnose als auch incl. passender Aufgaben.

Leistungsvereinbarungen, Auswertungsphasen und Prüfungsphasen erhalten in kompetenzorientiertem Unterricht ein größeres Gewicht. In Auswertungsphasen werden Konsequenzen für die weitere Arbeit verabredet, und es wird die Kooperationsstruktur geprüft.

Die folgenden Fragen kompetenzorientierter Unterrichtsplanung zeigen, dass Individualisierung und Kompetenzorientierung zusammenhängen, so dass möglichst jedes Individuum bestmöglich gefördert wird, Fähigkeiten zu erwerben, dass Individualisierung und Kompetenzorientierung in jedem Element der Unterrichtsplanung wichtig sind und sich dabei auf jeweils unterschiedliche Aspekte der Planung beziehen.

- Fragen zur Sachanalyse:
  - Wofür ist dieses Thema in der Welt wichtig, und welche Fähigkeiten kann jemand erwerben, der sich mit dieser Sache beschäftigt? Wofür braucht ein Mensch das?
  - Was muss jemand schon können, der sich mit dieser Sache beschäftigt, und welche Verstehenshürden sind zu überwinden, wenn jemand sich mit dieser Sache beschäftigen will?

- Fragen zur Diagnostik:
  - Welche Fähigkeiten haben Schülerinnen und Schüler bereits vor der Lerneinheit?
  - Wer hat genau welche Fähigkeit und kann welche daher wahrscheinlich erreichen?

- Fragen zur Lernumgebung:
  - In welcher Lernumgebung können Schülerinnen und Schüler welche Kompetenzen erreichen und trainieren?
  - Wer braucht welche Lernumgebung?

- Fragen zur Arbeit mit Kompetenzlisten:
  - Wie kann ich Fähigkeiten möglichst konkret beschreiben und gliedern, so dass die Schülerinnen und Schüler sie verstehen und selbst daran arbeiten können, sie zu erreichen?

- Welcher Schüler und welche Schülerin kann an welcher Fähigkeit arbeiten, und wann ist eine Checkliste/ein Diagnosebogen dafür für wen eine Hilfestellung?

- Fragen zu komplexen und bedeutungsvollen Aufgabenstellungen:
  - An welcher Aufgabe können unterschiedliche Schülerinnen und Schüler gemeinsam lernen?
  - Wie kann eine Fähigkeit so bearbeitet werden, dass Schülerinnen und Schüler Sinn damit verbinden und erleben, wofür das gut ist?
  - Wer braucht welche sinnvollen Aufgaben oder Arten, Aufgaben zu bearbeiten (besonders: unterschiedlich enge oder offene Steuerungsvorgaben)?
  - Wie können Schülerinnen und Schüler gemeinsam, voneinander, miteinander lernen oder individuell an Aufgaben arbeiten? Welche Arten sind sinnvoll, und wie kann ich sie aufeinander beziehen?

- Fragen zu Methodentraining und intelligentem Üben:
  - Welche grundlegenden oder allgemeinen Fähigkeiten und Methoden sind nötig, um diese fachliche Fähigkeit zu erwerben? Welche methodischen Fähigkeiten lassen sich verallgemeinern und daher jetzt gut aneignen?
  - Wie können die Schülerinnen und Schüler so üben, dass sie die Fähigkeit(en) dauerhaft, flexibel und vertieft erwerben?
  - Wer braucht welche Art des Trainings?

- Fragen zur Hilfestellung und Lernbegleitung:
  - Welche Art von Hilfestellung ist nötig, um diese Fähigkeit zu erwerben?
  - Wer braucht welche Art der Unterstützung, und wie kann ich sie ihr/ihm geben?

- Fragen zur Reflexion und Bewertung:
  - Wie kann ich Schülerinnen und Schüler dazu veranlassen, ihren Lernweg zu reflektieren, so dass sie möglichst gezielt weiter an der Verbesserung von Fähigkeiten arbeiten?

- Wie kann eine Schülerin oder ein Schüler einen möglichst individuell passenden Plan für die Weiterarbeit finden?
- Wie kann ich Leistungen so bewerten, dass Schülerinnen und Schüler Rückmeldung über die erreichten und noch ausstehenden Fähigkeiten erhalten?
- Wie können Schülerinnen und Schüler möglichst individuell passende Rückmeldungen erhalten, die für ihren weiteren Lernweg unterstützend sind?

Kompetenzorientierter Unterricht kann dazu dienen, dass sich eine Lehrkraft *Aufgabenstellungen* überlegt, die quer zum jeweils gerade behandelten Thema stehen und Fähigkeiten befördern, die auf einer reflexiven Ebene angesiedelt sind. Eine Lehrkraft kann Aufgaben dieser Art hin und wieder spontan oder gezielt und geplant stellen; ich nenne einige, die die Veränderung von Unterrichtsplanungsroutinen gegenüber einem eher auf Kenntnisse und Themengebiete abgezielten Unterricht illustrieren mögen.

- Bildungswert erarbeiten lassen
  1. Um welche Fragen geht es eigentlich *immer* in unserem Fach?
  2. Stell dir vor, es gäbe unser Fach nicht mehr – was würde dann alles in der Welt fehlen?
  3. Schreibe auf: *Religion* ist für mich nach x Jahren Unterricht ... Ab morgen wünsche ich mir den *Religionsunterricht* so: ...
  → Auswertung kooperativ oder im Plenum

- Spiralcurriculares Lernen
  4. Hier habe ich euch ein Buch der Klasse X (zwei Klassenstufen niedriger) mitgebracht. Löst eine beliebige, aber nicht zu leichte Aufgabe, und schreibt auf, was jemand, der in eurer Stufe ist, es aber vergessen hat, sich merken sollte.
  5. Hier habe ich euch ein Buch der Klasse X (zwei Klassenstufen höher) mitgebracht. Guckt euch in Gruppen eine beliebige Aufgabe an und stellt fest, was ihr hieran schwierig findet. Wenn ihr eine lösen könnt, umso besser – dann löst sie und sagt, was man alles können muss, um sie zu

lösen. Schreibt auf, was ihr von mir in unserem Unterricht alles braucht, damit ihr solche Aufgaben bald lösen könnt.
6. In fünf Gruppen betrachtet nun die bisherigen fünf Kapitel unseres Schulbuchs. Fasst in einem Lernplakat zusammen, was daran wichtig ist.

- Reflexion
  7. Schreibe auf: Was hast du in der letzten Stunde gelernt? Was hast du noch im Gedächtnis? Was war dir am wichtigsten? Was haben wir gemacht, aber du weißt nicht mehr genau, was das war/»wie das geht«?
  8. Erstelle für den bisherigen Unterricht ein Flussdiagramm/ einen Spickzettel/Merksätze/Thesen/…
  9. Beantwortet: Was könnt ihr alles schon gut, was noch nicht, wobei braucht ihr Unterstützung?
  10. Was haben wir eigentlich letzte Stunde gemacht? Wie sind wir vorgegangen, um zum Ergebnis zu kommen? Waren alle Schritte notwendig? Erstelle einen Methodenfahrplan für eine nächste vergleichbare Forschungssituation.
  11. Schreibe zu den Aufgaben der letzten Stunde auf, was jemand können muss, der diese Aufgaben lösen soll. Schätze dich dann selbst ein: Was davon kannst du gut, was weniger gut?

- Variation
  12. Arbeite um: Mach aus der Stoffsammlung eine Erörterung, aus dem Brief einen argumentativen Text, aus der Mindmap einen Lexikonartikel, …
  13. Erstelle zum Merksatz der letzten Stunde eine Geschichte, in der er wichtig ist, ein Bild, ein Flussdiagramm, ein You-Tube-Lernvideo, …
  14. Benutze die Gestaltungsmittel der letzten Stunden und male ein Bild zum Thema X; Beispiel: Frühling, der heutige Tag, …
  15. Erstelle einen Nachrichtenplot zur letzten Stunde für unsere Schülerzeitung/unser Schülerradio. Motto: Wie die 9c am … herausfand, …
  16. Heute habe ich doch glatt in der Tageszeitung das Folgende gefunden: … Interpretiert es mit den Mitteln unseres Fachs.

17. Übersetzt aus der Tageszeitung von heute (Beispiel: New York Times) das, was ihr könnt.

- Rätsel und Herausforderung
18. Heute habe ich euch Materialien der Parallelklasse mitgebracht - mal sehen, wie gut ihr die bearbeiten könnt. Notiert, was ihr noch braucht, um die Aufgaben lösen zu können.
19. Lerninhalte raten: Stellt etwas dar, das ihr im bisherigen Unterricht gelernt habt, und präsentiert es verrätselt. Wer es errät, erhält einen Punkt.

- Mitbestimmung
20. Schreibt Wünsche für die nächsten Stunden auf.
21. Viel zu oft sage ich euch, was wir nun machen. Heute seid ihr dran: Was sollen wir in dieser Stunde tun? Ihr braucht für euren Vorschlag Argumente, die zeigen, dass das Neue auf den bisherigen Stunden sinnvoll aufbaut.
22. Denk dir eine Aufgabe für deinen Nachbarn aus. Sie soll für ihn gerade noch zu schaffen, d. h. nicht zu schwer, aber auch nicht zu einfach sein.
23. Stelle Behauptungen auf, die zum Thema unseres bisherigen Unterrichts passen, richtige, falsche und ›halb richtige‹. Lass deinen Partner dann eine Begründung schreiben, ob die Behauptung richtig oder falsch ist. Denke dir interessante Behauptungen aus.

- Verantwortungsübernahme
24. Stell dir vor, du willst der Parallelklasse erklären, was du in unserem Fach kannst – wie tust du das?
25. Finde eine Seite aus unserem Schulbuch, die wir jetzt bearbeiten sollten, und begründe, warum sie passt und was durch sie gelernt werden kann.

Abschließend sei das Konzept der Kompetenzorientierung kritisiert und damit einer vorläufigen Würdigung unterzogen. Zunächst lässt sich natürlich die Leistungsorientierung auch negativ bewerten. Hier geht es nicht um die Entfaltung von Personen in ihrem Eigensinn, hier wird Individualisierung nur auf vorgegebene Ziele bezogen. Diese Kritik scheint billig, denn in der Schule muss es natürlich immer um Ziele gehen. Aber der Freiheitsgrad, der für Lernende bleibt, kann im Zusammenhang mit Kompetenzorientierung gesunken sein, während es so aussieht, als würden alle die Ziele erreichen *wollen* – es ist ja ›transparent gemacht worden‹. Und nicht nur das, es geht auch darum, sie so schnell wie nur möglich zu erreichen. Ermüdung, Erschöpfung und Überdruss, so rekonstruiert Zygmunt Bauman[101], seien die Folge von Kompetenzorientierung. Wir, die Bewohner der heutigen ›Leistungsgesellschaft‹ (die jetzt an die Stelle der nicht länger zeitgemäßen ›Disziplinargesellschaft‹ tritt, während das Können das Freud'sche Sollen als deren Losung ersetzt), seien in die Rolle der Adler gedrängt worden, die diese Müdigkeit auslösen. Depression ginge auf den Imperativ der Leistung als neues Gebot der spätmodernen Arbeitsgesellschaft zurück.[102] Moral hingegen komme nicht vor bzw. sei eben durch den Leistungsimperativ ersetzt. Leistungsgesellschaft wiederum setze Individualität zuallererst als eine *individuelle* Leistung. Muße, Gespräch, Besinnung, Gemeinschaft – kommen nicht vor.

Die Ausrichtung von Inhalten auf Kompetenzen lässt sich ebenfalls trefflich kritisieren. Die Zweckorientierung sei eine pure Ökonomisierung, denn es ginge um Fähigkeiten, die später im Beruf benötigt würden; die Herkunft des Konzepts aus dem beruflichen Bereich lasse es erahnen. Weder kommen Inhalte als eigensinnige vor – denn ihre Behandlung müsse einer ›Kompetenz‹ dienen –, noch würden in den zugrunde liegenden PISA-Studien solche Fähigkeiten, Reflexionstiefen oder komplexere Wissenszusammenhänge untersucht, die ökonomisch irrelevant scheinen, also solche, die eher im Bereich der Geisteswissenschaften, dem Bereich der axiomatischen oder wissenschaftlichen Grundlagen liegen (die im Zuge der Anwendungsorientierung nicht mehr unterrichtet werden) oder in den Künsten zu suchen wären. Entsprechend dieser Kritik scheint eine Einengung des Bildungsbegriffs ebenso zu drohen wie eine instrumentelle Aus-

---

101 Zygmunt Bauman: Die Angst vor den anderen. Berlin 2016.
102 Ebd., S. 58.

richtung unterrichtlicher Tätigkeiten. Bildung in ihrem ursprünglichen humanistischen Sinn aber war: Zweckfreiheit.

Diese Kritik ist unbedingt ernst zu nehmen. Ich denke jedoch nicht, dass sie dazu führen sollte, das Prinzip der Kompetenzorientierung abzulehnen. Dafür führe ich drei Gründe an, zunächst den wichtigsten: Kompetenzen stellen eine gute Basis für höhere Bildung dar. Außerdem lassen sich bei der Formulierung von Bildungszielen leicht solche Fähigkeiten einbauen, die humanistischen Bildungszielen dienen, mit anderen Worten: Was Kompetenzorientierung ist, lässt sich bequem auf geisteswissenschaftliche und ästhetische Bereiche ausweiten, und das dort Erzielte lässt sich sogar, begriffen und formuliert als Fähigkeiten, besser und gezielter erreichen. Schließlich sind die im Zusammenhang mit der Kompetenzorientierung etablierten Güter zu nennen, die sowohl die Art der Zusammenarbeit zwischen Lernenden und Lehrenden betreffen, als auch diejenigen, die die Berücksichtigung von intelligentem Wissen, von Problemlösungen und Nachhaltigkeit betrachten helfen.

Als dritten Bereich der Kritik nenne ich die Bürokratisierungsgefahr. Besteht Unterricht nur noch darin, dass Schülerinnen und Schüler Checklisten abarbeiten und die Erreichung ihres Wochenplans dokumentieren, nimmt nicht nur die Flut an Zetteln zu, sondern ebenso das Problemlösen ab. Zumeist geht es dort um einzelne kleine Informations- oder Trainingspakete, die weder mit komplexen Problemlösungen noch mit sinnhaften Kompetenzen zu tun haben. In Trainingsphasen höchst sinnvoll, erscheint ein solch generalisierter Kompetenzlisteneinsatz entweder als mechanisch-durchorganisiertes Unterrichtsmonster oder als Vermeidung gemeinsamen Lernens, und auch die Idee der Reflexion scheint statt einer mußevollen Angelegenheit zu einer perfiden Leistungsüberprüfung geronnen zu sein – oder zu einer lästigen Pflichtübung.

Statt Vertrauen herrscht in einem solchen Unterricht Zielüberprüfung, möglicherweise aber auch mehr Kontrolle durch das Abhaken minutiöser Listen. Man könnte diese Kritik sogar noch ausbauen, indem man eine drohende Gefahr digitalen Lernens hinzuzieht, das durch Aufgabenorientierung verbunden mit Checklisten gekennzeichnet ist. Lernen wird dadurch technisch und quasialgorithmisch. Der Bürokratisierungskritik entspricht die Kritik an Kompetenz*ras-*

tern. Nicht nur, dass diese an eine Art Rasterfahndung erinnern, sie suggerieren auch, Lernen sei in Tabellen nach Graden und Bereichen abbildbar und erfolge quasi linear. Kompetenzraster sind Tabellen, in denen Fähigkeiten, die Schülerinnen und Schüler erwerben sollen, in Bereichen und in Stufen dargestellt sind – Bereiche sind Inhaltsgebiete oder -aspekte, Stufen stellen den Grad der Erreichung und die Qualität dar. Kompetenzraster realisieren zwar die Chance, das zu Lernende übersichtlich abzubilden und Lernenden Orientierung sowie Einflussnahme zu geben. In der Forschung ist aber umstritten, ob Lernen linear in Stufen geschieht, ob Raster alles zu Lernende erfassen können und ob ihre Handhabung didaktische Freiheiten verringert. Wahrscheinlich sind fachliche Unterschiede zu verzeichnen.

Der vierte Kritikbereich betrifft eine wirkliche inhaltliche Schwierigkeit und ein Missverständnis, das allerdings häufig vorkommt. Das Missverständnis besteht darin anzunehmen, Kompetenzorientierung sei eine Bewegung ›weg von den Inhalten eines Fachs‹.

Nicht Wissen, sondern Können sei wichtig. Das ist natürlich ein gedanklicher Kurzschluss, erstens weil Wissen nötig ist, um Kompetenzen zu erwerben, zweitens weil Kompetenzorientierung etabliert wurde, um aufzuzeigen, dass es darum geht, über Wissen hinaus etwas zu können, mit anderen Worten, mit Wissen vernünftig umzugehen. Zwar wird man die Wissensbestandteile auswählen müssen, die man als zentral erachtet und einiges weglassen, damit mit Wissen operiert werden kann, aber daraus folgt nicht, Fachinhalte zu ignorieren. Kompetenzorientierung ist – wohlverstanden – ein Weg, Inhalte tiefer zu verstehen und in der Auseinandersetzung mit ihnen Fähigkeiten zu erwerben. Es ist kein Prinzip der Ersetzung von Inhalten durch inhaltsenthobene Befähigungen oder Schlüsselqualifikationen.[103]

---

103 Vgl. eine Kritik an fehlendem Wissen und Anspruch im Zuge so genannter Kompetenzorientierung, die insofern berechtigt ist, als in zentralen Prüfungen heute Aufgaben ohne erworbenes Wissen leicht lösbar sind: Anant Agarwala: Abi für alle! In: Die Zeit Nr. 14 vom 30. März 2017, S. 14; Vgl. Gruschka, a. a. O., 2014, S. 66. http://www.boorberg.de/sixcms/media.php/1123/9783415054820_Bleckmann_LPR.pdf (letzter Aufruf: 03.04.2017).

Ernstzunehmender ist die begriffliche Kritik, die Weinert selbst und auch Klieme formulieren. Im Begriff der Kompetenzen selbst besteht eine Unklarheit: dort, wo sie handlungsleitend sind, sind es keine mehr, sondern vorstellbare, an Inhalte und Verstehensleistungen angebundene Fähigkeiten. Und dort, wo sie unterrichtsnah brauchbar sind, sind sie nicht mehr wissenschaftlich zufriedenstellend strukturierbar. Weinert zieht die auch hier gezogene Schlussfolgerung:

»Aus psychologischer Sicht ist eine Didaktik zu empfehlen, in der systematisches Lernen mit der permanenten Anwendung und Übung von Kompetenzen in möglichst verschiedenartigen Kontexten einhergeht.«[104]

---

104 Franz E. Weinert: Konzepte der Kompetenz *(concept of competence: a conceptual clarification)*. Paris: OECD 1999, S. 52 f. Klieme nennt dieses Spannungsfeld wie folgt: »Die fachbezogene Formulierung von Kompetenzen darf jedoch nicht verwechselt werden mit der traditionellen Ausbreitung von Inhaltslisten in stoffdidaktischer bzw. fachsystematischer Gliederung. Von Kompetenzen kann nur dann gesprochen werden, wenn man grundlegende Zieldimensionen innerhalb eines Faches benennt, in denen systematisch, über-Jahre hinweg Fähigkeiten aufgebaut werden.« – »Ausgearbeitete, empirisch gestützte Kompetenzmodelle liegen nur für einzelne Lernbereiche, Altersgruppen und Schülerpopulationen vor. Die Beschreibungen der Niveaus fallen oft noch zu abstrakt aus. Was genau etwa mit ›rechnen auf Grundschulniveau‹ oder ›anspruchsvollem, selbstständigem Modellieren‹ gemeint ist, muss immer wieder durch Aufgabenbeispiele illustriert werden.« Eckard Klieme: Was sind Kompetenzen und wie lassen sie sich messen? In: Pädagogik 6 (2004), S. 10–13. Ähnlich äußert sich Weinert und verbindet diese Kritik mit einer der Entfachlichung durch Kompetenzorientierung. »Je abstrakter, intellektueller, brillanter eine Kompetenz definiert wird, desto hoffnungsloser ist ihre psychologisch-wissenschaftliche Validierung zu beurteilen. Und je konkreter und pragmatisch nützlicher ein (materiales) Kompetenzmodell ausfällt, desto unzufriedenstellender gerät es intellektuell.« »Es ist eine ›gefährliche Illusion‹ zu glauben, dass ein kleines Set von Schlüsselkompetenzen geeignet sei, den Erwerb von großen Mengen von Weltwissen obsolet zu machen. Die Versprechung, dass es zukünftig ausreichend sei, das Lernen zu lernen oder sich etwas Medienkompetenz anzueignen, um schwierige Herausforderungen durch die Recherche von elektronischen Informationen zu lösen, ist aus kognitionspsychologischer Sicht nicht nur Utopie, sondern schlichtweg Nonsens.« (ebd.)

10 Alles, außer gleich –
Individualisierung: mehr als Differenzierung

Differenzierungsinstrumente, mit deren Hilfe verschiedene Menschen Unterstützung dafür erhalten, auf ihre Art gut zu lernen, sind in der pädagogischen Literatur zuhauf beschrieben worden.[105] Sie zu kennen ist höchst nützlich, um jeder Schülerin und jedem Schüler eine Möglichkeit zum Lernen zu bieten. Einige Differenzierungsinstrumente ergeben sich, wie im letzten Kapitel grob skizziert, aus der Arbeit mit Checklisten und durch Reflexionsgespräche. Die wohl am häufigsten eingesetzten Möglichkeiten der Differenzierung beziehen sich auf unterschiedliche *Aufgaben*. Oft werden drei Niveaus bei der Aufgabenstellung angeboten, die sich in der Qualität bzw. dem Anforderungsniveau unterscheiden. Das zeigt sich in unterschiedlichen Operatoren oder in der Breite; einige Schülerinnen oder Schüler bearbeiten nur einen Kern, andere einen randständigen Aspekt, einige die Basis, andere komplexere Aufgaben. Alle in Kapitel 5 dargestellten unterschiedlichen Arten von Aufgaben lassen sich auch zur Differenzierung nutzen. Unterschiedliche Strukturhilfen können spontan erteilt werden, verschiedene Kleingruppen können unterschiedliche Steuerungsvorgaben erhalten.

Weiter lässt sich in Bezug auf differenzierte Aufgaben unterscheiden, ob die Lehrkraft vorgibt, wer welche Aufgabe erhält, ob die Schülerinnen und Schüler das schon selbst können oder ob eine Aufgabe so gestellt ist, dass sie selbstdifferenzierend ist. Und natürlich lässt sich auch nach der Quantität differenzieren, nach Zeit oder Umfang. Annemarie von der Groeben hat neben ihrer Darlegung von Möglichkeiten, ein gemeinsames Fundamentum an Aufgaben

---

105 Vgl. z. B. von der Groeben, a. a. O.; von der Groeben/Kaiser, a. a. O.; Klippert, a. a. O.; Rainer Lehberger/Uwe Landfuchs (Hg.): Schüler fallen auf: Heterogene Lerngruppen in Schule und Unterricht. Bad Heilbrunn 2008; Manfred Bönsch: Erfolgreiches Lernen durch Differenzierung im Unterricht. Braunschweig 2009; Reinhard Kahl: Individualisierung – Das Geheimnis guter Schulen, 1 DVD.

und ein zusätzliches Additum zu organisieren – ›Du kannst‹-Aufgaben und ›Blumen‹-Aufgaben –, kreative und vielfältige Aufgabentypen zur Differenzierung vorgeschlagen und außerdem diverse Möglichkeiten zur Gestaltung einer Lernumgebung für Lerneinheiten.[106]

Neben unterschiedlichen Aufgaben bietet sich unterschiedliche *Unterstützung* an. Diese kann sich auf das Material, auf Hilfekarten (z. B. sprachliche Hilfen, strategische Hilfen, Hilfen zu Lern- und Arbeitstechniken, individuelle Hilfen), auf Strukturhilfen (s. Kapitel 5), auf Schüler-Schüler-Helfersysteme oder auf Unterstützung in Form der Lernbegleitung durch die Lehrkraft beziehen. Ebenso sind bei gleicher Aufgabenstellung unterschiedliche Bearbeitungswege möglich oder verschiedene Produktarten.

Drittens kann sich Differenzierung auf unterschiedliche *Organisations- und Steuerungsformen* beziehen. Sozialformen und kooperative Methoden können unterschiedlich gewählt werden, Makroformen der Unterrichtsorganisation bieten ein größeres Spektrum an Entscheidungen für passende Differenzierungen: Projektarbeit, Stationenlernen, Studienzeiten, Lernatelierarbeit, Werkstattarbeit, Wochenplanarbeit, klassen- oder jahrgangsübergreifender Unterricht, Trainings- oder Forscherkurse oder Drehtürmodelle.[107] Steuerungsarten können unterschiedlich sinnvolle Komplexität oder Kleinschrittigkeit ermöglichen, Instrumente zur Selbststeuerung sind beispielsweise Checklisten, Kompetenzraster, Diagnosebögen, individuelle Lernpläne, Lernentwicklungsgespräche, Reflexionsbögen oder Lernvereinbarungen.

Bei all diesen Möglichkeiten macht es nicht primär die Menge, die einen Unterricht gut werden lässt. Beispielsweise sind Hilfekarten ein probates Mittel differenzierter Unterstützung; es muss aber erklärt werden, wie Schülerinnen und Schüler mit ihnen arbeiten sollen, und die Art der Hilfe muss zur Lernhürde passen. Neben den Elementen des Scaffoldings gilt es hier vor allem, die Idee der Hilfe zur Selbsthilfe zu realisieren.

Extreme Differenzierung könnte Individualisierung genannt werden. In dem Fall werden nicht nur Unterschiede zwischen verschie-

---
106 Von der Groeben, a. a. O., S. 75 ff.; dies./Kaiser, a. a. O., S. 76 ff.
107 Ich erläutere diese Makroformen hier nicht, weil sie geläufig und ansonsten im Internet zu recherchieren sind.

denen Schülergruppen gesetzt, sondern es wird versucht, tatsächlich eine solche Differenzierung zu betreiben, die für jeden Schüler und jede Schülerin das Passende bereithält.

Das hört sich gut an, wäre aber eine Horrorvorstellung guten Unterrichts. Denn was alles fehlte hier gegebenenfalls? Zunächst könnte die bloße Menge der Differenzierung das Gebot der *Funktionalität* außer Kraft setzen. Funktional ist eine Differenzierung, wenn sie zu den Lernenden, zu den Zielen, zum Lerngegenstand, zur Lehrkraft und zum Rahmen passt. Verschiedene Lernkompetenzen etwa legen eine Differenzierung nach Strukturhilfen nahe.

- Heterogene Fähigkeiten berücksichtigen sinnvollerweise verschiedene Niveaustufen.
- Verschiedene Lesefähigkeiten führen zu verschiedenen Erarbeitungstechniken.
- Verschiedenen Lerntypen bietet man verschiedene Produkte, Materialien oder Lernwege an; geht es um eine Erörterung, ist eine andere Lernform als die des bloßen Sammelns von Informationen angezeigt.
- Erfordert der Lerngegenstand das Verständnis eines Zusammenhangs, sind Methoden wie das Erstellen einer *concept map* oder einer symbolischen Landkarte möglicherweise sinnvoll, nicht aber die, eine *mind map* zu erstellen.
- Geht es darum, die Fremdwahrnehmung und Perspektivwechsel anzubahnen, scheint Einzelarbeit nur begrenzt sinnvoll.
- Schließlich müssen Differenzierungen zum Stil und den Kompetenzen der Lehrkraft sowie zum Umfeld passen.
- Ein Baukastensystem, in dem Schülerinnen und Schüler sich in Einzelarbeit über Wochen arbeitsteilig eine Lektüre aneignen, erfordert einige Kreativität, um in diesem Rahmen die Kompetenz erwerbbar zu machen, unterschiedliche Denkmodelle auf ihre Voraussetzungen hin untersuchen zu können und Unterschiede festzuhalten.

Über das Fehlen von Funktionalität hinaus könnte bei einer stets auf den Einzelnen zugeschnittenen Aufgabe der Wert *gemeinsamen Lernens* (s. Kapitel 12) verloren gehen; überdies wäre es schwerer möglich, Unterricht zu inszenieren, d. h. durch die eigene (Lehr-)Person

Spannung und einen Denkraum bzw. die Spannung der Aufmerksamkeit zu erzeugen: Lernende würden stets und hauptsächlich ihren eigenen Rhythmen folgen, nicht aber lernen, ihre Aufmerksamkeit auf andere und deren Rhythmen zu richten. Darstellung von Zusammenhängen würde nicht mehr durch Menschen oder gemeinsam betrachtete Bilder bzw. Filme erfolgen, sie würde sich vor allem in Zetteln oder Computern zeigen müssen.

Drittens resultierte – damit zusammenhängend – im Vergleich zu einem Unterricht, in dem Plenumsphasen vorherrschen, eine andere Verteilung der *Aufmerksamkeit* des Lehrers auf einzelne Schülerinnen und Schüler, nicht aber automatisch mehr Aufmerksamkeit für jeden Einzelnen. Man hat sehr schnell das Bild zur Hand, dass eine Lehrkraft sich immer um die Einzelnen kümmern und bei ihnen sein könnte, während das im Plenum nicht der Fall sei. Die ›Ressource Lehrkraft‹ ist aber begrenzt, allemal bei 29 Schülerinnen und Schülern. Es könnte sein, dass im Plenumsgespräch jeder das Gefühl erhält, dabei zu sein und unterstützt zu sein, während in differenzierten Settings sogar das Gefühl herrschen könnte: ›Hier werde ich allein gelassen.‹ Georg Breidenstein beschreibt Probleme der Unterstützung von Schülerinnen und Schülern durch eine Lehrkraft in offenen Lernarrangements wie folgt: Es gibt Warteschlangen; hinter dem Lehrer laufen wie am Skilift Schülerinnen und Schüler und verfolgen die Lehrperson; es wird ›angeklammert‹, d. h., Wäscheklammern werden an einen Bindfaden gehängt, um zu signalisieren, dass man unterstützt werden möchte; der Lehrer wird zum mobilen Einsatzkommando; es herrscht Steuerung durch Wochenpläne; kurz, nur eine andere Art der Verteilung von Aufmerksamkeit.

»Mit der Öffnung durch den individualisierten Unterricht gehen auch neue Praktiken der Schließung einher: Praktiken der Steuerung und Kontrolle sorgen für ständiges ›Beschäftigtsein‹ jedes Schülers, die Ressource Lehrkraft wird durch Regulierungen des Dran-Kommens verteilt, Standardisierungen der Inhalte sollen überschaubare Hilfestellungen gewährleisten.«[108]

---

108 Georg Breidenstein: Die Individualisierung des Lernens unter den Bedingungen der Institution Schule. In: Bärbel Kopp u. a. (Hg.): Individuelle För-

Viertens droht durch die Vorstellung, jede Lehrerin und jeder Lehrer müsse für jede Schülerin und jeden Schüler für jede Unterrichtsstunde das individuell passende Arbeitsblatt erstellen, eine handfeste *Überforderung* oder ein dauerhaftes schlechtes Gewissen.

Fünftens könnte die Idee der *Passung* falsch verstanden werden: Wer glaubt, immer müsse jede Aufgabe und jede Sozialform und jeder Lernweg für jeden Schüler passend gemacht werden, der läuft Gefahr, alles, was im Unterricht geschieht, mundgerecht darzubieten. Die richtige Idee der Passung ist die, Lerngegenstände und Lernwege in die Zone der Erreichbarkeit zu rücken, nicht aber die Vorstellung zu erwecken, Anstrengung und Sich-Einlassen auf andere Menschen, Ziele und Wege gälte es möglichst zu vermeiden. Ich erinnere in diesem Zusammenhang an das Problem der Steuerung aus Kapitel 5. Auf dem Weg zur Selbstständigkeit ist ein besonders hoher Grad der Steuerung notwendig, man darf Ziel und Mittel nicht in eins setzen. Man würde schließlich kleine Kinder auch nicht allein lassen, nur weil man möchte, dass sie später allein leben können. Wenn Menschen das zu ihnen Passende finden sollen, müssen ihnen Wege angeboten werden, das dafür Nötige zu lernen. Sie dürfen aber nicht lernen, dass alles wie selbstverständlich zu ihnen gebracht wird. Es hat auch seinen Sinn, Menschen zu Frustrationstoleranz (oder zur Wahrnehmung) zu erziehen, sie dazu zu bewegen, sich auf andere und auf etwas einzulassen, das jetzt gerade nicht speziell auf sie abgezweckt wurde oder ihren momentanen Wünschen folgt.

Besonders die letzten beiden Gefahren der Überforderung von Lehrkräften und Unterforderung von Lernenden lassen es angezeigt erscheinen, sich die Frage zu stellen, unter welchen Bedingungen differenziert werden soll. Das scheint dann notwendig oder sinnvoll, wenn dadurch mehr Schülerinnen und Schüler mehr lernen, und wenn einzelne Schülerinnen und Schüler ansonsten nicht gefördert werden können.

Wenn Differenzierung die Art ist, in der sich die so genannte Individualisierung von Unterricht hauptsächlich äußert, dann ist es angesichts möglicher Gefahren und angesichts einiger Über-

---

derung und Lernen in der Gemeinschaft. Jahrbuch Grundschulforschung Bd. 17. Wiesbaden 2014, S. 35–50.

treibungen von Differenzierung sinnvoll, einen Schritt zurück zu gehen – so wichtig Differenzierung auch ist. *Individualisierung:* Was ist das eigentlich? Und warum tauchte der Begriff im pädagogischen Diskurs plötzlich mit solchem Nachdruck auf? Erstaunlicherweise wurde das Wort in den 1980er- und 1990er-Jahren relativ selten verwendet; in Werner Janks und Hilbert Meyers Buch *Didaktische Modelle* finden sich beispielsweise nur drei Hinweise, und zwar einer im Zusammenhang mit der Aufhebung von Unterschieden (Egalisierung von Lernchancen) und der Erziehung zur Selbstständigkeit und Emanzipation, dazu ein weiterer im Zusammenhang mit der Öffnung von Unterricht zum Zweck individueller Förderung und schließlich ein besonders interessanter: Meyer kritisiert dort das ›Prinzen- und Prinzesschen-Syndrom‹, das »sich vorrangig dadurch äußert, daß die Kinder verstärkt ihren individuellen Neigungen nachgehen, ohne Rücksicht auf ihre Gruppe oder Klasse zu nehmen.«[109] Heute hingegen ist der Begriff überall zu finden, Individualisierung ist zu *dem* großen Wort der Pädagogik geworden. Unterricht gilt genau dann als gut, wenn er individualisiert erfolgt. Alle gleichaltrigen Kinder sollen beim gleichen Lehrer mit dem gleichen Lehrmittel im gleichen Tempo das gleiche Ziel zur gleichen Zeit gleich gut erreichen. – So lautet die karikaturhafte Einführung in viele Lehrerfortbildungen zum Thema der Individualisierung. Was da beschrieben wird, so sollte man meinen, ist dadurch, dass so häufig das Gleiche geschieht, *automatisch* schlecht. Derzeitige Pädagogik lässt sich wahrscheinlich generell als Gegenbewegung gegen die Gleichbehandlung von Schülerinnen und Schülern verstehen. Das ist zunächst einmal berechtigt, denn der Unterricht, der reformiert werden sollte, bestand möglicherweise für lange Zeit darin, *nicht* darauf zu achten, was konkrete einzelne Schülerinnen und Schüler benötigten, um gut zu lernen. ›Schülerorientierung‹ und vergleichbare Vokabeln machen zuallererst *darauf* aufmerksam: Es geht um eben diese Schülerinnen und Schüler, und es geht um jeden Schüler und jede Schülerin, in der Besonderheit, in der eben gerade sie – individuell – erfolgreich lernen können.

---

109 Werner Jank/Hilbert Meyer: Didaktische Modelle. Berlin 1991, S. 219, 328, 324.

Folgt daraus im Umkehrschluss, alle unterschiedlichen Kinder sollten bei unterschiedlichen Lehrern mit unterschiedlichen Lehrmitteln in unterschiedlichen Tempi unterschiedliche Ziele zu unterschiedlichen Zeiten unterschiedlich gut erreichen? Ebenso wie die Gefahr des ignoranten Gleichschritts liegt die Gefahr der Vereinzelung auf der Hand. Möglicherweise liegt in der Gegenbewegung aktueller Pädagogik, so berechtigt in ihr die Sorge für die Berücksichtigung der Lernenden ausgedrückt ist, auch eine Einseitigkeit verborgen.

Was konkret mit Individualisierung bezeichnet wird, ist höchst verschieden; was darunter verstanden wird, prägt, wie Individualisierung praktiziert wird. Daher ist es sinnvoll, sich die Frage zu stellen, welches Verständnis von Individualisierung zur Unterrichtsgestaltung geeignet ist, wofür zunächst an ein paar Hintergründe erinnert werden soll. Hauptsächlich vier Verständnisse lassen sich unterscheiden.

Grundlegend ist *Individualisierung* der Prozess des Übergangs des Menschen zum Individuum, *von einem eher traditionellen, rollengebundenen und -geprägten Menschen zum selbstbestimmten*. Dieser Prozess beginnt mit der Antike, wird nach dem Mittelalter wieder aufgegriffen und erfährt in der postindustriellen Gesellschaft Ende des 20. Jahrhunderts eine hohe Ausprägung. Stationen auf diesem Weg sind die Antike, das Christentum, die Renaissance, die Epoche der Aufklärung und schließlich das 20. Jahrhundert. Es lohnt daran zu erinnern, dass das Ich und die Idee des Individuums späte Errungenschaften oder sogar Erfindungen sind.[110] »Die Helden der ›Ilias‹ hatten überhaupt kein Selbst.«[111] – So rekonstruieren beispielsweise Snell und Jaynes die Zeiten, bevor Menschen aus eigenem Willensantrieb handelten. Menschen waren in Hierarchien eingebunden und fühlten sich ohne Reflexion durch äußere Vorgaben oder schlicht durch auftauchende Handlungsimpulse zum Handeln ange-

---

110 Vgl. Jaynes, a. a. O., S. 91 ff.; vgl. Bruno Snell: Die Entdeckung des Geistes. Studien zur Entstehung des europäischen Denkens bei den Griechen. Hamburg 1946. Die Menschen damaliger Zeiten waren beispielsweise nicht in der Lage, längerfristig geplante Intrigen zu spinnen. Die Partien in der ›Ilias‹, in denen so etwas geschieht, scheinen spätere Hinzufügungen darzustellen.
111 Jaynes, a. a. O., S. 95.

trieben. Äußere Vorgaben ergaben sich aus dem Stand der Person in der Gemeinschaft oder Gesellschaft; was der Einzelne tat, ergab sich aus seiner Rolle.

Individualisierung in dieser ersten Lesart lässt sich unterschiedlich bewerten. Zum einen ist sie *die* prägende Grundlage der Verfasstheit unserer Kultur und unseres Lebens. Auf die Würde des Menschen, auf seine Freiheit und Selbstbestimmung beruft sich affirmativ nahezu jede Klärung des Selbstverständnisses unserer westlichen Gesellschaft. Zum anderen wird genau diese Entwicklung immer wieder kritisiert, wenn von Vereinzelung, Orientierungsverlust und der schwindenden Rolle von Gemeinschaften und Moral hingewiesen wird.

Ulrich Beck hat die Ambivalenz von Individualisierung in seinem berühmten Buch *Risikogesellschaft* herausgearbeitet. Sich selbst zu bestimmen und zu wählen, setzt nämlich Kompetenzen und Möglichkeiten voraus, Individualisierung ist eine Aufgabe; sie setzt die Fähigkeit des Individuums voraus und kann zugleich dessen Bürde sein.

»Die Moderne ersetzt die heterogene Bestimmung im Rahmen der ständischen Ordnung durch die zwingende und obligatorische Selbstbestimmung. Das gilt für ›Individualisierung‹ über die gesamte Ära der Moderne. [...] In der individualisierten Gesellschaft muss der einzelne entsprechend bei Strafe seiner permanenten Benachteiligung lernen, sich selbst als Handlungszentrum, Planungsbüro [...] zu begreifen.«[112]

Das gilt abgesehen von den psychischen, reflexiven und sozialen Fähigkeiten schlicht auch in Abhängigkeit von ökonomischen Möglichkeiten. Pointiert ausgedrückt: Was nützt alle formale Selbstbestimmung, wenn ich entweder nichts kaufen kann oder zwei Jobs übernehmen muss, um überhaupt zurechtzukommen? Und wie werde ich mich selbst bestimmen, wenn ich darunter nur verstehe, endlich der Bestimmer zu sein, statt mich an Argumenten oder Gesprächen oder den Errungenschaften westlicher Kulturen zu orientieren? Voraus-

---

112 Ulrich Beck: Risikogesellschaft. Auf dem Weg in eine andere Moderne. Frankfurt/M. 1986, S. 217.

greifend auf Schule bezogen: Müssen Schülerinnen und Schüler nicht zunächst befähigt werden, unsere Kultur zu verstehen, bevor man ihnen allzu große Wahlversprechen macht? Ähnlich wie Beck stellt Zygmunt Bauman Individualisierung als Herausforderung dar. Das, was früher ein gesellschaftliches Problem war, werde dem Subjekt als in seiner Biografie zu bewältigende Aufgabe zugeschoben.[113]

Zweitens lässt sich, abgeleitet vom ersten Verständnis, Individualisierung als *Ziel* begreifen. Sie ist dann der Zweck bestimmter Tätigkeiten: In der Pädagogik kann es als hohes Ziel gelten, Menschen dazu zu befähigen, ihr eigenes Leben zu führen. Unterricht heißt in diesem Sinne, Sorge dafür zu tragen, dass Schülerinnen und Schüler durch Unterricht ihre Individualität entfalten können und zur Selbstständigkeit erzogen werden.

Drittens wird mit Individualisierung im pädagogischen Kontext die *Perspektive des Lerners* im Lernvorgang in den Mittelpunkt gerückt. Individualisierung ist so verstanden die Berücksichtigung aller Lernenden als Individuum und Subjekt des Lernens. Darin liegen zwei Elemente: *Jeder* soll etwas lernen, und jeder soll nicht nur das *Objekt* des Lernens sein, über das andere verfügen. Lernerorientierung und Subjektorientierung können diese beiden Aspekte genannt werden. Individualisiert ist demzufolge eine Unterrichtsgestaltung, in der der Lernprozess möglichst für jedes Individuum lernförderlich ausgerichtet wird; Individualisierung bedeutet, das Lernen von möglichst jedem individuellen Lerner und dessen Sachverhältnis aus zu denken, zu planen und durchzuführen.

Viertens wird Individualisierung als *Differenzierung* einer Unterrichtsgestaltung begriffen. In einer so verstandenen individualisierten Lernumgebung werden zwischen verschiedenen Untergruppen einer Lerngruppe *Unterschiede* gemacht. Die Lehrkraft unterscheidet beispielsweise zwischen drei Typen von Aufgabenstellungen. Individualisierung ist hier Ausdifferenzierung, und sie ist in der Sozialform erkennbar.

Individualisierung ist also eine kulturell-gesellschaftliche Hintergrundentwicklung, ein Ziel von Bildung, ein Prinzip zur Gestaltung des Lernens und eine Methode sowie Sozialform.

---

113 Bauman, a. a. O. 2003, S. 43.

Alle Verständnisse haben ihre tiefe Berechtigung. Sie führen zur Berücksichtigung von Menschenrechten, zur Achtung von Demokratie und politischer Selbstbestimmung, sie markieren die Achtung vor der Freiheit und individuellen Selbstbestimmung des Einzelnen. Sie drücken aus, dass jede Form der Lehre, soll sie wirksam werden, gelernt werden, d. h. durch das Nadelöhr von Vernunft und Handlungen jedes Einzelnen passen muss. Und sie drücken aus, dass es dafür in jedem Fall Gelegenheiten für jeden Einzelnen geben muss, etwas auf individuelle Art nachzuvollziehen, zu verarbeiten und anzuwenden, dass jeder also sich Lerngegenstände individuell, in passenden Lernwegen und auch in Einzelarbeit konstruieren muss.

Ebenso haben die Verständnisse ihre Begrenzungen, und sie bedürfen der Ergänzung, auch durch die anderen Auffassungen. Der Prozess der Individualisierung kann erstens zu Überforderung und Sinnkrisen führen, er bedarf der Ergänzung durch Traditionen, durch Werte und durch Gemeinschaften. Das Ziel der Individualisierung kann zweitens zu Egoismus und zu Ignoranz gegenüber Bildungsgütern führen, es bedarf der Ergänzung durch die Orientierung an Kompetenzen, an der Befähigung zur Wahrnehmung und Gestaltung der Wirklichkeit und zur Übernahme von Verantwortung.[114] Das Prinzip der Individualisierung kann drittens schnell nur *im Prinzip* berücksichtigt werden, es bedarf der Ergänzung durch konkrete Methoden und durch Differenzierung. Individualisierung nur als Methode der Differenzierung und des Passendmachens zu verstehen, kann viertens zum Verlust von Gemeinsamkeit und von Lernen führen, es bedarf der Ergänzung durch das Lernen in stabilen Gemeinschaften, durch die Bereitschaft, sich auf etwas einzulassen, was andere beschäftigt, der Auseinandersetzung mit anderen Perspektiven – und es bedarf der Steuerung des jeweiligen Lerngeschehens.

Zur jetzigen Zeit lässt sich m. E. eine Kippbewegung feststellen. War es vor zwanzig Jahren höchst notwendig, Methoden der Differenzierung zu etablieren, die es einzelnen Lernenden ermöglichen,

---

114 Vgl. zu drei Dimensionen von Bildungszielen (Qualifizierung, Sozialisierung, Subjektwerdung): Schratz, a. a. O., S. 67.

gut zu lernen, so wird heute bisweilen eine übertriebene Form der Differenzierung gepflegt, in der das Prinzip der Ausrichtung auf Gemeinschaft zu kurz kommt. So lässt sich eine gewisse Ungleichzeitigkeit feststellen: Manche übertreiben es mit der bloßen Austeilung von Arbeitsblättern und Checklisten, während andere von der Idee der Berücksichtigung der Individuen und von Differenzierung gänzlich unberührt geblieben sind. Da aber in den vergangenen Jahren bereits sehr viel Gutes zu Formen der Differenzierung geschrieben wurde, soll im Folgenden die Einseitigkeit eines Lernens in differenzierenden Settings ohne gemeinsamen Lerngegenstand kritisiert werden.

Ich werbe zunächst dafür, dass Lehrkräfte, haben sie die Grundfolien des ersten und zweiten Verständnisses von Individualisierung im Hinterkopf, vor allem das dritte Verständnis in den Blick nehmen sollten und das vierte – Differenzierung – nur bei Bedarf. Was ergibt sich aus dem dritten Verständnis von Individualisierung als Lernförderlichkeit für jedes Individuum?

»Bei den Stämmen der Provinz Natal in Südafrika lautet die gebräuchlichste Grußformel, das Äquivalent unseres ›Hallo‹: Sawu bona. Das bedeutet wörtlich: ›Ich sehe dich.‹ Wenn man Mitglied des Stammes ist, antwortet man mit ›Sikhona‹: ›Ich bin da.‹ Die Reihenfolge ist bedeutsam: Solange Sie mich nicht sehen, existiere ich nicht. Indem Sie mich wahrnehmen, erwecken Sie mich sozusagen zum Leben. [...] Erst durch andere Menschen wird der Mensch zum Mensch.«[115]

Individualisierung im Unterricht bedeutet, folgt man diesem Zitat, ›gesehen zu werden‹. Jemand wird zum Individuum durch Wahrnehmung, Kommunikation und Aufmerksamkeit. Die soziale Perspektive vom Achten auf Individuen wird plötzlich relevant, und man kann schlicht schlussfolgern: Es genügt im Zusammenhang mit Individualisierung davon zu reden, dass Unterricht *lernförderlich* sein soll. Denn Lernen kann nur jeder einzelne Mensch, allerdings nicht für sich allein. Wird Unterricht ausgehend vom Lernen begriffen und

---

115 Peter Senge u. a.: Fieldbook zur Fünften Disziplin. Stuttgart 1996, S. 3. Für den Hinweis auf dieses Zitat danke ich Hannelore Muster-Wäbs.

konfiguriert, ist selbst der Begriff der Individualisierung überflüssig geworden. Denn überall dort, wo alle Schülerinnen und Schüler etwas lernen, ist der Unterricht automatisch individualisiert. Subjekt- und Lernerorientierung ziehen immer Individualisierung nach sich.

Das führt zu einem vielleicht überraschenden, aber auch entlastenden Zwischenfazit: Die üblichen Gestaltungsmittel und Prinzipien der Lehrerausbildung in den letzten 15 Jahren führen automatisch zu individualisiertem Unterricht, oder: Guter Normalunterricht ist immer schon individualisiert.

Kooperatives Lernen ist individualisiert und differenziert, denn erstens findet in der Regel zunächst eine individuelle Lernphase statt – die oft arbeitsteilig und daher differenziert ist –, dann werden die Ergebnisse von den jeweils anderen Individuen gelernt. Dieses Lernen baut so auf dem vorigen auf, dass es für das Individuum förderlich ist. Sodann arbeiten die Kooperationspartner nun die Zusammenhänge der bisher erarbeiteten Einzelteile heraus, d. h. die Individuen erwerben zu ihrem bisherigen Lernstand passende neue gedankliche Strukturen, und schließlich baut darauf ein für alle erreichbares Ergebnis auf, das zu guter Letzt noch differenziert ins subjektive Konzept übertragen werden kann. (Man sieht bereits hier, wie in individuellem Lernen gemeinsames und einzelnes Arbeiten aufeinander bezogen werden können.)

Die *Didaktische Route* ist auf Individualisierung ausgerichtet, insofern in ihr stets darauf geachtet wird, wie das subjektive Konzept berücksichtigt wird.

Problemorientierter Unterricht ist individualisiert, insofern er die aus der Sicht des Individuums fragwürdigen Lerngegenstände in den Mittelpunkt rückt. Kompetenzorientierung rückt die individuellen Kompetenzfortschritte in den Mittelpunkt.

Die Förderung der Selbstständigkeit und Berücksichtigung unterschiedlicher *Steuerungsarten* sind individualisiert, sie werden angepasst an die individuelle Selbststeuerungsfähigkeit und Lernkompetenz.

An einem vielleicht überraschenden Beispiel, nämlich einem Vortrag im Plenum, möchte ich zeigen, dass aus Individualisierung als Berücksichtigung der Lernerperspektive konkrete Praxistipps abgeleitet werden können.

- Eine Lehrkraft kann einen *Input* (z. B. durch einen Vortrag) individualisiert lernförderlich ausgestalten, indem sie die Struktur elementarisiert und visualisiert.
- Sie kann individualisieren, indem sie veranschaulicht und dort, wo sie Nachdenklichkeit wahrnimmt, Pausen und Zäsuren setzt.
- Sie kann problemorientiert vorgehen, indem sie antizipierte Fragen und Unterfragen nennt und Verstehensprozesse in ihren Input einbaut – ›nun könnte sich Marlies fragen ...‹
- Sie kann situieren, d. h. Beispiele, Handlungen, Bilder einflechten.
- Sie kann ihre Schülerinnen und Schüler einbeziehen, indem sie Verarbeitungsphasen einbaut, Murmelphasen einfügt, Zwischenlernstände erfragt oder Schülerinnen und Schüler in Visualisierungen einbezieht; diese können in Personen oder Begriffe schlüpfen, d. h. in quasi psychodramatischen Elementen ›mitspielen‹.
- Sie kann Sprachebenen wechseln und aufeinander beziehen (Alltags-, Schüler- und Fachsprache).
- Sie kann Kommunikation suchen durch Blickkontakt und Befragung.
- Sie sollte auf Signale achten (Blick zu Boden, Unruhe).
- Schließlich kann die Lehrkraft funktional auf Wahrnehmung von Unverständnis reagieren.
- Sie wird dann, sieht sie in zweifelnde oder erstaunte Gesichter, nicht das Prinzip des ›Mehr desselben‹ verfolgen, sondern im dargestellten Verstehensweg zurückgehen, Gedankenspielräume öffnen, Formulierungen variieren, Variationsmuster konkretisieren, schärfen oder abändern.
- Gegebenenfalls wird sie im Verstehensprozess enger führen und Überprüfungsphasen systematisch einplanen.

Sind das zweite und vierte Verständnis von Individualisierung berechtigt, d. h. Individualisierung als Ziel und als Differenzierung? Ich vertrete im Folgenden die These, dass sie als Gegenbewegung verständlich, aber darum oft (nicht immer!) überzogen sind und negative Folgen hervorrufen können. Zunächst einmal lassen sich ein paar *Voraussetzungen* beschreiben, unter denen sie plausibel sind.
- *Erste Voraussetzung:* Individualisierung im ersten Verständnis, also als kultureller Prozess, wird als *immer* gut begriffen. Es lässt

sich leicht sehen, dass das vierte Verständnis von Individualisierung eigentlich die praktische Umsetzung des ersten und zweiten ist (der Geist findet seine Form der Darstellung). Um dem Individuum gerecht zu werden (und das ist, was erreicht werden soll), muss der Unterricht individuell-passend auf das Individuum zugeschnitten sein.

- *Zweite Voraussetzung:* Individualisierung ist nicht nur das Ziel, sondern soll auch in jeder Situation zur Geltung kommen. Offenbar wird hierbei angenommen, das Ziel der Individuierung werde durch Differenzierung erreicht.
- *Dritte Voraussetzung:* Alle Lerngruppen seien in einem absoluten Sinne *heterogen* (den Begriff der Heterogenität betrachte ich auf den nächsten Seiten genauer). Differenzierung wird ja nur dann hilfreich sein, wenn den im Lernarrangement gemachten Unterschieden auch Unterschiede zwischen den Lernenden entsprechen.

Differenzierung und Individualisierung hängen hingegen wie folgt zusammen:

- Differenzierung ist ein Begriff, der sich auf die Unterrichtsgestaltung *des Lehrers* bezieht, während Individualisierung zunächst die *Lernerseite* in den Mittelpunkt rückt und erst deswegen die Gestaltung der Lernprozesse durch die Lehrkraft. Differenzierung ist die Lehrerseite einer Medaille, deren andere Seite die Individualisierung ist. Diese Zuordnung stimmt aber nur dann, wenn man denkt, dass die Berücksichtigung der Individualität dazu führen soll, Individuen verschiedene Aufgaben zu geben.
- Individualisierung kann darin bestehen, dass eine Lehrkraft in einer konkreten Lerngruppe für alle (annähernd) den gleichen Lernstand feststellt, weswegen alle auf gleichen Wegen gut lernen können. Individualisierung besteht dann schlicht darin, *nicht* zu differenzieren – weil es für alle Lernenden gleichermaßen günstig ist, das Gleiche zu tun.
- Individualisierung kann außerdem bedeuten, dass es sinnvoll ist, dass Lernende sich gemeinsam mit einer Frage beschäftigen – weil es für ihr Ziel, Individuum zu werden, und für ihre Individualität gut ist, sich mit anderen auszutauschen. (Individualität kann Sozialkompetenz beinhalten.)

- Individualisierung kann die *Begründung* für Differenzierung sein. – Wenn die Individuen einer Lerngruppe in beispielsweise drei Lernstände zerfallen, kann eine Differenzierung von drei Aufgabenstellungen sinnvoll sein. Wo Menschen auf unterschiedliche Art und Weise gut lernen können, soll ihnen das auch ermöglicht werden.
- Differenzierung kann in *bestimmten Gruppen* soweit notwendig sein, dass jede Schülerin und jeder Schüler ihr bzw. sein eigenes Lernmaterial erhält. Dann ist der Unterricht individualisiert-differenziert, d. h. die Differenzierung ist weit vorangeschritten. Nur in diesem Fall lässt sich sagen: Individualisierung ist die Erweiterung und extreme Form von Differenzierung.[116]
  • Ansonsten ist ein sinnvoller Umgang mit Heterogenität davon gekennzeichnet, dass Verschiedenheit produktiv genutzt wird, d. h. dass Fremdheit Anlass für eine Lernerfahrung ist und die verschiedenen Menschen *voneinander* lernen.
- Problematisch sind sowohl eine Individualisierung, in der Lernende im Lernprozess durchgängig keinen Bezug mehr aufeinander nehmen, als auch ein Lernen, das stets alle gleich behandelt.
- Individualisierung bezieht sich nicht primär auf die Sozialform: Individualisierter Unterricht kann ebenso frontal wie in Gruppen oder Einzelarbeit stattfinden.

Auf dieser Grundlage ein paar Gedanken zu Individualisierung als Ziel des Lernens: Eigentlich ist es beinahe paradox zu fordern, Individualität solle das höchste Ziel von Bildung sein. Soll das nicht vielmehr die Erreichung von Bildungsgütern, von Kompetenzen, von Werten sein? Soll Schule nicht hauptsächlich inkulturalisieren? Sicherlich ist es schwierig bis unmöglich, die letzten Ziele von Bildung zu formulieren, die in mühsamen Einigungsprozessen schließlich in Bildungspläne einfließen. Und sicherlich lässt sich das Individuum nicht in umgekehrter Weise funktionalisieren, Bildung also als Mittel ansehen, damit die Menschen später gut funktionieren können. Aber es bleibt auch in einer freien, auf das Individuum abgestimmten Gesellschaft ein Spannungsfeld zwischen dem Indi-

---

116 Vgl. Fischer, a. a. O., S. 33.

viduum und seiner Kultur bestehen, das nicht völlig zugunsten des Individuums aufgelöst werden kann. Individualität und Entfaltung des Individuums können daher nicht als einziger Zweck von Bildung etabliert werden.

Mit welchen Mitteln kann Individualität erreicht werden? Ein Ziel, das durch das Ziel selbst erreicht werden soll – gibt es das? Wenn die Förderung der Selbstständigkeit als hohes Gut gilt, dann ist die Frage, wie dies erreicht wird, noch nicht automatisch damit beantwortet, dass man annimmt, es sei schon erreicht und müsse daher nur noch praktiziert werden. Außerdem gibt es Tugenden, die die Voraussetzung dafür bilden, dass jemand seine Individualität entfalten kann. Beispielsweise zählt dazu die Fähigkeit, argumentieren zu können, ebenso wie die, abwägen zu können und mit anderen in ein Gespräch treten zu können. Wahrscheinlich wird die Fähigkeit, ein Individuum zu werden, u. a. nur durch Kenntnisse erreichbar sein, durch das Lernen in Gemeinschaften und durch die gezielte Schulung von Fähigkeiten und von Diskursfähigkeit. Der inzwischen berühmt gewordene Satz von Ernst-Wolfgang Böckenförde »Der freiheitlich-säkulare Staat ruht auf Voraussetzungen, die er selbst nicht garantieren kann« gilt analog auch hier. In Elias Canettis Worten: »*Die Reihenfolge,* in der man die *Dinge* erlernt, ist, was schließlich die Individualität des *Menschen* ausmacht.«[117]

Was ist nun von der These zu halten, mit steigender Heterogenität sei es umso nötiger zu differenzieren? So allgemein formuliert, ist die Aussage falsch. Denn es kommt darauf an, in welcher Weise Heterogenität ausgeprägt ist. Ebenso wie die Rede von der Individualisierung ist die Rede von der Heterogenität von Lerngruppen zum geflügelten Wort geworden. Und es ist ja wahr, den Blick als Lehrkraft auf die konkreten Individuen zu richten, bedeutet sie hinsichtlich dessen wahrzunehmen, was sie besonders macht und was sie auszeichnet. Ich vermute, die Betonung von Heterogenität in pädagogischen Kontexten hat vor allem zwei Ursachen: erstens das dahinter liegende Anliegen, jede Schülerin und jeden Schüler überhaupt und in ihrer und seiner Besonderheit in den Blick zu nehmen

---

117 Ernst-Wolfgang Böckenförde: Staat, Gesellschaft, Freiheit. Frankfurt/M. 1976, S. 60; Elias Canetti: Aufzeichnungen. München 2015 (1968).

(das entspricht dem dritten Verständnis von Individualisierung), und zweitens – obgleich Schülerinnen und Schüler zuvor auch niemals komplett gleich waren – eine real gestiegene Verschiedenheit von Schülerinnen und Schülern in Lerngruppen.

Es liegt also hinter der Betonung von Heterogenität ein ehrenwertes Anliegen der Achtung von Menschen, der Berücksichtigung gestiegener Verschiedenheit und ein Anliegen, zu solcher Achtung von Menschen zu erziehen. (Das ist unter anderem Prävention vor Fremdenfeindlichkeit.) Mir scheint jedoch, dass bisweilen der Glaube vorherrscht, Schülerinnen und Schüler seien auch in einem absoluten Sinne gänzlich voneinander verschieden. ›Heterogenität‹ bedeutet dem Wortsinn nach nicht nur ›Verschiedenheit‹, sondern ›von andersartiger Erzeugung‹. So wird beispielsweise im ›Profil für eine inklusive denkende und handelnde Lehrkraft‹ formuliert: ›… es ist normal verschieden zu sein‹, und in der Hamburger Aneignung dieser Broschüre: »… die wertschätzende Sichtweise, dass es selbstverständlich ist, verschieden zu sein.«[118]

So richtig das in gewisser Weise auch ist, so sehr stimmt auch das genaue Gegenteil. Menschen sind immer in bestimmten Hinsichten anderen gleich, und in anderen Hinsichten unterscheiden sie sich voneinander.[119] Dementsprechend ist es wichtig zu klären, welches die für einen Lernvorgang *relevanten* Gemeinsamkeiten und Unterschiede sind. Die heutige Akzentuierung der Unterschiede lässt etwas aus dem Blickfeld verschwinden, was der Dalai Lama einmal so formuliert hat: ›Wenn ich Menschen begegne, frage ich mich als erstes, worin sie mir gleichen. Ich trete sofort stärker mit ihnen in Verbindung.‹ Vor diesem Hintergrund, dass Menschen sich als einander Gleiche und als voneinander Unterschiedene erleben dürfen, ist es einseitig, nur das Trennende zu betonen. Lerngruppen können,

---

118 European Agency for Development in Special Needs Education (Hg.): Inklusionsorientierte Lehrerbildung. Ein Profil für inklusive Lehrerinnen und Lehrer (2012). Odense http://www.european-agency.org/sites/default/files/te4i-profile-of-inclusive-teachers_Profile-of-Inclusive-Teachers-DE.pdf (letzter Aufruf: 30.03.2017).
119 Vgl. Hans Wocken: Gemeinsame Lernsituationen. Eine Skizze zur Theorie des gemeinsamen Unterrichts, S. 3. http://www.hans-wocken.de/Werk/werk23.pdf (zuletzt besucht am 03.04.2017).

wohlverstanden und nicht alle über einen Kamm scherend, sehr wohl (relativ) homogen sein. Und das Erleben von Gleichheit lässt sich wohl auch als (Grund-)Bedürfnis von Menschen begreifen: sich als Mensch unter Menschen erleben zu dürfen – die ›so sind wie ich‹.

In einem absoluten Sinn sind Lerngruppen weder homogen noch heterogen (oder besser: sowohl als auch).[120] Der Überbetonung von Heterogenität liegt eine begriffliche Verwechslung zugrunde: In eins gesetzt werden *Besonderheit* und *Unterschiedlichkeit*. Das lässt sich am Unterschied zwischen demselben und dem Gleichen verdeutlichen. Etwas oder jemand ist *derselbe*, wenn er mit sich identisch ist (obwohl er über einen Zeitraum hinweg sich selbst nicht mehr gleicht, sondern sich verändern kann), er ist *der Gleiche* wie andere, wenn er ihnen in gewissen Hinsichten gleicht, aber dennoch nicht sie *ist*. Gleichheit gibt es immer nur in bestimmten Hinsichten, d.h. in Bezug auf Vergleichsgesichtspunkte. Eine Person ist immer jemand besonderes, ohne dass daraus folgt, dass sie sich in allen Hinsichten von anderen unterscheidet. Sie ist besonders darin, dass es sie nur einmal gibt – dass sie einzig (aber nicht einzig*artig*) ist. Und sie ist besonders darin, dass sie anderen in bestimmten Hinsichten gleicht und sich in anderen von ihnen unterscheidet. Im Namen der Individualität zu behaupten, wer besonders sei, der sei immer von anderen verschieden und gleiche ihnen nicht – das würde die Lebensform derjenigen nahelegen, die – weil sie so sehr individuell sein wollen – alles anders machen als ›die anderen‹. Sie werden zum exzentrischen Menschen, zum Outlaw, und versuchen ständig, sich von ›der Masse‹ zu unterscheiden.

Gemeinsam und gleich können beispielsweise sein: die Sprache, das Alter, das Interesse, Werte, gewaltfreies Verhalten, Höflichkeitsregeln, Kleidung, bisher erworbene Fähigkeiten. Unterschiedlich können (neben eben diesen Aspekten) sein: der Lernstil, die Fähigkeit, sich zu artikulieren, Problemlösestrategien, Vorwissen, Begabung, Haarfarbe, Geschlecht, Leistung, Leistungsbereitschaft,

---

120 Vgl. zur Diskussion des Begriffs der Heterogenität: Katharina Walgenbach: Heterogenität. Bedeutungsdimensionen eines Begriffs. In: Hans-Christoph Koller/Rita Casale/Norbert Ricken: Heterogenität. Zur Konjunktur eines pädagogischen Konzepts. Paderborn 2014, S. 19–44; Nadine Rose: Alle unterschiedlich! Heterogenität als neue Normalität, ebd., S. 131–148; Michael Wimmer: Vergessen wir nicht – den Anderen!, ebd., S. 219–240.

Motivation, Arbeitstempo, Mut, Extrovertiertheit, Redebedürfnis, Geschicklichkeit, Konzentrationsfähigkeit, körperliche Voraussetzungen, Kreativität, Methodenkompetenz, Selbstständigkeit, kultureller Hintergrund, Denkstile.

Übrigens sind nicht immer alle diese Gemeinsamkeiten oder Unterschiede relevant, und es sind auch nicht alle Unterschiede ›gut‹. Der Heterogenitätsdiskurs wird bisweilen sehr verkürzt und aufgeladen geführt (vgl. auch das nächste Kapitel). Bewerten wir Einkommensunterschiede als positiv oder die unterschiedliche Fähigkeit von Eltern, für ihre Kinder da sein zu können? Nur in Bezug auf zum Beispiel gender- oder sexualspezifische Unterschiedsdimensionen sind wir aufgefordert, Diskriminierungen hinsichtlich von Abweichungen gegenüber der so genannten ›Normalität‹ zu markieren.

In Wirklichkeit finden Menschen nicht jede Art von Verschiedenheit gut, und das wäre auch nicht wünschenswert – selbst wenn Menschen den positiven Wert von Heterogenität im Sinne der Vermeidung werthaft aufgeladener Normalität betonen, in der Unnormales, *weil* es anders sei, gebrandmarkt wird. Zum Beispiel betrifft das diejenigen Unterschiede, in denen sich moralisch relevante Werte zeigen. Jede Lehrkraft wäre froh, hätte sie zwei einander in ihrer Freundlichkeit gleichende Schüler und nicht einen freundlichen sowie einen, der zu kooperieren noch überhaupt nicht gelernt hat. Jeder, der selbst signifikant arm und deshalb ausgeschlossen von zentralen Gütern ist, wird den Unterschied zu wohlhabenderen Menschen bedauern. Politisch betrachtet, wäre dies wohl kaum eine zu begrüßende Ungleichheit. Die gut gemeinte Idee der Wertschätzung von Diversität und Heterogenität könnte ungewollt Ausdruck einer spätkapitalistischen Sichtweise sein, in der es eben darum geht, mit Unterschieden ›umzugehen‹ und sie zu akzeptieren, statt dafür zu sorgen, soziale Unterschiede solidarisch einzuebnen.

Diese Idee lässt sich als Akzeptanz einer gesellschaftlichen Situation lesen, in der Ungleichheit als ökonomisch notwendig angesehen wird, wie es soziologisch etwa der späte Sennett praktiziert.[121] In

---

121 Richard Sennett: Respekt im Zeitalter der Ungleichheit, Berlin 2004. Vgl. aber auch Per Molander: Die Anatomie der Ungleichheit (2014). Frankfurt/Main 2017.

jedem Fall besteht im aktuellen Heterogenitätsdiskurs die paradoxe Gefahr, gedanklich relevante Unterschiede einzuebnen, gerade weil alle Unterschiedlichkeit unterschiedslos gut geheißen wird. So sorgt man für deren in der Realität erfolgende Zementierung; die Armen werden durch mangelnde Solidarität noch ärmer. Die Idee der Plenargesellschaft, die sich in Plenumsdiskussionen und gemeinsamem Lernen in der Schule niederschlug, suchte hier ein Gegengewicht zu setzen, während heute auch in Differenzierungsbemühungen es nur um den Einzelnen und sein Fortkommen geht. Diejenigen mit besseren Sozialisationsvoraussetzungen profitieren davon stärker als diejenigen, die es bräuchten.

Gefährlich ist ein gedanklicher Kurzschluss: Meine Lerngruppe ist wie alle Lerngruppen heterogen, *also* müssen alle in Einzelarbeit Verschiedenes tun. Hierbei werden die einzelnen Lernenden genauso über einen Kamm geschoren wie bei einer Denkungsart, in der sie als automatisch gleich angesehen werden, und *also* alle das Gleiche auf die gleiche Art lernen müssten. Vielmehr ist es sinnvoll, alle Schülerinnen und Schüler personenbezogen zu betrachten und jeden zum Ziel (oder zu individuellen Zielen) zu führen. Dabei ist immer zu prüfen, wie das Lernen gemeinsam und einzeln klug und funktional aufeinander bezogen werden kann.

11 Außen Teilhabe, innen Differenzierungsraum – Inklusion: mehr als Umgang mit gestiegener Heterogenität

Inklusion (Einschluss, Einbeziehung) bedeutet, dass alle Menschen in die Gesellschaft eingebunden werden, unabhängig von ihren Fähigkeiten, Einstellungen oder Einschränkungen. Die Aufgabe, eine inklusive *Schule* zu gestalten, ist durch mehrere normative Vorgaben entstanden.[122] Auch hier sollen alle Menschen gleichermaßen berücksichtigt, integriert sowie gleichgestellt werden. Die wichtigste durch die Inklusion neu hinzukommende Aufgabe für Lehrkräfte besteht im Umgang mit einer gestiegenen *Heterogenität*. Allgemeinbildende Lehrkräfte unterrichten inzwischen Schülerinnen und Schüler mit besonderen Förderbedarfen sowie mit und ohne Behinderungen. Zwar lässt sich formal gesehen leicht urteilen, dass Lehrer immer schon verschiedene Menschen unterrichteten und es auch nicht zu einer neuen Pädago-

---

122 Sie ist inzwischen zur gesetzlich geregelten Anforderung geworden. Als historische Hintergründe können die Salamanca-Erklärung auf der UNESCO-Weltkonferenz 1994 genannt werden, die UNO-Menschenrechtskonvention (Art. 24) über die Rechte behinderter Menschen von 2006 und deren Ratifizierung durch die Bundesrepublik Deutschland 2009 sowie die Aufnahme in Schulgesetze ab 2012. Kinder und Jugendliche mit sonderpädagogischem Förderbedarf haben demzufolge das Recht, allgemeinbildende Schulen zu besuchen. Sie werden dort gemeinsam mit Schülerinnen und Schülern ohne sonderpädagogischen Förderbedarf unterrichtet und besonders gefördert. Die Förderung kann zeitweilig in gesonderten Lerngruppen erfolgen, wenn dieses im Einzelfall pädagogisch geboten ist. Außerdem wird im so genannten ›Index für Inklusion‹ beschrieben, wie eine inklusive pädagogische Arbeit gekennzeichnet und aufgebaut werden kann; im ›Profil einer inklusiv denkenden und handelnden Lehrkraft‹ werden Kompetenzen von Lehrkräften formuliert. Das *Recht* auf Beschulung in allgemeinbildenden Schulen führt nicht zu einer *Verpflichtung*. Vgl. Tony Booth/Mel Ainscow: Index for Inclusion. Developing learning and participation in schools. Bristol 2011, und European Agency for Development in Special Needs Education (Hg.): Inklusionsorientierte Lehrerbildung. Ein Profil für inklusive Lehrerinnen und Lehrer. Odense 2012, http://www.european-agency.org/sites/default/files/te4i-profile-of-inclusive-teachers_Profile-of-Inclusive-Teachers-DE.pdf (letzter Aufruf: 30.03.2017).

gik gekommen ist, als es beispielsweise darum ging, Mädchen und Jungen anstatt nur Jungen zu unterrichten. Aber natürlich benötigen Lehrkräfte ein wenigstens in Ansätzen genaueres *diagnostisches Wissen*, wie es professionelle Sonderpädagogen haben, und sie sind aufgefordert, *zielgleich* und *zieldifferent* zu unterrichten. Förderplanarbeit leisten zu können und sonderpädagogische Expertise zu berücksichtigen – das sind Fähigkeiten, die nun an allgemeinbildenden Schulen nötig sind. Es gilt, Unterricht zu realisieren mit einer gestiegenen Anforderung, Lernzugänge und Lernwege für Schülerinnen und Schüler mit Förderbedarfen zu ermöglichen. Das gilt im Bereich des Verhaltens, der emotionalen und sozialen Entwicklung, des Lernens, der geistigen Entwicklung, in Bereichen des Autismus-Spektrums, für Schülerinnen und Schüler mit Sinneseinschränkungen oder körperlichen Behinderungen. Die Heterogenität ist faktisch gestiegen. Da nicht jede Lehrkraft dafür ausgebildet ist, das spezifisch förderbedürftige Kind auch spezifisch fördern zu können, benötigen Lehrkräfte eine besondere Art der Zusammenarbeit. Sie sind aufgefordert, in *multiprofessionellen Teams* zu arbeiten, d.h. die Expertise anderer zu nutzen. Wo die Möglichkeit besteht, kann in Teams unterrichtet werden, aber die Ressourcen lassen das nicht immer zu.[123]

Für Schulen galt es, von der Arbeit in Integrationsklassen zu lernen. Inklusion geht jedoch über Integration hinaus. Und das, was wie eine Fortsetzung erscheint, ist manchmal eine Richtungsänderung: Inklusion bedeutet eine *gestiegene* Heterogenität und daher auf jeden Fall ein Mehr an Differenzierung.[124] Ist mit Integration die Eingliederung von – als besonders zu behandelnden – Menschen gemeint, so wird in der Inklusion davon ausgegangen, alle Menschen unabhängig

---

123 Generell stellt dies ein Problem im Übergang zu inklusiver Beschulung dar: Eine gute Absicht kann durch zu knappe Bereitstellung von Ressourcen zu Widerstand, Ablehnung und Überforderung führen. Stellt man nur begrenzte Mittel zur Umsetzung von Inklusion zur Verfügung, können die Probleme so überwiegen, dass Lernen, Gemeinsamkeit und Teilhabe verringert werden – in inklusiven Klassen. Manche Beobachtungen beschämen jeden einfühlsamen Beobachter, der sieht, wie eine Lehrkraft Schülerinnen und Schülern schlicht nicht helfen kann, weil sie mit einer zu großen Aufgabe im Klassenzimmer allein gelassen wird.

124 Vgl. Fischer, a. a. O., S. 96; vgl. Kersten Reich: Inklusive Didaktik. Bausteine für eine inklusive Schule. Weinheim, Basel 2014, S. 63 f., 104 f., 169 ff.

von ihren Befähigungen gleichermaßen zu berücksichtigen. Inklusive Pädagogik ist daher ein pädagogischer Ansatz, dessen wesentliches Prinzip die Wertschätzung und Anerkennung von Diversität (= Vielfalt) in Bildung und Erziehung ist. Inklusion beinhaltet *Barrierefreiheit* (alle Barrieren sollen auf ein Minimum reduziert werden). Es geht aber im Kern um aktive *Teilhabe*, die mehr als Abwesenheit von Barrieren ist.

Diese durch Inklusion hinzukommenden Aspekte schulischer Bildung möchte ich im Folgenden erörtern, wenn auch konkret und vordergründig die gestiegene Berücksichtigung von Heterogenität und Differenzierung die zentrale Rolle spielen. Wegen und vielleicht durch Heraus- und teilweise Überforderungen ist nämlich das, weshalb Inklusion zum Schlüsselbegriff der Weiterentwicklung nicht nur von Schulen, sondern auch unserer Gesellschaft werden kann, noch nicht in Sichtweite. Das Thema wurde eingegliedert in die gängigen Diskurse, angesichts der faktisch gestiegenen Heterogenität mit Fug und Recht. Noch mehr Individualisierung und Differenzierung sei nötig, die Öffnung von Unterricht in Richtung auf noch größere Selbstständigkeit, auf die Ausdifferenzierung von Lerngegenständen und Zielen. Während die pädagogischen Mittel zur Bewältigung der Inklusion aus dem Arsenal der Zeiten genommen wurden, in denen es noch keine Inklusion gab, blieben andere Aspekte unberücksichtigt; das Thema schien für die weitere Reformierung der Schulen im schon bisher propagierten Sinne bruchlos geeignet. Dabei konnte man übersehen, dass eine spezifische *Haltung* von Lehrkräften (und Menschen) hinzukommen muss, eine besondere Überprüfung der didaktischen *Qualität* von Unterricht und schließlich eine neue Art von *Zielen* der Schule.

In einer inklusiven *Haltung* werden alle Menschen in ihrer Besonderheit wertgeschätzt; diese Haltung fordert dazu auf, im Unterricht Teilhabe zu realisieren und Inklusion als Bildungsziel zu befördern: eine Welt zu gestalten, in der möglichst *alle* Menschen aktiv teilhaben, gleich welcher Herkunft oder Qualifikation. Teilhabe im weiten Sinn ist mehr als ›Sonderförderung an Regelschulen‹ im engeren Verständnis.[125] Inklusion ist Teilhabe an der (gesellschaftlichen, sozialen, kulturellen) Wirklichkeit:

---

125 Vgl. Fischer, a. a. O., S. 93 f.

- Schülerinnen und Schüler, die mit ›der Technik‹ auf Kriegsfuß stehen, können zum Verständnis für und zum Umgang mit technischen Geräten geführt werden.
- Künstlerisch oder mathematisch als unbegabt Geltende können die Erfahrung gemeinsamen Musizierens oder Problemlösens machen.
- Schülerinnen und Schüler können sich mit ihnen fremden Kulturen auseinandersetzen.
- Kinder und Jugendliche mit bildungsfernem familiärem Hintergrund können zum Genuss von Bildungsgütern angeleitet werden.
- Schülerinnen und Schüler aus wohlhabenden Familien können zur Auseinandersetzung mit Kulturerfahrungen Ärmerer angeregt werden.
- Schülerinnen und Schüler, die dauerhaft laute Popmusik hören, können zur Teilhabe am Genuss klassischer Musik angeregt werden, zu Erfahrungen der Muße und zur Erfahrung von Geräuschlosigkeit, wie Gehörlose sie machen können.

Kurz: Eine inklusive Schule ist eine, die alle Kinder und Jugendlichen willkommen heißt, an Erfahrungen anderer teilhaben und zu aktiv Mitwirkenden in unserer Welt werden lässt.

Dementsprechend gibt es auch an Gymnasien Inklusion. Zwar existiert beispielsweise in Hamburg kein Recht der Erziehungsberechtigten auf die Beschulung eines Kindes mit Förderbedarf an einem Gymnasium. Die Schule und den Unterricht auf den Gedanken der Teilhabe auszurichten, ist aber gleichwohl an jeder Schulform sinnvoll. Erstens gibt es an vielen Gymnasien Lernende mit Lernbarrieren – beispielsweise in den Bereichen Sprachförderung, Hochbegabung, AD(H)S oder mit körperlichen Beeinträchtigungen – die individuell zu fördern sind. Gerade hier ist der Inklusionsgedanke wichtig, da diese Kinder/Jugendlichen (in Hamburg) nicht mit dem so genannten § 12-Schein kommen, der ihnen eine besondere Förderung zugesteht, und trotzdem auf individuelle Maßnahmen angewiesen sind. Eine möglicherweise vorliegende gymnasiale Perspektive wie ›Der/die gehört hier nicht her!‹ gälte es zweitens zu verändern in ›Was braucht er/sie, um bei uns lernen zu können?‹

und ›Wir sind für alle Kinder da, die an unserer Schule sind!‹. Am wichtigsten ist drittens, dass Schülerinnen und Schüler an Gymnasien ohne Inklusion unter Umständen nicht genügend teilhaben an ihrer Mitwelt, sie sind keine Teilhaber an Erfahrungen, die bildungsferne Kinder haben: an Armut oder an Ausgrenzung. Es gibt eine typische Bildungsbürgerklientel, die sich von solchen Problemen abschottet, mit denen sich andere herumschlagen müssen. Soll der Gedanke der Inklusion ein Ziel unserer Gesellschaft sein, dann gilt es, ihn auch an Gymnasien zu befördern. Inklusion ist ein Reformprozess der Schule insgesamt. Eine sinnvolle Einstiegsaufgabe für die Beschäftigung mit Inklusion ist es, sich eine konkrete Person vorzustellen und zu überlegen, in Bezug auf welche Sache und auf welche Art für diese Person Teilhabe beeinträchtigt ist.

An zwei Beispielen will ich die zugrundeliegende Haltung und Aufgabe beschreiben, die mit der Inklusion auf Schulen zugekommen ist. Um ein Klischee zu bemühen: Wird die ruhige, sozial verträgliche, ›durchschnittliche Schülerin‹ jetzt noch weniger beachtet? Die Frage setzt voraus, dass es durchschnittliche Schüler gibt – z. B. Mädchen, die einfach ruhig im Leistungsmittelfeld mitarbeiten, ohne weiter aufzufallen. Demgegenüber soll nun jede Schülerin und jeder Schüler als Individuum in seiner Besonderheit gesehen werden. Extrovertierte Kinder, solche mit Förderbedarf oder mit vorlautem Verhalten können die Aufmerksamkeit von Lehrkräften so in Anspruch nehmen, dass ruhigere Schülerinnen und Schüler im Leistungsmittelfeld nicht die gleiche Förderung erhalten (oder gar nur die anderen unterstützen). Es ist geboten, *alle* Kinder gleichermaßen in den Blick zu nehmen, wenn nicht in jeder Situation, so doch immer wieder.

Zweitens geht es um das so genannte ›Inklusionskind‹. ›Wenn ich ein Inklusionskind bekomme, schicke ich es am besten zum Sonderpädagogen.‹ – So könnte ein allgemeinbildender Pädagoge reden. Und er hat in gewisser Weise recht: Er hat viel zu tun, er ist nicht spezifisch ausgebildet. Aber erstens erfüllt die Rede vom ›Inklusionskind‹ – auch wenn sie der knappen Verständigung halber erfolgt – gerade nicht den Gedanken der Inklusion. Und zweitens ist dies keine sinnvolle Rollenaufteilung. *Jede* Lehrkraft soll sich für dieses Kind verantwortlich fühlen und dafür zuständig sein.

Was zu einer inklusiven Haltung gehört, lässt sich nicht auf einfache Art beschreiben; ich will mehrere Spannungsfelder nennen, die es auszubalancieren gilt: Es gilt, jemanden auf besondere Art zu fördern, ohne ihn als ›besonders‹ oder ›unnormal‹ in einem defizitären Sinn zu kennzeichnen. Und es gilt im Bereich der Moral, ihn zu akzeptieren, ohne deswegen alles gut zu heißen.

In inklusiven Schulen werden stets zwei Momente betont, erstens das *Gemeinsame* von Menschen: Alle sollen gemeinsam kulturelle Teilhaber unserer Welt sein dürfen. Und zweitens die *Besonderheit* von Menschen im Sinne der bestmöglichen individuellen Förderung. Diese beiden Pole auszubalancieren, gehört zu den wesentlichen Aufgaben: Alle sind darin gleich, dass sie verschieden sind. Jede spezifische Förderung, besonders notwendig bei Kindern mit sonderpädagogischem Förderbedarf, aber sinnvoll natürlich bei jedem Kind, erfordert als Grundlage eine spezifische Diagnostik. Mit einer solchen allerdings, wenn sie in Akten dokumentiert wird und wenn pädagogische Teams sich darauf konzentrieren, gerät das Kind in einen Status der Nichtnormalität: Es wird aus der Menge der anderen Kinder herausgehoben. Das ist wiederum normal, aber es macht deutlich, dass die Idee der Inklusion, verbunden mit dem Anspruch, Kinder mit sonderpädagogischem Förderbedarf an Regelschulen zu beschulen, eine Paradoxie in sich darstellt. Durch diesen Konnex von Inklusion mit sonderpädagogischer Förderung ist Inklusion begrifflich nicht anders darstellbar als Integration, auch wenn viele Bilder das anders zu zeigen versuchen.

Dahinter steht ein allgemeineres Problem: Jeder, der sich in seiner Aufmerksamkeit auf etwas fokussiert – und das muss jeder tun, der etwas erkennen will – hebt etwas aus der Unbestimmtheit der Erscheinungen hervor und schattet anderes ab. Das ist nicht gleichzusetzen mit dem, was in der Inklusionsdiskussion als *Labeln* oder als *Etikettieren* bezeichnet wird.[126] Aber es kann die Gefahr der Stigmatisierung des Hervorgehobenen und der Nichtbeachtung des ›Normalen‹ nach sich ziehen. Die Rede vom so genannten ›Inklusionskind‹ ist ebenso unvermeidlich, wie sie Inklusion verhindert.

---

126 Vgl. den Vorschlag einer »gemäßigten Dekategorisierung« in: Fischer, a. a. O., S. 70 f.

Wer andere erkennt (und vor allem: glaubt, sie ›ein für alle Mal‹ erkannt zu haben), läuft Gefahr, sie zu attribuieren, weil er sich von der Erscheinung und seinen Erfahrungen als Urteilsgrundlage allein prägen lässt. Ich will ein harmloses Beispiel diskutieren; jeder Leser und jede Leserin wird sich an weniger harmlose erinnern – handele es sich um Menschen, die sie oder er innerlich ›abgeschrieben‹ hat, um den eigenen Partner oder um eigene Vorurteile: Meine zweitälteste Tochter hat sich in einer Phase ihrer Kindheit als recht unaufmerksam in Bezug auf Gegenstände in ihrer Nähe gezeigt. Sie konnte ihren Initiativen frei nachgehen, und so fielen ihrer Lebendigkeit bisweilen Gegenstände zum Opfer, die sich in ihrer Nähe befanden. Ich wiederum verlor in einigen Situationen die Lust am Aufheben, erneut Kaufen und Reinigen. So sahen wir uns also am Frühstückstisch regelmäßig wissend an, wenn ihr wieder etwas herunterfiel. ›Du Tollpatsch‹, riefen wir aus, beherrschten wir uns nicht genügend. Das alles war liebevoll, und dennoch fühlte sie sich stigmatisiert. Was konnten wir tun? Wir schworen uns und ihr, es nicht wieder zu sagen und nicht auf diese besondere Art zu gucken, wenn ihr erneut ein Missgeschick passierte; aber immer wieder brachen wir alle, und glücklicherweise irgendwann auch sie, in Gelächter aus. Sie gab sich Mühe, und wir versuchten, es nicht zu dramatisieren. Im Nachhinein denke ich, diese wechselseitige Benennung und der Entzug der Aufmerksamkeit für diese Besonderheit war wichtig. Schweigen, Übergehen und humorvolle Artikulation könnten einen gelungenen Umgang mit als schwierig empfundenen Besonderheiten auszeichnen.

Insgesamt ist ein möglichst klares Benennen und Bestimmen derjenigen Punkte, die in Bezug auf Förderung wichtig sind, notwendig – Erkenntnis darf sich nicht darauf reduzieren zu sagen, wie individuell jemand sei. Ebenso der Versuch, die Person selbst nicht auf diesen Erkenntnisbestandteil zu reduzieren. Stärkenorientierung heißt wohl Wertschätzung und Benennung noch ausstehender Aufgaben (jedenfalls sich selbst gegenüber, manchmal dem Schüler gegenüber), aber ebenso Zuwendung und Zu-lassung[127]. Notwendig

---

127 Vgl. Wolfram Hogrebe: *Der implizite Mensch*. Berlin 2013, S. 45 ff., 111 ff.

ist eine Einstellung, in der ich eine andere Person als größtenteils immer unbekannt und erweiterungsfähig denke.[128]

In diesem Zusammenhang ist wichtig zu klären, wie die Benutzung von bewertenden Begriffen erfolgen soll, die bisweilen den Diskurs um Inklusion prägt. Die Aufmerksamkeit auf unsere Sprache hat dazu geführt, dass Menschen diskriminierende Äußerungen schneller als solche erkennen. ›Neger‹, ›mongoloid‹, ›Bulle‹ usw., diese abwertenden Bezeichnungen sind größtenteils aus dem öffentlichen Raum verschwunden, auch wenn Minderheiten sich danach zurücksehnen mögen, weiterhin andere ungeschoren abzuwerten. Worte drücken Bewertungen aus, und es gilt, sensibel dafür zu sein. Bisweilen aber scheint wirklich eine bloße Sprachregelung den öffentlichen Diskurs zu prägen; Namensersetzungen überdecken die Auseinandersetzung mit dahinterliegenden Problemen und Missständen. Nur noch korrekte Worte scheinen gesagt werden zu dürfen, und man begnügt sich oftmals damit, sich auf die Verwendung der richtigen Wörter zu kaprizieren.[129] Wahlsiege von Populisten könnten dadurch erklärbar sein, dass dahinterliegende gravierende(re) Probleme nicht in den Blick gerieten und ignoriert wurden, während sich im Vordergrund eine Wir-sind-doch-alle-so-individuell-und-akzeptieren-alles-Mentalität zur Schau getragen wurde. Einkommensunterschiede zwischen Arm und Reich, die Berücksichtigung prekärer Arbeitsverhältnisse, Abstiegsängste und die Angst vor Fremden gerieten nicht in den Blick, wohl aber die gefühlte Abwertung, weil jemand ›Flüchtling‹ (statt ›Geflüchteter‹) sagte.

---

128 Bezüglich des Abbaus etikettierender Einstellungen gegenüber anderen ist es vorteilhaft, ein (werthaft) positives und unabgeschlossenes Menschenbild zu haben. Dann kann man sich in einem Konfliktfall sagen: ›Eigentlich‹ ist die Person anders, aber sie kann dieses ›Eigentliche‹ gerade nicht zeigen. Vgl. den Unterschied zwischen dem, ›wer‹ einer ist, und ›was‹ einer ist, der auch im Kapitel 10 wichtig ist, bei Hannah Arendt: Vita activa oder Vom tätigen Leben (orig.: The Human Condition. Chicago 1958) München 1967, S. 15–18, 166 ff., 171 ff. Arendt setzt diesen Unterschied im Zusammenhang mit der Tatsache der Natalität des Menschen: Als gebürtliches Wesen kann er jederzeit neue Anfänge setzen und frei handeln.
129 Vgl. Philipp Oehmke: Das PC-Monster. In: Der SPIEGEL 49/2016, S. 132–138.

Wer nur die Symbole von Inklusion berücksichtigt und Sprachgebräuche kritisiert, der sorgt zwar dafür, dass wichtige Ausschließungen markiert und benannt werden, er erzeugt aber einerseits Denkverbote oder verhindert eine freie Rede, in der Unerfreuliches zur Geltung käme, anderseits dringt er zum Kern dessen, was Inklusion bedeutet, evtl. gar nicht vor. Drastisch formuliert: Wer andere kritisiert, sie sollten nicht mehr ›Latino‹ und ›Nationalstolz‹ sagen und stets auch die weibliche Form in Bezeichnungen wählen, aber gleichzeitig eine peruanische Putzfrau zu einem Hungerlohn beschäftigt, der ist offenbar nicht bereit, auf seine besser gestellte Position zu verzichten.[130] Und er ist eventuell auch einseitig in seiner Beurteilung dessen, *was* etikettiert werden darf: ›Die Faschisten‹ oder ›die Neonazis‹ darf man in gewissen Kreisen über einen Kamm scheren, ›die Moslems‹ hingegen auf keinen Fall – beides aber sind unzulässige Pauschalisierungen.

Zur Haltung, die mit *Bewertungen* verbunden ist, oder: Ist Unterschiedlichkeit immer gut? Lehrkräfte, die in inklusiven Klassen unterrichten, sollen jedes Kind ihrer Klasse willkommen heißen. (Das sollten sie früher natürlich auch schon.) Sie sollten auch die jeweils aktuelle Klasse in ihrer Zusammensetzung als Chance begreifen, dass sie hier Kinder exemplarisch für eine inklusive Welt vorbereiten können. Daraus folgt aber nicht, dass Verschiedenheit immer gut wäre. Wer als ordnungsliebender Mensch mit jemandem in einer WG lebt, der überall seine Sachen und seinen Dreck herumliegen lässt, der wird dessen Unterschiedlichkeit kaum positiv sehen. (Und soll es auch nicht.) Eine romantisierende Erhöhung aller Verschiedenheit wäre zu einfach für die realen Probleme, die es in gemeinsamem Leben mit Unterschiedlichkeiten gibt; das gilt, auch wenn jede Verschiedenheit als Chance zur Weiterentwicklung angesehen werden kann. Im Zuge der Umsetzung inklusiver Schulen und auch schon bei der Beförderung individualisierenden Unterrichts wird bisweilen jedoch *Gleichheit diskriminiert*. Nichts aber spricht dagegen, wenn Menschen sich mit Gleichen über die gleiche Sache

---

130 Vgl. Karl Ove Knausgård: Die Literatur und das Böse. In: ders.: Das Amerika der Seele. München 2016, S. 366 f.

unterhalten, im Gegenteil, jeder kennt solche Gespräche als gewinnbringend (ebenso wie das Lernen von Menschen, das durch ihre Verschiedenheiten begünstigt ist). Es gibt ebenso ein Recht darauf, Mensch unter seinesgleichen zu sein, wie ein Recht darauf, ein Besonderer zu sein, der in seiner Unterschiedlichkeit geachtet wird. Beides erst, Gleichheit und Unterschiedlichkeit, führt zu Individualität. Nichts wäre schlimmer, als wenn speziell Behinderte dadurch, dass sie in inklusiven Klassen sitzen, nicht mehr auf Menschen träfen, die die gleiche Besonderheit besitzen. Sie würden sich immer als ›anders‹ erleben.

Das sind moralisch irrelevante Unterschiede, es gibt aber andere: Niemand würde beispielsweise einen aktiven IS-Kämpfer in der Klasse haben wollen und sagen, wie gut gerade diese Verschiedenheit sei. Es wäre naiv, keinen ethischen Diskurs über Unterschiede zu führen, die moralisch relevant sind. Nicht nur sind demzufolge politische Bildung und Demokratiepädagogik im Zusammenhang mit Inklusion zu fordern, sondern ebenso: Ethik. Ich werde auf diesen Punkt noch zurückkommen, wenn es um inklusive Bildungsziele geht. Zuvor aber zur Frage, ob die *Didaktik* sich durch inklusive Beschulung ändert.[131]

Zum einen geht es bei Inklusion um den Abbau von Barrieren mit dem Ziel der Teilhabe. Diese Teilhabe ist zunächst immer auch eine soziale: Alle Schülerinnen und Schüler sollen am sozialen Miteinander, am Lernen, an der Sozialgemeinschaft teilhaben dürfen. Das macht es erforderlich, das Augenmerk nicht so sehr oder jedenfalls nicht nur auf das Lernen jedes einzelnen Schülerindividuums zu richten, sondern auf die Ermöglichung gemeinsamen Lernens. Inklusion, verstanden als soziale Teilhabe, muss mit einer Renaissance von Gemeinschaften im schulischen Leben einhergehen. Was das genauer bedeuten kann, dazu mehr in Kapitel 12. Grundsätz-

---

131 Vgl. zur Etablierung der Relevanz dieser Fragerichtung über die hinaus, die Haltungen berühren: Oliver Musenberg/Judith Riegert: »Pharao geht immer!« – Die Vermittlung zwischen Sache und Subjekt als didaktische Herausforderung im inklusiven Geschichtsunterricht der Sekundarstufe. Eine explorative Interview-Studie. In: Zeitschrift für Inklusion 4/2014. ISSN 1862-5088. http://www.inklusion-online.net/index.php/inklusion-online/article/view/202/207 (letzter Aufruf: 03.04.2017).

lich aber verschiebt das den Akzent und ggf. auch die Zielrichtung schulischen Arbeitens.

Gibt es eine inklusive Didaktik? Zunächst ist es wichtig zu verstehen, dass sich die Unterrichtsgestaltung in inklusiven Klassen – im Unterschied zu homogeneren Gruppen – verändert. Denn es gilt hier, eine noch größere Vielfalt zu berücksichtigen. Das kann man als graduellen Unterschied gegenüber individualisiertem Unterricht ansehen oder als etwas Neuartiges. Man kann fragen: Gibt es eine Art Lernen, das allen gerecht wird/alle anspricht/alle beteiligt? Diese Frage zu stellen ist sehr wichtig: Denn die Gefahr besteht, dass bei noch größerer Heterogenität gar nicht der Versuch unternommen wird, gemeinsames Lernen zu befördern. Teilhabe sollte bestenfalls sozial und fachlich sein; das eine kann aber gegenüber dem anderen überwiegen. Jeder sitzt dann vielleicht nur noch vor seinem Arbeitsblatt – oder Kinder mit speziellem Förderbedarf werden in anderen Räumen von besonderen Menschen unterrichtet. Oder es arbeiten alle zusammen, aber auf Kosten des individuellen Lernerfolgs. Dann wird vielleicht noch gemeinsam *gelebt*, aber eben nicht *gelernt*.

Man kann aber auch fragen: Gibt es – allein durch die bloße Tatsache, dass sehr verschiedene Menschen zusammenkommen – eine spezielle Art der Didaktik, die sich von individuell lernförderlichem Unterricht und vom Umgang mit Heterogenität unterscheidet? Hierauf lautet die Antwort: Nein. Wenngleich es anspruchsvoll sein kann, gleichzeitig für so vielfältige Menschen zu sorgen.[132]

Drittens kann gefragt werden, ob eine inklusive Didaktik *der Qualität nach* anders ist. Hierauf lautet die Antwort: Ja. Denn die *Art* des Lehrens und Lernens wird zentral vom Gedanken der Teilhabe geprägt sein. Und die *Inhalte* und *Ziele* des Lernens werden ebenso von diesem Gedanken inspiriert sein, d. h. die Lehrkraft zielt darauf, allen Beteiligten eine möglichst umfassende Teilhabe an unserer Welt zu ermöglichen. Dies wird Lerninhalte prägen, und Lehrkräfte werden (im Rahmen ihrer schulischen Beauftragung) das Ziel verfolgen, die Welt außerhalb der Schule so zu gestalten, dass solche Teilhabe in stärkerem Maße ermöglicht wird – die Didaktik ist inklusions-

---

132 Vgl. Annette Textor: Einführung in die Inklusionspädagogik. Bad Heilbrunn 2015, S. 133 f.

orientiert.[133] Mit anderen Worten: Das Bildungsziel der Schule richtet sich auf umfassende Teilhabe an Kultur und auf eine inklusive Welt aus. Inhaltlich gilt es bezogen auf inklusive Bildungsziele zu fragen:
- Welche Lerngegenstände befördern welche Art von Teilhabe im späteren kulturellen/gesellschaftlichen Leben?
- Wie gestaltet sich Unterricht mit diesem Lerngegenstand, wenn er auf Teilhabe am kulturellen Leben ausgerichtet wird?
- Was muss jemand mindestens verstanden haben, um durch das Lernen zu späterer Teilhabe befähigt zu werden? (und, schülerseitig: Was *kann* sie oder er verstehen?)

Die Prüffragen lauten:
- Was muss jemand können, um mit anderen in einer inklusiven Welt verträglich zusammenzuleben?
- Was muss jemand können, um zu ihr beizutragen und sie mitzugestalten?

Teilhabe an der Gemeinschaft und soziale und fachliche Teilhabe am Lernvorgang sind für schulische Inklusion zu wenig. Die soziale Teilhabe an der Gemeinschaft, versteht man diesen Begriff nicht umfassend, kann auch ein bloßes Dabeisein bedeuten. Sie muss jedoch aktive Teilhabe im Sinne der Partizipation, der Verantwortungsübernahme und der aktiven Mitgestaltung des Miteinanders sein. Eine inklusive Schule muss eine sein, die ihren Mitgliedern im kleinen Maßstab politische Erfahrungen ermöglicht, die Urteils- und Willensbildung beinhaltet, die das Miteinander als eine eigene auszugestaltende Aufgabe begreift und praktisch lebt. Moralerziehung, die Mitwirkung an der Gestaltung einer gerechten Schule, Demokratiepädagogik, seien sie im Klassenrat, in der Schulmitbestimmung oder fachunterrichtlich gefördert, sind in einer inklusiven Schule unverzichtbar. Denn das Ziel der schulischen Teilhabe ist Teilhabe am gesellschaftlichen Miteinander überhaupt. Zweitens ist auch die fachliche Teilhabe an Verstehensprozessen zu wenig. Das bedeutet ja letztlich nur, dass jeder einen Verstehensschritt machen soll. Der aber muss daraufhin überprüft werden, für welche Teilhabe am spä-

---

133 Vgl. Fischer, a. a. O., S. 94.

teren gesellschaftlichen Leben er befähigt. Im Zusammenhang mit Inklusion sind eine erweiterte Bildungsdimension und eine erweiterte Ausrichtung des Lerngeschehens nötig – und nicht nur, dass jeder irgendetwas lernt. Teilhabe ist nicht nur Teilhabe mit anderen an etwas – sondern auch *für etwas*; sie ist soziale Teilhabe, fachliche Teilhabe – und Inklusions*orientierung*. Diese kann durch die konkrete Art der Teilhabe befördert werden, insofern Erfahrungen wirksam werden; sie kann durch Reflexion auf die Art und Weise des Umgangs miteinander begünstigt werden, und sie soll sich schließlich in den ausgewählten Lerninhalten zeigen.

Die Aufgabe schulischer Inklusion erfolgt in einer Gesellschaft, die selbst nicht inklusiv ist, und sie erfolgt mitten in Zeiten gravierender intra- und interkultureller Herausforderungen. Die Zukunftsbedeutung einer Beschäftigung mit einem Lerngegenstand im Sinne der Teilhabe ist deshalb ein wichtiges Prüfkriterium für guten Schulunterricht, weil Unterricht auf eine Welt ausrichten soll, in der alle Teilhabende sein können. Eben daran hapert es – auch in westlichen Gesellschaften und nicht nur für Behinderte oder Menschen anderer Kulturen. Ökonomische Disparitäten führen faktisch zu geringeren Teilhabechancen und mindestens zum Gefühl, ›abgehängt‹ zu sein, Begegnungen zwischen Menschen unterschiedlicher Kulturen machen Dialoge und Gespräche der Teilhabe am jeweils anderen, an Fremdem und Gemeinsamem nötig, wenn Spaltungen und Isolationen vermieden werden sollen. Aktive Teilhabe an Kulturgütern und öffentlichen Diskursen gilt es wiederherzustellen, drastische Ungleichheiten zu korrigieren, wenn sich nicht Ohnmachtsgefühle mitten in den westlichen Ländern ausbreiten sollen; Empathie und Auseinandersetzungen gilt es zu schulen und auszubauen, wenn Bewegung und Migration zu einem Kennzeichen vieler Länder werden.[134]

---

[134] Es ist ergiebig, das Bildungsziel der Teilhabe auf die klassischen Bildungsziele zu beziehen. Teilhabe ist eng verwandt mit den ehemals als Bildungszielen angegebenen Begriffen der *Selbstständigkeit* und *Verantwortung*: Selbstständigkeit (Humboldt) zielt auf Möglichkeiten zur Selbstbestimmung im Sinne der eigenen Handlungsfähigkeit (Mündigkeit, Kant) und damit auf aktive Teilnahme am Leben. Verantwortung zielt darauf, diese Selbstständigkeit moralisch auszugestalten und die eigene Rolle in der Gesellschaft vernünftig

Aspekte von Teilhabe im pädagogischen Raum sind:
- dabei sein (Aspekt der Teilnahme),
- miteinander lernen (Aspekt der Teilhabe an Gemeinschaft),
- sich mit etwas auseinandersetzen (Aspekt der Teilhabe an Lernen und Verstehen),
- Voraussetzungen zu gesellschaftlicher Teilhabe schaffen (Aspekt der Kompetenz, der Befähigung zur Teilhabe),
- Partizipation (Aspekt der Demokratiefähigkeit, Urheberschaft, des Akteur-Seins: Teilhabe an Gestaltung).

An einigen Beispielen möchte ich erläutern, wie Inklusion als Bildungsinhalt und -ziel relevant wird; sie zeigen nicht immer grundlegend Neues, können aber Akzentsetzungen verschieben:
- Um als Mitglied der Gesellschaft am öffentlichen Diskurs darüber teilzunehmen, ob Stammzellenforschung erlaubt sein sollte, ist es hilfreich, im Fach *Biologie* zu prüfen, welches biologische Wissen dafür nötig ist, und Schülerinnen und Schüler möglichst gut zu befähigen, an diesem Diskurs teilzunehmen – die Teilhabe an kenntnisreicher Beurteilung biotechnischer Praktiken liegt im Fokus.
- Im Fach *Mathematik* können Gewinnfunktionen und Sparmodelle behandelt werden: Es geht dann um die Teilhabe an materiellen Werten und um das Verständnis für die Orientierung an Ökonomisierung. Oder es können Statistiken beurteilt werden,

---

wahrzunehmen. Sie ist außerdem anzusiedeln im Spannungsfeld zwischen *subjektiver* und *objektiver Bildung*: Entfaltung, Bildung des Subjekts (Menschenbildung, Humboldt) und Fähigkeit zum Verständnis für unsere Welt (Kulturalisierung, Kanon an vorgefundenen Bildungs- und Kulturgütern), Erschlossensein der Wirklichkeit für den Menschen, Erschlossensein des Menschen für seine Wirklichkeit (Klafki). Und schließlich geht es um die Befähigung zum *homo politicus*: jemand werden, der urteilsfähig ist und seine Urteile im öffentlichen Forum einer Gesellschaft äußert und in Handlungen umwandelt. Derjenige, der im Sinne dieser Aspekte gebildet wird, hat Teil an der Gestaltung und dem Verstehen der Gesellschaft, außerdem kann er oder sie Urteile reflektieren, d.h. Perspektivwechsel vornehmen, ist differenzfähig und kann sich dort orientieren, wo keine festen Urteilsmaßstäbe zur Verfügung stehen. Wer in einem reflexiven Verhältnis zu sich und anderen steht, kann an der spezifisch modernen Welt teilhaben.

in denen mit Skalierungen und unter Auslassung relevanter Bezugsgrößen dargestellt wird, dass die Ausländerkriminalität gestiegen sei.
- In *PGW* kann Ernährung thematisch werden: Teilhabe an Ernährungsproblemen in anderen Ländern und an gesunder Ernährung ist im Fokus.
- Im Fach *Theater* kann ein selbst geschriebenes Stück zum Thema ›Gender/Geschlechterklischees‹ erarbeitet werden: Der Abbau von Barrieren gegenüber einem klischeefreien und kulturell kodierten Geschlechterverständnis sowie die Erweiterung des eigenen Geschlechtsbildes stehen im Mittelpunkt (neben natürlich der Befähigung, sich auszudrücken).
- In *Deutsch* kann z. B. die Lektüre eines Buchs von Herta Müller dazu dienen, Teilhabe an Erfahrungen z. B. mit Verfolgung und Teilhabe an Verständnissen der Wirklichkeit mittels der Analyse ihrer sprachlichen Gestaltung zu ermöglichen.
- In den *modernen Fremdsprachen* geht es um die Teilhabe an der Kultur eines anderen Landes, an der Verständigung mit Menschen, die diese Sprache sprechen, sowie um die Teilhabe an kulturellen und sprachlichen Unterschieden.
- In *Geografie* kann die Frage ›Weshalb machen Erdbeeren durstig?‹ eine Auseinandersetzung mit den Folgen des Konsums von Lebensmitteln aus fernen Ländern anregen.
- In *Geschichte* kann die Behandlung des Scheiterns der Weimarer Republik Verständnis für Befürchtungen angesichts aktueller demokratiefeindlicher Tendenzen initiieren.
- In *Kunst* kann die Diskussion von Gestaltungsprinzipien moderner Architektur Hoffnungen und Befürchtungen bezüglich der funktionalen Gestaltung von Städten einschließen.
- In *Musik* kann die Analyse von Mozarts ›Rondo alla turca‹ das Verständnis der kulturellen Einflüsse, die es zwischen orientalischer und westlicher Musik gab und gibt, fördern.

Damit Schülerinnen und Schüler später in Gemeinschaft mit anderen Teilhabe befördern können, sollten sie in der Schule viele Fähigkeiten erwerben, die Voraussetzungen dafür sind: Dialogfähigkeiten – wie Argumentieren und Begriffe analysieren können –, Differenzfähigkeiten, Fähigkeiten zum Perspektivwechsel und Empathiefähigkeiten gehören dazu. Viele unterrichtliche Lerngegenstände können geeignet sein, in Richtung der Beförderung dieser Fähigkeiten ausgewählt und konkretisiert zu werden. In der Lerneinheit des Fachs Philosophie, die ich kurz skizziere, geht es um die Analyse des Umgangs von Menschen mit Dingen, Personen und Verhaltensweisen, die ihnen *fremd* erscheinen. Diese Analyse ermöglicht es Schülerinnen und Schülern, mit Differenzen und Ambivalenzen klarer und wertschätzender umzugehen. Sie wirken so an der Gestaltung einer inklusiven Welt mit und erwerben die dafür nötigen Verstehens- und Differenzfähigkeiten.

- Sie rekonstruieren Versuche, in denen sich Menschen Fremdes aneignen, das ihnen begegnet: Assimilationen, eingemeindende Bewertungen, Begriffe.
- Sie erklären sich das Muster solcher Versuche und ihre Unausweichlichkeit.
- Sie entwickeln Möglichkeiten des Umgangs damit und vollziehen sie nach.
- Sie rekonstruieren und bewerten den Umgang mit Begriffen und Worten als Ausdruck von Deutungen: Sie beschreiben Diskriminierungen und nehmen Etikettierungen wahr.
- Sie beurteilen Sprachsäuberungen und Neutralisierungsversuche sprachlicher Bewertungen kritisch.

Welche Lerngegenstände können rekonstruiert werden, d. h. durch die Auseinandersetzung mit welchen Lerngegenständen können diese Fähigkeiten weiterentwickelt werden? Sie können mit diesen Leitfragen verbunden sein:

- Außerirdische sehen in Filmen immer so ähnlich wie Menschen aus! Warum?
- Wie eignen sich Menschen Fremdes an, das ihnen begegnet? Assimilationen, eingemeindende Bewertungen, Begriffe und Urteile – Auf welche Art haben Menschen eine Chance, sich anderes zu erklären?
- Begriffe und Worte als Ausdruck von Bewertungen: Diskriminierungen, Etikettierungen und Sprachsäuberungen.

- Wahrnehmungen anderer zur Erweiterung des eigenen Selbstbildes: Selbstdistanz und Reflexion.
- Toleranz versus Beliebigkeit: Relativismus, Duldung, Lernbereitschaft und kämpferische Einstellung.

Wie kann Teilhabe in einer Lerngruppe sozial realisiert werden?
- Schülerinnen und Schüler klären sich beispielsweise über lustige Sitten auf, die sie kennengelernt haben – Zuhörer äußern ihre Gedanken und rekonstruieren, inwiefern diese Sitten verständlich und vorteilhaft sein können.
- Schülerinnen und Schüler äußern sich über Dinge, die sie ›merkwürdig‹, ›komisch‹ oder gar ›abartig‹ finden, z. B. zunächst über Vorgaben wie ›Insekten essen‹, ›Gesellschaften, in denen Frauen herrschen‹, ›Jungen, die sich schminken‹, ›nach erfolgreicher Jagd das Herz des getöteten Tieres essen‹ – Rekonstruktion von Gründen für das Merkwürdige.
- Schülerinnen und Schüler teilen einander mit, wann sie sich anders, fremd oder fehl am Platze gefühlt haben – Analyse der Empfindungen.
- Schülerinnen und Schüler teilen einander mit, wann sie schon einmal das Gefühl hatten, dass Unterschiede zwischen Menschen eine Bereicherung darstellten – sie strukturieren, worin die Bereicherung besteht.
- Schülerinnen und Schüler »verkleiden« sich wie im Karneval und äußern, wie sie die anderen jetzt anders wahrnehmen und inwiefern sie selbst sich anders verhalten.
- Schülerinnen und Schüler begründen Beispiele, in denen Fremdheit ein Ausschlusskriterium für eine Freundschaft wäre, die Mitschülerinnen und Mitschüler prüfen, ob sie diese Bewertungen für sich selbst auch so vornehmen würden.

Zum Abschluss des Kapitels möchte ich anhand einiger spätkapitalismuskritischer Gedanken von Zygmunt Bauman plausibilisieren, dass der Diskurs, der im Zusammenhang mit Inklusion geführt wird, möglicherweise im Gegensatz zu dem steht, der im Zusammenhang mit Individualisierung geführt wird – obwohl beide Diskurse zunächst in die gleiche Richtung zu weisen scheinen. Individualisierung ist gemäß Bauman oft nur der Appell an den Einzelnen, seine Probleme gefälligst selbst zu lösen (ohne dass die Gesellschaft, der Betrieb oder die Gemeinschaft Unterstützung bereitstellt). Gleichzeitig habe der Staat gar nicht mehr die Macht, einen Schutzraum oder Unterstützung bereitzustellen, Politik und Macht lösen sich zunehmend voneinander.

»Die entfesselten Kräfte der Globalisierung entziehen sich nationalstaatlicher Kontrolle. Die politischen Institutionen erweisen sich als zunehmend ungeeignet für die Bewältigung neuer Herausforderungen. Die fragmentierte Gesellschaft bildet keine Gemeinschaft mehr, die territoriale Souveränität des Nationalstaats erodiert.«[135]

Und der Einzelne, an dessen Individualität appelliert wird? Sei einerseits mit dieser Bürde überfordert und verfüge nicht über die Ressourcen, seine Probleme zu lösen, beispielsweise seine fragilen Beschäftigungsverhältnisse dauerhaft zu konsolidieren.

»Angesichts dieses Rückzugs des Staates läuft die Individualisierung für den einzelnen auf eine neue Prekarität seiner existenziellen Lebensbedingungen hinaus; er gerät gleichsam vom Regen in die Traufe.«[136]

Daher trete er in Konkurrenz zu anderen Individuen, die alle auf ihre Individualität setzen. Sie setzen alle auf ihre Kompetenzen, d. h. Leistung wird zur neuen Moralität, der alle nachstreben (siehe Kapitel 9).

»Die Fokussierung auf die Leistung ist die Folge der Individualisierung: der fortschreitenden Erosion der Gemeinschaftsbande, die zur Verwundbarkeit, zur Unbeständigkeit und schließlich zur Auflösung integrierter Gemeinschaften führt und deren individuellen Mitgliedern die Last der Verantwortung aufbürdet, sich selbst zu definieren, sich zu behaupten und (vollständig) für sich selbst zu sorgen – wobei sie sich allein auf ihre eigenen Ressourcen, ihre Fähigkeiten und ihren Fleiß verlassen können. ... Da die anderen Menschen in der näheren

---

135 Zygmunt Bauman: Interview in DER SPIEGEL 36/2016, S. 122–125, 123.
136 Bauman, a. a. O. 2016, S. 60.

Umgebung – Nachbarn, Arbeitskollegen oder Passanten – am selben Spiel teilnehmen müssen, geraten sie zunächst ganz automatisch in den Verdacht, übel gesinnte, böswillige Rivalen zu sein.«[137]

Der andere, folgert Bauman, wird zu demjenigen, der exkludiert werden muss, will man selbst nicht außen vor bleiben. Individualisierung zerstört Inklusion; Selbstdefinition erfolgt nur allzu oft nach dem Prinzip ›Ich bin so, und anders sind die anderen‹.

Schließlich verhindert gut gemeinte, aber falsch verstandene Toleranz Solidarität und Auseinandersetzung.

»Toleranz ist oft nur Ausdruck von Gleichgültigkeit. Tu, was du willst, solange es mich nicht berührt. Wenn du kopfüber auf den Händen gehen willst. Bitte, mach es, wenn es dir gefällt. Im Gegensatz dazu steht die Solidarität, die Erkundung von Motiven und Absichten des Nächsten, die Erforschung des Fremden: Warum gehst du auf den Händen? Reden wir darüber!« [... D]ie Menschen fangen an, über Identität zu reden, wenn sie aufhören, über Gemeinschaft zu reden."[138]

---

137 Bauman, a.a.O. 2016, S. 108f. – Die Rede von ›Ressourcen‹ könnte der gesellschaftlich subtile Hintergrund dafür sein, dass Menschen in der Schule die Ressourcen der ihnen Anvertrauten hervorheben, eine möglicherweise ungewollte Vorbereitung auf die spätere Aufgabe, allein aufgrund seiner Ressourcen zurechtkommen zu müssen.
138 Bauman, a.a.O. 2016, S. 125.

Dachterrassen und Ausblicke

Eine vorläufige Bilanz

Zunächst zu Inklusion: Inklusion hat zwei Seiten, eine soziale und eine fachliche. Im Vollsinn ist sie aktive Mitwirkung und Miturheberschaft sowie – als Inklusions*orientierung* – Befähigung zur späteren Teilhabe an der Gestaltung unserer gesellschaftlichen Wirklichkeit und an ihrer Wahrnehmung. Damit verändert (oder erweitert) Inklusion zwei Selbstverständnisse des pädagogischen Diskurses: das Selbstverständnis, es komme nur auf das einzelne Individuum an, und das Selbstverständnis, Bildungsziele seien nur über die gängigen Bildungsbegriffe oder über Kompetenzen angebbar.

Dieses Buch nutzt die Metapher des Hausbaus, es unterteilt in Fundamente und Gerüste, tragende Balken mit Wänden, Fenstern und Decken – also Zimmer als zentrale Einheiten – sowie in Dachterrassen mit den Ausblicken, die sie ermöglichen. Eigentlich müsste ›Lernen‹ das Fundament sein. Aber Vorsicht! Nehmen wir an, es gäbe eine Schule, in der bestmöglich gelernt wird: Alle erhalten dort passende Lernzugänge, werden passend beim Lernen unterstützt, sind selbsttätig, erhalten Gelegenheit, Gelerntes zu präsentieren und zu sichern. Lernerfolge werden gefeiert, Selbstwirksamkeit entsteht, Stolz folgt. Aber nehmen wir weiter an, es wurden die ganze Zeit Foltertechniken erlernt, die Kenntnis ebensolcher Instrumente, geschickte Manipulation anderer Menschen, Verhörtechniken, Fertigkeiten des Waffenbaus usw. Das Gedankenexperiment macht sofort deutlich: Lernen kann als Basis dienen, nicht aber als einziges oder als letztes Ziel.

Auch die derzeitigen Leitbegriffe pädagogischer Diskurse, das haben die bisherigen Kapitel gezeigt, können diese Zielbestimmung nicht ausfüllen. Was dient wem? Individualisierung der Kompetenzerreichung? Kompetenzerreichung der Möglichkeit, individuell zu leben? Inklusion der Individualität? ›Was bringt mir das denn?‹ werden viele ausrufen, sind sie erst einmal genügend individuell: ›Das lohnt sich nicht für mich!‹ Pädagogische Individualisierung realisiert

Aufklärung, aber wohlverstanden so, dass die Voraussetzungen für Mündigkeit gerade nicht durch Vereinzelung oder die dauerhafte Frage nach dem eigenen Nutzen geschaffen werden.

Es scheint, dass moderne Gesellschaften auf ein definiertes inhaltliches Ziel verzichten und daher die Bedeutung des Individuums oder Qualifikationen beziehungsweise Kompetenzen betonen, mit denen dann frei operiert wird. Moderne Gesellschaften stellen nur die Mittel bereit für etwas, das dann in der Hand der Gebildeten liegt. Es besteht allerdings die Gefahr, dass die Mittel das Ergebnis beeinflussen; der bindungslose Mensch[139] könnte entstehen, sozial unterentwickelt, Teil einer sich verselbstständigt habenden Leistungsgesellschaft oder sich der Selbstverwirklichung hingebend (bzw. beides im Wechsel). Oder die als Mittel entstandenen Bildungsleitbegriffe – etwa Individualisierung, Kompetenzen, Heterogenität – werden irgendwann als Ziel ausgegeben, das nicht mehr reflektiert wird.

Daraus kann nicht folgen, ein inhaltliches Gut als Bildungsziel zu rehabilitieren. ›Der neue Mensch‹, ›die neue Gesellschaft‹, von solchen geschlossenen Bildungszielen gilt es, sich weiter fernzuhalten, weil auch hier die Mittel das Ziel zuschanden machen können und sich die Ziele nur allzu schnell als interessengeleitet interpretieren lassen oder in einigen Jahren als überholt erweisen. Man könnte aber die bisherigen Ankerpunkte der Diskussion um guten Unterricht in eine Prozessreihenfolge bringen und vielleicht dabei ein letztes Ziel zunächst offenlassen. Das Interesse an Wirklichkeit, das jüngere Schülerinnen und Schüler zumeist noch mitbringen, könnte in einen problemlösenden Unterricht münden, der zunehmend ermöglicht, Unsicherheiten auszuhalten, also problemorientiert wird. Auf dieser Grundlage würden Schülerinnen und Schüler in die Lage versetzt, unsere Wirklichkeit auch ohne vorgängige Problemorientierung zu betrachten. Erworbene und erzielte Kompetenzen beförderten nach und nach humanistische, d.h. zweckfreie Bildung. Analog wäre es bei der Individualisierung: Es gilt, den Einzelnen in seinen Lernbemühungen zu sehen und zu unterstützen und ihn möglichst von

---

139 Vgl. zur Kritik von Kommunitaristen an modernen Gesellschaften: Axel Honneth (Hg.), Kommunitarismus – Eine Debatte über die moralischen Grundlagen moderner Gesellschaften. Frankfurt/New York 1993.

Zwang freizuhalten. Dadurch würde Schülerinnen und Schülern ermöglicht, Gespräche zu führen, ihrerseits wahrzunehmen und zu kommunizieren und sich mit anderen Perspektiven auseinanderzusetzen. Schließlich würde die Diskussion um Inklusion dazu führen, dass zunächst das Verstehen von Lerngegenständen zentral ist. Verstehende Diskurse würden auf dieser Grundlage um Artikulation von Differenzen und um Urteilsvermögen erweitert.

Lernen als Fundament, konstruktive Lernatmosphäre, Lerngegenstände, Aufgabenstellungen, Lernphasen, Unterrichtsphasen und funktionale Steuerungsarten erwiesen sich dabei als Gerüste, Problemorientierung und Kompetenzorientierung, aber auch Individualisierung und Inklusion als Wände, die Ausblicke auf das erlauben, was hinter den Fenstern liegt.

Sowohl Individualisierung als auch Inklusion sind, genauer betrachtet, Prozessbegriffe. Sie suchen einen Zustand herzustellen, der noch nicht erreicht und wahrscheinlich auch unabschließbar ist. Weder sind alle Menschen in der Lage, sich aus eigener Kraft selbst zu bestimmen und soweit zu emanzipieren, dass man sagen könnte, sie führten ihr eigenes Leben, noch ist eine Welt aktiver Teilhaber realisiert, in der niemand ausgeschlossen wird.

Dass Inklusion, wird sie nur in der Schule praktiziert, ein Prozess ist, der dort zu einer Art Inseldasein geraten kann, lässt sich nicht nur mit Hilfe des Spruchs ›Es gibt kein wahres Leben im Falschen‹ illustrieren. Spätestens in Klasse 9 kann deutlich werden: Schule übt eine Selektionsfunktion aus; mit Bildungsabschlüssen werden Berufschancen und Teilnahmemöglichkeiten an unserer Welt verteilt. War Inklusion bis hierhin erfolgreich, so stellt sich nun umso größere Ernüchterung ein. Das bisherige Leben war eines im Reservat, es bereitete nicht wirklich vor, es etablierte eine Gegenwelt. Aus dieser Paradoxie darf natürlich nicht folgen, Inklusion aufzugeben, aber alle Beteiligten sollten die Vorbereitung auf die spätere Wirklichkeit im Blick halten. Dazu gehört wohl: Leistung zu befördern, damit berufliche Teilhabe später gelingt, transparenter Realismus und die Ausrichtung schulischer Inklusion auf eine stärker vorhandene Teilhabe in unserer Gesellschaft. Das kann mit Christoph Türcke auch schärfer formuliert werden: Sofern in der Schule die Veränderung nur darin besteht, Menschen ›dabei‹ sein zu lassen, sich ihre Qualifikationsfunktion und die Gesellschaft aber nicht ändert, werden Schülerinnen und Schüler stets weiter erfahren, was sie alles nicht können. Spätestens bei beruflichen Bewerbungen zeigt sich dann die Schulwelt und die stets zurückgespiegelte ressourcenorientierte Kompetenz als Illusion. Die derzeitige Inklusion, so Türcke, sei eine neoliberale und eher die Fortsetzung von Flexibilisierung der Gesellschaft in der Schule als ihre Überwindung.[140]

Noch ein Gedankenexperiment: Inklusion und Individualisierung wären erreicht. Wie sähe die Welt aus? Jeder wäre ein Individuum, würde gesehen, hätte passende Angebote, keiner würde ausgeschlossen, jeder könnte teilhaben. Ich vertrete in den verbleibenden drei Kapiteln die These, dass es dann *Gemeinsamkeit* und *reflexive*, d. h. nachdenkliche Menschen gäbe – und sie könnten *wahrnehmen*. Gemeinsamkeit, offene Nachdenklichkeit und Wahrnehmung sind aber nicht nur Bildungsziele, sondern ebenso Grundlagen wie mitlaufende Prozessbedingungen in Bildungsprozessen: Welche Rolle spielt Gemeinsamkeit? Welche Rolle spielen Reflexion und Nachdenklichkeit? Welche Rolle die Wahrnehmung konkreter Situationen? Alle drei Aspekte erweisen sich als Grundlagen, als begleitende Aspekte und als Ziele.

---

140 Vgl. Christoph Türcke: Lehrerdämmerung, München 2016, S. 77, 83.

12 Sie baden gerade Ihre Hände darin – Gemeinsam lernen: mehr als Lernfortschritt für Einzelne

Welche Rolle spielt gemeinsames Lernen bei einer Orientierung an Kompetenzen, an Themen, an Problemen und an Lerngegenständen? Und welche unterschiedlichen Bedeutungen hat gemeinsames Lernen in verschiedenen Phasen des Unterrichts? Schließlich: Könnte und sollte gemeinsames Lernen nicht eine grundlegendere Bedeutung in der Schule haben?

Mit sinkendem Grad der Differenzierung lassen sich folgende Möglichkeiten unterscheiden:
- Lernen kann an verschiedenen Lerngegenständen und Kompetenzen mit dem Bezugspunkt ›gemeinsames Leben‹ stattfinden.
- Lernen kann an verschiedenen Lerngegenständen mit dem Bezugspunkt ›Orientierung an Kompetenzen‹ durchgeführt werden.
- Lernen kann an einem gemeinsamen Thema mit unterschiedlichen Lerngegenständen oder an einem Problem orientiert sein.
- Lernen kann mit einem gemeinsamen Lerngegenstand stattfinden: durchgängig gemeinsam oder zeitweilig differenziert – Differenzierung und Ergebnisse werden dann rückbezogen auf die jeweilige Lerngemeinschaft bzw. die Lerngruppe. Der ›gemeinsame‹ Lerngegenstand unterscheidet sich vom ›einheitlichen‹ durch Perspektivierung.

Welche dieser Möglichkeiten gewählt wird, hängt vom Grad der Unterschiedlichkeit der Lernenden ab. Ebenso wird es von den unterrichtlichen Zielen abhängig sein.
- Sollen Menschen lernen, sich mit einem gesellschaftlich relevanten Gebiet auseinanderzusetzen, so ist die Orientierung an einem gemeinsamen wichtigen Thema sinnvoll, es ist dann aber nicht unbedingt notwendig, dass alle das Gleiche lernen.
- Sollen innerhalb dieses Themas bestimmte Argumentationslinien gleichermaßen verstanden werden, so ist es unerlässlich, dass wenigstens der intendierte Lerngegenstand gleich ist.

- Sollen gesellschaftliche Entscheidungen beleuchtet werden, ist es sinnvoll, ein gemeinsames Problem in den Mittelpunkt des Lerngeschehens zu rücken.
- Geht es hingegen um die Schulung der Argumentationsfähigkeit auf verschiedenen Niveaus, ist es möglich, sie anhand verschiedener Themen, aber unter Zugrundelegung der gleichen Basiskompetenzen vorzunehmen.

Die Kompetenzen, die in der Schule erworben werden sollen, sind in Bildungsplänen als Anforderungen festgelegt. Diese Anforderungen definieren gemeinsame Lerngegenstände für alle. Denn jede Anforderung ist entweder durch genau einen Lerngegenstand erreichbar oder durch eine Gruppe vergleichbarer Lerngegenstände, anhand derer die Anforderung erfüllt werden kann. Überall dort, wo also zielgleich unterrichtet wird, sind diese Lerngegenstände im Prinzip für jeden zu bearbeiten. Die Frage der Individualisierung bezieht sich im Rahmen vorgegebener Anforderungen und Lerngegenstände überhaupt nur auf die exemplarische Auswahl vergleichbarer Lerngegenstände, auf die Reihenfolge, Lernwege, Anschauungsgegenstände und auf die Tiefe der Durchdringung. Im Falle zielgleichen Lernens ist also Individualisierung immer Arbeit mit gemeinsamen Lerngegenständen – werden diese möglicherweise auch zu unterschiedlichen Zeitpunkten bearbeitet. Anders ist es bei zieldifferentem Unterricht: Dort prägen verschiedene Lerngegenstände das pädagogische Geschehen, und eine gemeinsame Klammer besteht im Sozialen, im gemeinsamen Thema oder in gemeinsamen Problemen, die bearbeitet werden.

Kompetenzen sind nur bedingt geeignet, gemeinsames Lernen und Teilhabe zu ermöglichen. Zwar kann Erziehung zur Teilhabe auch bedeuten, Kompetenzen erwerbbar zu machen, die Schülerinnen und Schüler später einmal benötigen, aber darüber darf nicht die reale Gemeinsamkeit vergessen werden; sonst wäre Teilhabe immer nur das, was später einmal erreicht wird. Kompetenzorientierung bedeutet unterrichtlich, den Blick auf das zu richten, was an dem Lerninhalt, der jetzt gerade im Mittelpunkt liegt, für etwas anderes relevant ist, es ist eine Fokussierung weg von den Dingen, um die es Schülerinnen und Schülern konkret geht, wenn sie etwas lernen. Sie lernen *etwas,* und in einem zweiten Schritt sollen sie – daran – *etwas anderes* lernen. Unter dem Aspekt der Inklusion ist das in einem doppelten Sinn zu erweitern. Zum einen auf der Ebene der Bildungsziele selbst: Die Leitfrage ist nicht mehr primär ›Welche Kompetenz gilt es für den einzelnen zu erwerben?‹, sondern ›Welche Art von Teilhabe ermöglicht das Gelernte?‹ Zum anderen in der Schülerperspektive: Der Lerninhalt ist nicht nur ein Mittel zum Zweck, sondern Gemeinsamkeit wird auch während des Lernvorgangs sichtbar.

Dennoch kann die Ausrichtung auf Kompetenzen im Unterricht Gemeinsamkeit befördern. Die Gemeinsamkeit, die durch auf übergreifende Kompetenzen fokussierten Unterricht entsteht, ist die des Voneinander-Lernens, des Einander-Unterstützens, so dass jeder für sich einen Schritt macht – hier ist die Gemeinsamkeit nicht Ziel, sondern Mittel.

Was ist der gemeinsame didaktische Kern des Lernens? Darauf gibt es zwei Antworten. Zum einen können dies die Kompetenzen sein, an denen sich alle (möglicherweise in unterschiedlichen Graden) orientieren. Insbesondere in einer Lerngruppe, in der es nahezu unmöglich ist, gemeinsames Lernen mit allen zu etablieren, kann der Blick darauf, dass alle – jeder für sich – an der Erreichung gleicher Kompetenzen arbeiten, eine Gemeinsamkeit stiften. In dieser unterstützen Schülerinnen und Schüler sich gegenseitig und verstehen, dass jeder auf seine Weise Kompetenzen zu erreichen versucht. Die Perspektive der Kompetenzen als gemeinsamem Nenner macht den Unterricht außerdem für die Lehrperson planbar. Der Unterricht ist dann auf folgenden Ebenen individualisiert:

- auf der Ebene der Lern- bzw. Entwicklungsziele (zielgleich versus zieldifferent),
- auf der Ebene der methodischen Zugänge (Einbeziehen divergierender Aneignungsstrategien),
- auf der Ebene der individuellen Rhythmisierung der Lernprozesse,
- auf der Ebene der Berücksichtigung spezifischer Entwicklungsbedarfe.

Wird allerdings stets *nur* im Rahmen gemeinsamer Kompetenzen gelernt, geht etwas Wichtiges verloren: gemeinsames Lernen. Zwar können Lernende einander unterstützen, und das ist viel wert. Aber sie machen nicht die Erfahrung: ›Wir beschäftigen uns mit der gleichen Sache.‹ Daher ist es sinnvoll, als Lehrkraft zu überlegen, an welchen Stellen alle Schülerinnen und Schüler einer Lerngruppe oder eine Kleingruppe oder ein Paar sich mit dem gleichen *Thema* beschäftigen können. Was eine (Lern-)Gemeinschaft ist, wird erfahrbar daran, dass sich Menschen mit den gleichen Dingen beschäftigen und gemeinsam teilhaben an der Auseinandersetzung mit gleichen Themen.

Wenn Schülerinnen und Schüler sich mit dem gleichen Thema beschäftigen, dann gruppieren sie sich um etwas Gemeinsames herum. Unterschiedliche Schülerinnen und Schüler beschäftigen sich phasenweise mit unterschiedlichen Aspekten, erfahren aber – bezogen auf einen gemeinsamen Inhaltsbereich – was andere getan haben. Sie können davon profitieren und sich damit auseinandersetzen. Annemarie von der Groeben hat sehr konkret dargestellt, wie in einem solchen Rahmen gemeinsames Lernen und Differenzierung miteinander verbunden werden können.[141]

Von den Zielen und von den Fähigkeiten der Lernenden wird abhängen, ob es über thematische Gleichheit hinaus noch mehr gibt, das Lernende teilen. Bisweilen wird es genügen und bisweilen wird es nicht anders möglich sein, als dass sich alle mit ›Syrien‹ beschäftigen, auch wenn sie dabei Unterschiedliches in den Blick nehmen. Es wird jedoch mehr Teilhabe bedeuten, sich mit der gleichen Fragestellung bzw. dem gleichen *Problem* zu beschäftigen als nur mit dem gleichen Rahmenthema.

Es ist also bei einer Orientierung an Themen nicht unbedingt das Gleiche, mit dem sich Schülerinnen und Schüler beschäftigen, und es ist auch nicht unbedingt das Gleiche, das sie lernen. Das Thema ist nur das, *an* dem etwas gelernt wird, und nicht das, *was* gelernt wird. Und diese Unterscheidung ist ganz und gar nicht deckungsgleich mit der zwischen Lerninhalt und Kompetenz. Denn hier ist der Lerninhalt das Beispiel, *durch das* eine Kompetenz erworben wird, dort ist das Thema der Rahmen, *in dem* Verschiedenes gelernt wird.

---

141 Von der Groeben/Kaiser, a. a. O., S. 76 ff.

Ich habe häufig Unterricht gesehen, in dem eine rein äußerliche Verbindung dessen stattfand, womit sich Schülerinnen und Schüler beschäftigten. Es gab dann ein Rahmenthema, jeder bearbeitete das Seine, und zum Schluss wurden ein paar Stimmen eingeholt. Da besteht die Gefahr der Unverbundenheit von Frontalphasen und Einzelarbeitsphasen. Sofern in Arbeitsphasen kein gemeinsames Lernen stattfand, kann sich die Lehrkraft gezwungen fühlen, sehr kurze Informationsphasen über Techniken und Schemata des Arbeitens zu liefern. Sie finden dann frei von problemorientierter Einbettung und ›so wie früher‹ als angestrebte Wissensvermittlung statt. Umso besser, wenn es wenigstens gemeinsame Abschlüsse, ritualisierte Anfänge und Teilnahme an Lernerfolgen anderer gibt. – Das habe ich zum Glück ebenfalls häufig sehen können.

Gemeinsame Probleme bilden gemeinsame Bezugspunkte: Man will gemeinsam etwas herausfinden, auch wenn das, was man dabei lernt, unterschiedlich sein kann. Ein *fachübergreifendes* Beispiel: Wenn alle sich damit beschäftigen, wie der schulische Innenhof restauriert werden kann, können einige etwas über Gartengestaltung, andere über Finanzierungen und weitere etwas über Kunst lernen. Und ebenso ist es, wenn *fachliche* Probleme gemeinsam sind. Wenn alle sich mit der Frage beschäftigen, ob es sinnvoll oder unvermeidlich ist, angesichts des Todes Angst zu haben, können einige sich mit Beerdigungsriten beschäftigen und eine Antwort anhand unterschiedlicher Umgangsweisen mit dem Tod von Mitmenschen erarbeiten, andere können sich beispielsweise mit einem Text von Heidegger auseinandersetzen und ihn auf Beerdigungsriten anwenden.

Es mutet knapp 20 Jahre nach Bekanntwerden der Kompetenzdefinition von Weinert merkwürdig an, dass so genannter kompetenzorientierter Unterricht nicht auch problemlösend ist und wenigstens zeitweise anhand gemeinsamer Probleme durchgeführt wird, denn im Kern dieser Definition liegt, wie in Kapitel 9 beschrieben, die Problemlösefähigkeit. Auch wenn diese steigt, sobald Schülerinnen und Schüler Heuristiken und Problemlösestrategien erwerben, so liegt der Definition doch eher die Vorstellung zugrunde, dass Schülerinnen und Schüler sich gemeinsam mit den gleichen Problemen auseinandersetzen und diese zu lösen versuchen. Die Verklammerung thematischer Aspekte und verschiedener Lerngegenstände durch ein Problem ist in der Oberstufe von Bedeutung, wenn es darum geht, fachübergreifend zu arbeiten. Denn ein Problem ist, wie in Theorien zu Projektunterricht hinlänglich beschrieben, die gemeinsame und daher Teilhabe ermöglichende Klammer zwischen unterschiedlichen Aspekten und Fachperspektiven eines Themas.

Ausrichtung an Kompetenzen, an Themen und auch an Problemen realisieren nicht Inklusion im Vollsinn einer *Teilhabe mit anderen an etwas*. Der Sinn der Teilhabe ist immer ein zu erfahrender: Er zeigt sich nur in der Perspektive der Lernenden. Im Horizont von Schülerinnen und Schülern liegt die aktuelle Gemeinsamkeit und das, was sie konkret lernen, daher wird Teilhabe im Vollsinn durch Lernen mit *gemeinsamem Lerngegenstand*[142] realisiert.

Ein Lerngegenstand bleibt nie für alle Lernenden genau der gleiche, oder jedenfalls ist das nicht überprüfbar. Da Lernen sich in der Zeit vollzieht und nicht genau planbar ist, kann man (wie in Kapitel 4 dargelegt) zwischen dem intendierten Lerngegenstand unterscheiden – dem, was geplant ist –, dem realen bzw. erlebten – dem, wie er sich den Lernenden darbietet – und dem dynamischen – dem, zu dem er sich während des Lernvorgangs entwickelt oder verschiebt. Was Schülerinnen und Schüler in gemeinsamem Lernen interessiert und was sie im Vollsinn gemeinsam zu Teilhabenden an der Auseinandersetzung (bzw. Durchdringung, Aneignung, dem Verstehen) mit etwas macht, das ist das, was sie gleichermaßen lernen. Das ist der Lerngegenstand. Daher ist die Orientierung an gemeinsamen Lerngegenständen diejenige Suchrichtung, die die umfassendste Form der Teilhabe und also Realisierung von Inklusion ermöglicht – auch wenn sie nicht immer erreichbar ist, auch wenn die Orientierung an Kompetenzen, Themen und Problemen in Teilen ebenfalls Inklu-

---

142 Vgl. dazu unter der Perspektive, inwieweit dieser Gegenstand des Lernens ist und inwieweit Machtaspekte bei der Konstitution von Lerngegenständen eine Rolle spielen: Wiebke Beckmann/Thomas Hoffmann/André F. Zimpel: Lernen am gemeinsamen Gegenstand. In: Institut für Behindertenpädagogik (Hg.): Bewährtes sichern – Neues wagen – Zukunft gestalten. Hamburg: Feldhaus 2003, 107–137. (PDF Download) http://www.th-hoffmann.eu/texte/beckmann.hoffmann.zimpel.2003-lernen_am_gemeinsamen_gegenstand.pdf (zuletzt besucht am 03.04.2017).

sion realisiert und auch, wenn es gar nicht immer erstrebenswert ist, gemeinsam zu lernen.[143]

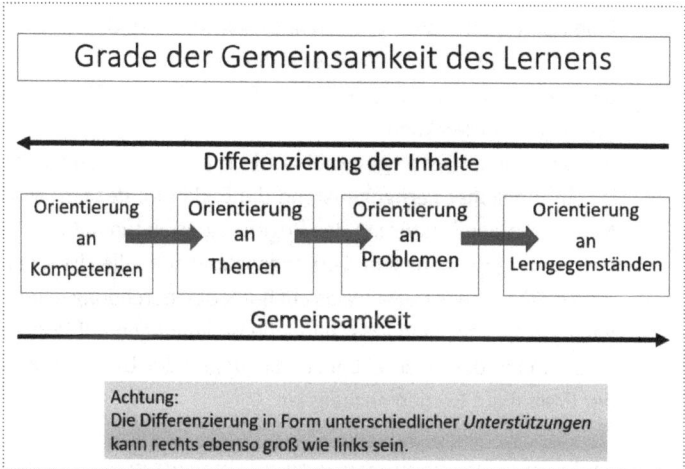

Abb. 8: Grade der Gemeinsamkeit des Lernens

Ich fasse zusammen, bevor ich Unterschiede zwischen Kompetenz, Thema, Problem und Lerngegenstand an einem Beispiel verdeutliche. Inklusion ist *soziale* und *fachliche* Teilhabe. Wer erklären will, was diese Teilhabe bewirkt, tut gut daran, anhand der Bildungsziele zu prüfen, welche von ihnen welchen *inklusionsorientierten Gehalt* haben. Teilhabe in dieser dreifachen Bedeutung ist am besten durch gemeinsame Lerngegenstände zu realisieren; Problemorientierung garantiert eine gemeinsame Auseinandersetzung. Gemeinsame Themen ermöglichen eine teilweise gemeinsame Beschäftigung mit den gleichen Dingen, Kompetenzen ermöglichen fachliche Teilhabe und, wo nicht gemeinsame, so doch eine Teilhabe durch gegenseitige Unterstützung oder gemeinsames Leben in einem Sozialverband.

---

143 Vgl. Hans Wocken, a. a. O., 2.4b. http://www.hans-wocken.de/Werk/werk23.pdf (zuletzt besucht am 03.04.2017). Wocken zeigt in dem Artikel verschiedene Möglichkeiten gemeinsamen Lernens auf, ohne eine als die einzig gültige zu deklarieren. Lernen mit gemeinsamen Lerngegenständen bezeichnet er als »solidarische Lernsituationen«.

Ein Beispiel:
- Das Thema kann die Zerstörung des Regenwalds sein oder schlichter ›der Regenwald‹.
- Eine Kompetenz kann sein, globale Auswirkungen des eigenen Handelns als Konsument einschätzen zu können.
- Ein gemeinsames Problem kann sein, wie der Regenwald geschützt werden kann.
- Ist das Thema ›Der Regenwald auf Borneo‹ oder ›Nutella‹, so ist ein möglicher Lerngegenstand die Erklärung dessen, ›was Nutella mit der Zerstörung des Regenwaldes zu tun hat‹.
- Ggf. kann der dynamische Lerngegenstand sein, die Ursachen der Zerstörung des Regenwalds auf Borneo zu durchdringen *oder* geologische bzw. landwirtschaftliche Bedingungen auf Borneo zu erkunden *oder* sich Lebensbedingungen der Urvölker (z. B. der Penan) auf Borneo anzueignen.

Die gemeinsame Auseinandersetzung mit bedeutsamen Inhalten zu befördern, kann der Entwicklung Einzelner wie bestmöglichem Lernen aller dienlich sein. Eine solche Auseinandersetzung kann in hohem Maße differenzierend stattfinden, denn die Zugänge und Fähigkeiten einzelner Lernender können dabei als Wert gesehen und wertgeschätzt werden. Lernende erfahren Teilhabe und Selbstwirksamkeit: *Ich bin bei dieser Gemeinschaft, die ... erreicht hat, dabei gewesen und habe meinen Beitrag leisten können.* Sie erfahren Humanität, für die dies wichtig ist: *Ich bin Gleicher unter Gleichen.* Und: *Ich bin individuell.* Und sie werden natürlich durch ihre Mitlernenden beim Lernen bereichert.

Welche der genannten Möglichkeiten auch immer in einer konkreten Situation dominiert und sinnvoll ist – Kompetenzen, Themen, Probleme oder die Arbeit an gemeinsamen Lerngegenständen –, in allen Fällen ist es wichtig und zentral für guten inklusiven Unterricht, individuelles und gemeinsames Lernen sinnstiftend aufeinander zu beziehen. Dazu gehört, dass Lehrkräfte sich folgende Fragen stellen:
- Welcher Lerngegenstand könnte geeignet dafür sein, dass alle sich gemeinsam mit ihm beschäftigen können?
- Welche Fragestellung kann allen zum Problem werden?

- Wo in diesen beiden Arten an Gemeinsamkeiten sind Differenzierungen sinnvoll?
- Welches Thema ermöglicht einen Rahmen?
- Welche Kompetenzen bilden einen Rahmen für gegenseitige Unterstützung?
- Wie kann Gemeinsamkeit mindestens sozial inszeniert werden und zu gemeinsamem Leben in der Schule beitragen?

Ich bürste die bisherigen Gedanken einmal gegen den Strich, indem ich frage, an welchen Stellen in schulischem Unterricht Teilhabe *außerhalb des konkreten Lernvorgangs* relevant wird. Da lässt sich feststellen: Förderung von Inklusion durch Gemeinschaft bedeutet reale Partizipation, die mehr ist als nur gemeinsames Lernen; sie bedeutet geben zu lernen, wirksam zu sein und die Gemeinschaft gestalten zu dürfen. Das setzt stabile Lerngruppen voraus und gemeinsame Langzeiterfahrungen: Differenzen, die ertragen werden, sowie das Gefühl, wieder zusammenzukommen. Diese Faktoren gilt es, bei allen gemeinsamen Lebenssituationen, Kompetenzen, Themen, Problemen oder Lerngegenständen zu realisieren.

Sozial gesehen kann es schlicht mehr Freude bereiten, gemeinsam zu lernen und durch andere gestärkt zu werden, organisatorisch kann es sinnvoll sein, Phasen der Einzelarbeit mit solchen gemeinsamen Arbeitens abzuwechseln und beides im Tagesrhythmus sinnvoll auszubalancieren.

In welchen *Lernphasen* aber ist gemeinsames Lernen sinnvoll? Es umfasst Lernen in Kleingruppen, in Paaren und in Großgruppen; es kann unterschieden werden, ob bei gemeinsamem Lernen eine Person, die einen Lernvorsprung hat, dabei ist oder nicht. (Das ist in Schulen oft eine Lehrkraft.)

Wenn Neues gelernt wird und wenn etwas strukturiert oder vertieft wird, ist es sinnvoll, eine Lehrkraft dabei zu haben: Strukturgebung erfolgt beispielsweise durch Sprache, Mimik, Visualisierung, Zusammenfassungen, durch aufgreifende, bündelnde und weiterverarbeitende Impulse, durch Anpassung eines Inputs infolge der Wahrnehmung der Reaktionen von Lernenden. Außerdem macht die Erfahrung, etwas gemeinsam mit allen zu lernen, dieses Gelernte *wirklich*: In Einstiegen kann ein Gemeinschaftsgeist entstehen, der nicht mit der Summe der subjektiven Konzepte gleichzusetzen ist, sondern in einer Stimmung besteht, die besagt, dass sich hier etwas Wichtiges ereignet. In Anfangsphasen, bei Neuem und für die Etablierung einer Forschungsgemeinschaft ist Gemeinsamkeit wichtig, auch für eine konstruktive Lernatmosphäre.

Bei neuen Lerninhalten ist die Lehrkraft nicht nur für die Lernprogression wichtig. Sie gibt Orientierung, sie kann etwas zeigen oder demonstrieren und so als Person, Vorbild und Beispiel einer Kultur in Erscheinung treten, in die zu gelangen als lohnend erscheint. So wichtig es ist, Unterricht immer in sachlicher Lernabsicht zu gestalten, so sehr zeigt sich damit zusammenhängend auch in der Begegnung zwischen Lehrkraft und Lernenden, wie Personen sind und wie sie einander begegnen können – metaphorisch gesprochen, welche emotional anregende Färbung eine Auseinandersetzung und ein Lernvorgang haben kann. Schülerinnen und Schüler werden dadurch in unsere Kultur hineingeführt, die sie personal erfahren. Sie erfahren die Begeisterung der Lehrperson, deren Freude an der Sache, an ihnen und ihrem Lerninteresse, und sie erfahren auch, wie sich unsere Kultur in den Augen eines Erwachsenen darstellt. Die Lernenden üben also Perspektivwechsel auf eine Art, die nur indirekt mit dem Lerngegenstand zusammenhängt.

Gemeinsames Lernen in Anfangsphasen sollte auf alle Fälle auch die Verbindlichkeit der individuellen Auseinandersetzung beinhalten, die sich nur in zeitweiligen Denkphasen realisieren lässt. ›Öffnung des subjektiven Konzepts‹ ist immer Öffnung eines individuellen Konzepts, und es geht in Anfangssituationen stets darum, einen eigenen Denkprozess zu ermöglichen.

In Phasen des Durcharbeitens und Anwendens ist gemeinsames Lernen ebenso zentral: Die Flexibilität und Tiefe eines erworbenen Konzepts steigt, wenn mehrere gemeinsam und unter Anleitung etwas prüfen, Strukturen und Einzelfälle bedenken.

Phasen, in denen Interaktion notwendig ist, müssen gemeinsam stattfinden: Dazu gehören das Sprechen in Fremdsprachen, Förderung der Sprachkompetenz, Diskussionen, Argumentation, Meinungsbildung, Bewertung von Aussagen und Standpunkten, Urteilsbildung sowie Mehrperspektivität – beispielsweise in der Auseinandersetzung mit anderen zwecks Überarbeitung eigener Texte –, Erörterungen und generell Diskursivität.

In Austauschphasen (Ko-Konstruktion) ist Gemeinsamkeit wichtig: Hier geht es um einen schnellen Abgleich von Konzepten, um Probelernen durch Präsentation von Konzepten gegenüber anderen und um Selbstvertrauen durch das Gefühl, anderen ›gleich‹ zu sein.

Es gibt Unterschiede zwischen Fächern: In einigen kann der Anteil vertiefenden Lernens als Einzelner bei Übung und Anwendung gravierend größer sein als in anderen, in manchen sind Perspektivwechsel konstitutiver als in anderen.

Einzelarbeit ist sinnvoll, um nach hitzigen oder intensiven gemeinsamen Phasen ›herunterzukommen‹, wenn Ermüdungserscheinungen nach Gruppenarbeiten entstanden sind und wenn die Konzentration gestärkt werden soll. Bezogen auf Lernphasen ist vornehmlich an das Üben zu denken: Fertigkeitentraining, Fähigkeitenerwerb, Automatisierung etc. erfolgen ›eher‹ individuell bzw. in wechselseitiger Überprüfung, ebenso wie die Schulung der Urteilskraft, (Selbst-)Überprüfung und Selbstreflexion sowie das Verfassen und Lesen komplexer Texte. Verarbeitung erfolgt zeitweilig allein.

Keine der genannten Phasen muss zwangsläufig entweder nur allein oder nur gemeinsam stattfinden, es herrschen lediglich tendenzielle Vorteile. In gemeinsamem Lernen muss phasenabhängig auf individuelle Denkleistungen oder Handlungen geachtet werden, die aber ebenso in anderen Sozialformen als der Einzelarbeit erfolgen können; in Einzelarbeit gilt es, sich mit etwas auseinanderzusetzen, das den Einzelnen überschreitet und seinen Horizont erweitert. Phasen von Einzellernen und Phasen gemeinsamen Lernens gilt es, aufeinander zu beziehen.

> Am Beispiel der Organisation von *Studienzeiten*, die ich durchgeführt habe, erläutere ich, wie das auch in einem (vierstündigen) Unterricht realisiert werden kann, in dem lange Phasen selbstständigen Arbeitens vorkommen.
> - Montags erfolgte ritualisiert die Präsentation, dabei wurden Lernerfolge gefeiert und Verabredungen getroffen, wer in der Woche mit wem arbeiten will und soll.

- Die eigentliche Studienzeit fand regelmäßig donnerstags statt, konnte aber auch in andere Fachstunden gelegt werden,
- Ggf. wurde dort ein Input nach Bedarf gegeben, und es fanden Klärungsgespräche statt. Fachliche Begleitung gab es durchgängig.
- Parallel fand unter der Woche gemeinsamer Unterricht statt.
- Ergebnisse wurden am Freitag zu Papier gebracht und dann Präsentationen vorbereitet.

Ich gehe zu *grundsätzlicheren Aspekten* gemeinsamen Lernens über. Gemeinsamkeit kann als Ziel verstanden werden, sofern beispielsweise Diskursfähigkeiten oder kommunikative Kompetenzen intendiert sind, und sie kann als Bedingung begriffen werden, denkt man etwa an Vertrauen, Teamgeist oder kooperative Lerngemeinschaften. Gemeinsames Lernen, aber auch Einzelarbeitsphasen in Gruppen gelingen, wenn es in diesen Gruppen ein stabiles Arbeitsbündnis und einen gemeinsamen Willen zum Lernen gibt. Ein solcher ›Gemeingeist‹ kann Einzelne beflügeln, tragen und Vertrauen in die eigenen Fähigkeiten befördern. Ebenso wie es Selbstwirksamkeit gibt, gibt es eine Gruppenwirksamkeit: das Bewusstsein des Werts der Gemeinschaft für das Lernen. Eine stabile Gruppe, die ein solches Gruppengefühl hat, entlastet Einzelne, ermöglicht ihnen, Fragen zu stellen, und gibt ihnen das Gefühl, Gleiche unter Gleichen und Suchender unter Suchenden zu sein. Eine solche Lerngemeinschaft kann aufgebaut und gepflegt werden durch
- Trennung von Lern- und Leistungssituationen,
- das Gefühl: Leistungssituationen sind Chancen und definieren Lernaufgaben für die Zukunft,
- das Sichtbarmachen von Lernerfolgen,
- Beförderung eines altersgerechten Rollengefühls.

In Gemeinschaften erfahren Menschen, dass ihre drei Identitätsgrundbedürfnisse erfüllt sind: *Ich bin Gleicher unter Gleichen* und *Ich bin jemand Besonderes* und *Ich versuche Gutes*.[144] Möglicherweise

---

144 Vgl. den späten Kohut: Zwillingsübertragung, Spiegelübertragung und idealisierte Übertragung. In: Heinz Kohut: Wie heilt die Psychoanalyse? (1984)

ist Gemeinsamkeit grundsätzlich eine Voraussetzung für jede Art individuellen Lernens. Das Vertrauen, das andere in mich setzen, begründet mein Selbstvertrauen, eine Gemeinschaft entlastet mich durch Rituale, Gepflogenheiten und Strukturen.

Wenn das so ist, dann besteht eine Einseitigkeit und Gefahr in der heute gängigen Betonung des Individuums in pädagogischen Diskursen und Schulgesetzen, so sehr diese zur Betonung der Tatsache, dass jeder nun Mal nur persönlich lernen kann, hilfreich ist und so wenig natürlich eine Rückkehr in eine geschlossene Gesellschaft wünschenswert wäre.

Die Gemeinsamkeit kann in aller Individualisierung als reines Mittel zum Zweck verkommen. Auch in Formulierungen wie *Das Wichtigste ist, dass jeder einen Schritt machen kann,* liegt eine solche Reduktion auf das Individuum. Das impliziert eine individualistische Sicht auf Erkenntnisse, Zugänge zur Welt und auf das Leben: Es wird immer vom Einzelnen aus gedacht; zugespitzt ist diese Auffassung als (individual-)konstruktivistische zu kennzeichnen. Diese Auffassung ist einseitig und inzwischen überholt. Denn sie stellt einerseits eine Fiktion dar: In Wirklichkeit sind Menschen, wenn sie aufwachsen, leben und forschen, immer in Gruppen, die sie prägen und mit denen sie in Wechselbeziehung stehen. Begegnungen zwischen Menschen sind konstitutiv für Lernen.[145] Andererseits hat die durch Wittgenstein geprägte Sprachphilosophie des 20. Jahrhunderts gezeigt, dass Erkenntniszugänge sprachlich vermittelt sind. Sprache aber stellt einen Zugang zur Wirklichkeit dar, der immer schon gemeinschaftlich ist; Sprache ist niemals die Sprache eines Einzelnen, die Wirklichkeit ist sprachlich immer schon in Konzepten von Menschen und Denkgemeinschaften aufgeschlossen. Ein eher gemeinschaftliches (oder linguistisches) Paradigma von Bildung könnte zu anderen Zielbestimmungen von Schule führen, etwa in der Art: ›Wir werden gemeinsam Teilhabende an unserer Welt, wir lernen verant-

---

Hg. von Arnold Goldberg unter Mitwirkung von Paul Stepansky. Frankfurt/M. 1989, S. 275 ff., 294.
145 Vgl. Karl-Josef Pazzini: Lehren ist auch Übertragung. In: Hans-Christoph Koller/Roland Reichenbach/Norbert Ricken (Hg.), Philosophie des Lehrens. Paderborn 2012, S. 109.

wortlich zu handeln.‹ Dazu passen Phänomene wie das, dass uns Menschen etwas eher wirklich wird, wenn wir es in Gemeinschaft wahrnehmen. Das heißt nicht nur, dass jeder andere *braucht*, sondern es heißt auch, dass Erkenntnis der Wirklichkeit eine gemeinschaftliche *ist*.[146]

Es ist erstaunlich: Die früher in Bildungsplänen und dort in Zielbestimmungen verwendete Formulierung, – ›die‹ Schülerinnen und Schüler sollten erkennen, dass ... – könnte nicht primär eine Eingemeindung darstellen, sie könnte auch schlicht das Zielbild einer Gemeinschaft Gebildeter setzend und ausmalend gemeint sein. Warum sollen alle Ziele individuell formuliert sein? Möglicherweise etabliert sich durch gleichermaßen anvisierte Ziele und Ansprachen schneller das Gefühl bei Lerngemeinschaften: Wir verstehen uns als eine Generation! Unterricht nur von subjektiven Konzepten aus zu denken führt nicht zu Gemeinsamkeit; es kommt möglicherweise am Ende nur das heraus, was man vorn hinein gesteckt hat: der Einzelne. Wie sehr aber die Gemeinschaft jeden einzelnen Menschen prägt, trägt und (im besten Fall) zum Individuum heranwachsen lässt, wird jeder schlimmstenfalls erst erfahren, wenn er seine Hände nicht in ihr baden kann. Um es nicht mit der Lenor-Werbung, sondern in einem anderen Slogan zu sagen: Wo Individualität draufsteht, ist Gemeinschaft drin.

Es gehört zu den anspruchsvollsten Zukunftsaufgaben unserer Zeit, eine Art Gemeinschaft wirklich werden zu lassen, in der der Einzelne nicht aufgeht, sondern eine aktive und eigenständige

---

146 Vgl. Markus Rieger-Ladich: Unterwerfung und Überschreitung: Michel Foucaults Theorie der Subjektivierung. In: Ricken/Rieger-Ladich, a. a. O., S. 219; Alfred Schäfer, Macht – ein pädagogischer Grundbegriff? Überlegungen im Anschluss an die genealogischen Betrachtungen Foucaults. In: ebd., S. 152 f. – dort mit Verweis auf die konstitutive Rolle der Macht als Aspekt von Gemeinschaften im Zusammenhang mit jedweder Art von Bildung sowie in ihrer subjektivitätsgenerierenden Bedeutung, sei sie auch als Orientierung zur Selbstbestimmung gedacht. Vgl. zur Kritik an der Idee von Autonomie als höchstem Bildungsziel: Thomas Hoffmann, Gegenstand und Motiv: Vom Nutzen der Tätigkeitsanalyse für eine entwicklungsorientierte Didaktik. In: Ziemen, a. a. O., S. 173–194. (PDF Download) http://www.th-hoffmann.eu/texte/hoffmann.2008-gegenstand_motiv.pdf (dort S. 7, zuletzt besucht am 03.04.2017).

Rolle erhält: jeden individuellen Menschen in einer Gemeinschaft als sichtbar besonderen zu profilieren, ohne Gemeinschaften und Gesellschaften als funktional für die Zwecke von Individuen zu degradieren. Heutzutage scheint beides oft noch als konfliktreiches Spannungsfeld: der Einzelne *oder* die Gemeinschaft.

Möglicherweise findet in der Gesellschaft eine solche Profilierung von Gemeinschaften statt, wenn die einzelnen Menschen in ihr die Ideen vertrauter Heimat und die der Begegnung mit anderem gleichermaßen hervorheben.

Achille Mbembe erklärt die Idee gemeinschaftlicher Begegnung, beispielsweise zwischen Menschen verschiedener Kulturen, so: »... die universelle Idee der Humanität. Ich weiß nicht, wer du bist. Wir kommen nicht aus demselben Land. Wir sprechen nicht dieselbe Sprache. Wir beten nicht zum selben Gott. Aber wenn ich in dein Gesicht schaue, sehe ich mich selbst.«[147]

---

147 Achille Mbembe, Interview in: Der SPIEGEL 11/2017, S. 96.

13 Genau meine Welt – Bildung: mehr als Verstehen

Zunächst werde ich Chancen der Fokussierung unterrichtlichen Geschehens auf Verstehensprozesse hervorheben, anschließend naheliegende Grenzen. Im Anschluss werde ich den Begriff des Lernens als Verstehen untersuchen und zwei Erweiterungen vorschlagen, die tiefere Wege zu Bildung eröffnen.

Lernen auf das Verstehen von Lerninhalten auszurichten, macht in der Unterrichtsplanung die Analyse der Struktur von Lerngegenständen, die Betrachtung von Wegen möglichen Verstehens und von Verstehenshürden nötig. Das ist produktiv: Es ermöglicht, wie in Kapitel 4 gesagt, überhaupt erst eine didaktische Analyse, weil das, was konkret gelernt wird, in den Fokus gerät. Würde der Unterricht von Lehrenden nur themenorientiert begriffen, ginge es darum, womit sich Lernende beschäftigen. Die Analyse dessen, was im Unterricht geschieht und zu Befähigungen führt, geriete nicht so scharfsinnig. Umgekehrt würde die Lupe der Lehrkraft auch in dem Fall nicht bezüglich des aktuellen Lernvorgangs scharf gestellt, in dem nur die später erreichten Kompetenzen in den Blick genommen werden. Denn das, was jeweils jetzt gelernt wird, müsste zusätzlich ausgeleuchtet werden, damit die Kompetenzen nicht nur ›irgendwie‹ anvisiert werden. Man muss als Kompetenzen befördernde Lehrkraft den Zusammenhang zwischen der Auseinandersetzung mit Lerngegenständen und den durch sie erreichten Kompetenzen in den Blick nehmen, sonst bleibt es bei Deutungen wie diesen: ›Sie haben heute zu argumentieren gelernt, denn sie hatten ja die Aufgabe, Argumente aus dem Text zu entnehmen.‹ ›Sie haben heute zu kommunizieren gelernt.‹ Oder, fast schon parodistisch: ›Sie haben heute zu präsentieren gelernt.‹ Lernvorgänge können bei einem Modell von Lernen als Verstehen gut in den Blick genommen werden. Lehrkräfte, die darauf achten, wie Schülerinnen und Schüler verstehen, können ihnen zuhören und zu interpretieren versuchen, wie sie gerade verstehen. Das heißt, Chancen bezüglich adaptiven – aufgrund der

Wahrnehmung einer Situation angepassten – Lehrerverhaltens können ausgelesen werden. Das bildet im Folgenden eine wichtige Hintergrundfolie für einen tragfähigen Begriff von ›Verstehen‹: Welche Auffassung von Lernen ermöglicht adaptives Lehrerhandeln?

Neben Chancen gibt es aber auch unmittelbar naheliegende Grenzen eines Konzepts des Lernens als Verstehen. Da fehlen Kenntnisse, Transfer, Urteilsschulung, Kreativität und Expressivität, Kompetenzbeförderung wird nicht fokussiert und Problemorientierung ebenfalls nicht.

Wenn man das bereits in den Kapiteln 8 und 10 zitierte Buch von Julian Jaynes liest, kann man stutzig werden, welche Rolle Reflexion und Verstehen beim Lernen spielen. Jaynes unterscheidet dort drei Arten des Lernens:
1. Signallernen, d. h. solches Lernen, in dem jemand schlicht automatisiert auf Reize reagiert und ihnen entsprechend voranschreitet,
2. das Erlernen von Geschicklichkeiten und
3. das Problemlösen.

Alle drei, so Jaynes, seien *ohne Bewusstsein* möglich.[148] Die Pointe seiner Überlegungen ist die, dass Lernen zwar beim Problemlösen als Verstehen gedacht wird, Verstehen aber kein reflexiver Vorgang ist.[149]

»[W]as ist das eigentlich, worum wir uns bemühen, wenn wir uns um das Verständnis einer Sache bemühen? Wie die Kinder, wenn sie sich bemühen, Nonsensobjekte zu beschreiben, suchen wir nach einer Metapher für die Sache, um deren Verständnis wir uns bemühen. Nicht nach einer x-beliebigen Metapher, sondern nach einer, die etwas enthält, das uns vertraut ist und uns leichter eingeht. Eine Sache verstehen heißt eine Metapher für sie finden, indem wir etwas Vertrauteres an

---

148 Jaynes, a. a. O., S. 60, S. 109. Er führt zum Beweis diverse Tests an, die im Kern zeigen, dass in all diesen Beispielen kein reflexiver Willensakt notwendig ist.
149 Ebd., S. 63 ff.

ihre Stelle setzen. Das Gefühl der Vertrautheit ist das Gefühl, verstanden zu haben.«[150]

Wenn Jaynes recht hat, dann lohnt es zu überprüfen, ob das Modell des Verstehens als Grundmodell des Lernens in gewissen Hinsichten zu kurz greift. Das geschieht im Folgenden. Letztlich wird dadurch nur ein Gedanke plausibilisiert: ›Lernen ist im Kern Verstehen, erfordert aber darüber hinaus (oder in einer Erweiterung des Begriffs) Reflexion, die Schulung des Nichtverstehens und der Wahrnehmung.‹ So kann das Wissen entstehen, dass es zu jeder Antwort immer einen weiteren Frageüberhang geben wird.

Den Eindruck, etwas zu verstehen, haben wir, so Jaynes, wenn wir es als vertraut erleben. Wird Lernen nur als dieses Verstehen konfiguriert, zielt Unterricht darauf, neue Phänomene in vertraute Denkmuster zu integrieren, zu lernen, sie ›einzufügen‹.

»Wenn wir einige Zeit gelebt und uns an die Gleichförmigkeit der Natur gewöhnt haben, erlangen wir eine allgemeine Einstellung, stets das Bekannte auf das Unbekannte zu übertragen und uns das letztere als dem ersten ähnlich zu denken.«[151]

Das Problem besteht nun allerdings darin, dass die Wirklichkeit uns selten den Gefallen tut, genauso zu sein, wie sie sich in unseren Denkungsarten erschließt und darstellt. Was kann geschehen, wenn wir mit Hilfe unserer erlernten (d. h. ›verstandenen‹) subjektiven Konzepte auf etwas in der Wirklichkeit stoßen? Möglicherweise ignorieren wir Unpassendes.

»Aber es gibt noch eine primitivere Form der Denkökonomie ... das Ignorieren von Tatsachen. Dieses ist die allgemeinste und beliebteste Methode zur Befriedigung des denkönonomischen Bedürfnisses, das die Welt nach dem Prinzip des geringsten Kraftaufwandes zu regeln trachtet und daher Tatbestände, die man nicht ökonomisch eingliedern

---

150 Ebd., S. 70, vgl. S. 65 f.
151 David Hume: Eine Untersuchung über den menschlichen Verstand (1748). Stuttgart 1976, S. 138.

kann, einfach ablehnt und als ›mystisch, okkult, schwärmerisch, allzu phantastisch‹ wegschieben muß.«[152]

Was *ist*, diesen Beispielen zufolge, Verstehen? Es entspricht dem, was in Kapitel 5 die zweite Denkebene genannt wurde, dem Entfalten von Denkelementen in einem Zusammenhang: Verstehen heißt, sich einen Reim auf etwas machen.

Zusammenhänge stellen wir her, indem wir Analogien bilden, indem wir etwas strukturieren, in einen Begründungszusammenhang oder in einen Handlungsablauf stellen. ›*So* musst du es machen!‹ ›Ich weiß: Erst *das*, dann *das*, dann *das*!‹ ›Ach, *darum* ist es so!‹ ›Das ist *so wie* …!‹

Wenn Lernen als einfügendes Verstehen aufgefasst wird, lernen Schülerinnen und Schüler genau dann erfolgreich, wenn sie assimilieren. Dabei wird aber möglicherweise verhindert, das Verstandene zu erkennen und zu ›sehen‹. Verstehen, nur als Assimilation verstanden, kann blind machen: Nur die eigenen Modelle sind dann nämlich die Maßstäbe, die unsere Theorien bilden.

Verstehen als Assimilation kann Abschottung sein, solches Verstehen wäre sogar antiinklusiv; es kann schnell zu Etikettierung führen. Das lässt sich zum Beispiel am Verstehen als Analogienbilden verdeutlichen: Wer fünf kurzgeschorene Männer gesehen hat, die gleichermaßen rechtsradikale Ansichten vertraten, kann mit Hilfe einer Analogie schließen: Er kann den sechsten Kurzgeschorenen ›verstehen‹: ›Der ist auch rechtsradikal.‹

Natürlich kann der Leser, der am Konzept von Lernen als analogiebildendem Verstehen festhält, erwidern: *Da* wird die kurzhaarige Person natürlich *nicht* verstanden, das ist zu kurzschlüssig. (Es handelt sich dennoch um einen Analogieschluss.) Ein anderes Beispiel: Ein Mitmensch verhält sich seit Jahren auf eine gewisse abstoßende Art, unfreundlich, herrisch, egoistisch. Daher ›versteht‹ man (und zwar mit Fug und Recht): Die Person *ist* herrisch, unfreundlich, egoistisch. In Kapitel 11 wurde Haltung gegenüber anderen Menschen als Zulassung von Erweiterungen etabliert. In diesem Sinne

---

152 Vgl. Theodor Lessing, aus: Philosophie und Kraftökonomie (1911). In: Ders., Wortmeldungen eines Unerschrockenen. Weimar und Leipzig 1987, S. 208.

lässt man der Person im Beispiel jedoch keine Chance, sich zu verändern. Es ist, wie die beiden Beispiele zeigen, gleichgültig, ob der Analogieschluss angemessen ist oder unangemessen. In beiden Fällen herrscht eine eingeschränkte Perspektive auf das Gegenüber.[153]

Man könnte diesem Problem erstens entgehen, indem man den Verstehensbegriff erweitert, ihn also nicht als Assimilation, sondern als *Akkommodation* begreift. Wer seine Denkstrukturen erweitert, erfasst angemessener, was vor ihm liegt. In Akkommodationen erweitert ein Lerner ja gerade seine Denkmuster. Das passt zu Jaynes Verwendung der Metapher als Bild des Verstehens. In einer Metapher fügen wir etwas uns Neues ein, indem wir sprachliche Reichweiten von Worten und Begriffen erweitern. So können wir Menschen uns etwas per Metapher, per Ausgang vom subjektiven Konzept erschließen. Dieses Verstehen kann die innere Welt erweitern, mit der wir die äußere (breiter) sehen. Es bliebe dann höchstens das ›Lehr-Lern-Problem‹ übrig: Wenn Lehrende etwas erklären oder wenn in Texten etwas erklärt wird, dann können Lerner es übernehmen, ohne es tief zu verstehen. Aber das änderte nichts an der Tatsache: Solches Verstehen wäre nicht tief, das Modell des Lernens als Verstehen bräuchte man deswegen nicht aufzugeben.

Zweitens ließe sich Verstehen über Analogiebildung hinaus als *Erkennen von Strukturen* begreifen. Jemand, der auf Grund beschränkter Erfahrungen unzulässig verallgemeinert, kann sich klarmachen (und also verstehen), dass das eine übliche Grundlage von Vorurteilen ist. Dennoch: Solche Strukturen zu erkennen, ist ein *metakognitiver* (d. h. auch: reflexiver) Urteilsakt, also eigentlich ein ›Verstehen von Verstehen (und Nichtverstehen)‹. Dabei wird das, worauf man sich in der Welt richtet (die kurzhaarige Person) als ›nicht verstanden‹ beleuchtet.

Drittens gehört Nichtverstehen (neben Reflexion) zum Verstehen konstitutiv dazu. Wer ›Verstehen‹ so begreift, wird es nicht

---

153 Es könnte ein naheliegender Denkfehler von (jungen und erwachsenen) Kindern sein, die denken, ihre Eltern sollten sie umfassend ›verstehen‹. Solches Verstehen kann es nicht geben; weitaus wünschenswerter ist es, dass ein offener Prozess zwischen Menschen entsteht, in dem sie ihr wechselseitiges Nichtverstehen und jeweils als vorläufig gedachte Verstehensversuche kultivieren.

mehr als ›Erschließen‹ deuten: Eine Person wird nicht erschlossen, sondern eröffnet. Aus dieser dritten Erweiterung ergibt sich, dass auch das Konzept von Verstehen als Akkommodation zu kurz greift. Denn nach einer erfolgten Akkommodation wird ein Gegenüber als bekannt angesehen.

Verstehen als ›in Zusammenhängen erfassen‹ entspricht nicht Mun Ling Los Begriff der Erkenntnis, der in Kapitel 4 zugrunde gelegt wurde. Bei Lo heißt es, Lernen (Erkennen) bedeute, die *Sicht* auf einen Gegenstand zu ändern. Dafür wiederum sei Variation erforderlich.[154] Das bedeutet, ein Etwas sehen wir nur als etwas Bestimmtes, wenn es im Unterschied zu anderem beleuchtet wird. Jede Bestimmung setzt einen Unterschied; in einer Bestimmung wird etwas im Unterschied zu anderem hervorgehoben. Etwas sehen heißt: einen Unterschied setzen. Das gilt erst recht auf sprachlich hohem Niveau: Begriffe sind Unterscheidungsgewohnheiten.

Daher lässt sich folgern: Verstehen allein kann man nicht als Lernen hinstellen; Sehen und Nichtverstehen müssen hinzukommen. Wenn man schon Verstehen als Kern von Lernen etablieren will, dann lässt sich das nur als Prozess etablieren, nicht als ein Ergebnis, nach dem man endgültig denkt: ›Ich *habe* verstanden.‹ Es lässt sich nur als ein unabschließbarer Prozess darstellen, in dem Verstehen, Nichtverstehen und Sehen zusammenwirken. Verstehen gibt es nie vollständig. Verstehen ist immer ein Prozess, es ist nie abgeschlossen, auch wenn Menschen im Laufe von Lernprozessen eine gewisse Umgangsvertrautheit mit Dingen erwerben.

Ich will das noch einmal anhand einer Analyse der Modelle der Denkebenen und Anforderungsbereiche aus Kapitel 5 erläutern, um dann zum Begriff des Lernens als Sehen-Lernen und zu einem Lernen überzugehen, in dem der Umgang mit Unbekanntem gepflegt wird. Das Bild der drei Denkebenen, das auch in der Graphik in Kapitel 5 verwendet wurde, ist nämlich irreführend: Erstens werde

---

154 Für Mun Ling Lo (vgl. Kapitel 4) ist eine Orientierung an Lerngegenständen nicht mit einer Orientierung an Verstehen gleichzusetzen. Lernen als Sehen-Lernen (für das Aufmerksamkeit zentral ist) und als Variation deutet sie als vom Lernen als Verstehen unterschieden; vgl. Lo, a.a.O., S. 15f., 20f., 27f. Jeweils bestimmt sie Lernen als Änderung: des Verständnisses bzw. der Sicht auf etwas.

gesammelt, dann zusammengefügt – so scheint es. Erkenntnis wird so als Aufnahme von Einzelnem verstanden, das dann in einen Zusammenhang einsortiert wird. Letztlich ist das eine naiv realistische Erkenntnistheorie. Erkennen heißt hingegen immer, etwas im Bezug zu meinem Denkhorizont zu erfassen. Etwas als etwas zu sehen, setzt immer einen Zusammenhang voraus, von dem aus ich es in den Blick nehme – als etwas, das im Unterschied und in Übereinstimmung mit meiner Art zu denken erscheint.

Erst im Vergleich mit der eigenen Denkstruktur kann ich etwas sehen, es als etwas fokussieren. Sehen ist ein Prozess, in dem etwas vor der Folie der eigenen Denkweise sichtbar wird. Nur wenn dieser Prozess scheitert, geht jemand in die erste Denkebene des bloßen Sammelns über, sei es, dass er einen schweren Text liest, der viele unbekannte Fremdwörter enthält; sei es, dass das zu Lernende unwillig angesehen wird und als etwas Fremdes bestehen bleibt, weil der Mensch denkt: Was hier geschieht, *kann* mit mir nichts zu tun haben. Vielleicht ist das Modell der drei Denkebenen nur angemessen bei Lernenden, die Neuem schon verschlossen gegenübertreten, es als Fremdes schematisch übernehmen oder als parallele Denkstruktur, die mit ihren sonstigen Ansichten nichts zu tun hat. Ansonsten geht dem Sammeln immer ein Ver-sammeln voraus. Bereits beim Lernen einzelner Wörter oder Vokabeln *verbinden* wir diese: entweder mit anderen Wörtern und Bedeutungen oder/und mit Handlungen.

Im Modell der Denkebenen und in den Anforderungsbereichen wird jeweils nur *eine* Denkweise beleuchtet. Man *könnte* denken: Drei Denkebenen entsprechen den Ebenen, auf denen *Lernende* denken, drei Anforderungsbereiche denjenigen, auf denen *Lehrende* ihre Erwartungen buchstabieren. In Wirklichkeit werden aber beim Lernen *zwei* Denkstrukturen aufeinander bezogen, die *des* Lernenden und die *zu* lernenden (vgl. die folgende Abbildung).

In der Metapher des ›Fügens‹ bzw. der ›Fuge‹ kann das verdeutlicht werden: Sowohl die erste Denkebene als auch der erste Anforderungsbereich entsprechen dem Sammeln einzelner Elemente, dann folgt ihr *Zusammenfügen* und drittens das *Darüber-Verfügen*. Dabei fehlt das *Einfügen*: In einem Einfügungsakt wird ein Element einer zu lernenden Struktur eingepasst in die in einem Lernenden liegende Struktur, so dass dann beides zusammengefügt wird. Neues könnte aber auch *angefügt, beigefügt*, als etwas anderes stehengelassen oder als *Unfug* deklariert werden; dann erst wird darüber (gegebenenfalls) verfügt.

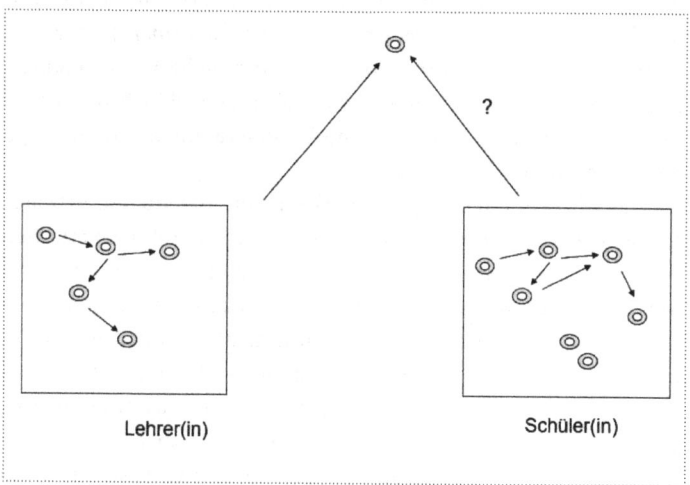

Abb. 9: Lernen heißt: von Strukturen aus erfassen

Auch der Transfer wird im Modell der drei Denkebenen sowie in den drei Anforderungsbereichen an die falsche Stelle gerückt. Wenn ein Mensch einer neuen Sache begegnet, versucht er immer zunächst einen Transfer. Dann fügt er das Neue mit dem, was er bisher wusste, zusammen. Verstehen bezieht sich ja immer auf etwas in der Welt; insofern ist die Idee, der Transfer komme erst später als eine eigene Denkleistung hinzu, falsch. (Ich verstehe immer *etwas*, im Normalfall bezieht sich Verstehen nicht darauf, wie ich denke.)[155]

Ein Beispiel: Meine jüngste Tochter benutzte zunächst für ›Geschenkpapier‹ das Wort ›Paschänkpaschier‹. Man könnte das

---

155 An dieser Stelle lohnt es, den gedanklichen Faden aus Kapitel 4 wiederaufzunehmen: Für ›leistungsschwächere‹ Schülerinnen und Schüler ist es keineswegs statthaft, ihnen nur Leistungen auf der ersten Denkebene abzuverlangen; in ihrem späteren Leben müssen sie wie alle anderen Menschen auch urteilen und anwenden lernen. Da die Modelle der drei Denkebenen und der drei Anforderungsbereiche Lernvorgänge nicht linear abbilden, ist es wesentlich sinnvoller, die *Komplexität* und *begriffliche Strukturiert-*

als bloßen Wortfehler deklarieren. Aber ich denke, hier wird deutlich, dass sie sich einen Reim auf die hübsche Verpackung machen wollte. ›Paschänkpaschier‹ reimt sich entschieden besser als ›Geschenkpapier‹. Ein paar Monate später ersetzte sie ihr Wort durch ›Daschänkpapier‹. Wir hätten sie jetzt abermals korrigieren können – es ist ja nicht das Wort, das wir üblicherweise benutzen. Man könnte aber auch von ihr lernen: ›Das-schenk'-ich-dir‹, dieser bildliche Sinn wird in ihrer Formulierung deutlicher wiedergegeben als in unserer.

Was wäre, den bisherigen Überlegungen folgend, ein erweiterter Begriff von ›Verstehen‹? Dem engen Begriff zufolge verstehen wir etwas, wenn wir es einfügen, dem weiten Begriff entsprechend, wenn wir es sehen. Das heißt, etwas muss sich für uns reimen – aber das, was sich für uns reimt, muss selbst nicht gereimt sein. Es gibt immer einen Unterschied zwischen meinem Reim auf Dinge und den Dingen. Daher ist es nicht angemessen, nur das Zusammenfügen als Verstehen zu begreifen. ›*Da* ist es *so, da* aber *anders!*‹ können wir verstehend sagen. Oder ›Guck mal, immer *da* siehst du es!‹ Verstehen heißt im erweiterten Sinn, etwas auf neue Art zu sehen, in den Blick zu nehmen und zu fokussieren. Verstehen heißt natürlich auch, Modelle zu bilden. Damit ist Verstehen *auch* Reduktion und Vereinfachung, aber sie ermöglicht, etwas in den Blick zu nehmen, indem wir Modell und Wirklichkeit in Bezug setzen und gegebenenfalls den Unterschied zwischen beiden erfassen.[156]

Im Verstehen selbst könnte etwas liegen, das es anfällig dafür macht, genau dann als abgeschlossen zu gelten, wenn der Mensch etwas in seinen bisherigen Horizont eingefügt hat. Das wird deutlich, wenn eine ganze Generation von Forschenden plötzlich merkt, dass

---

heit der Anforderungen auf der jeweiligen Ebene bzw. dem jeweiligen Bereich anzupassen und die Tiefe von Lerngegenständen in der Auswahl zu berücksichtigen: vgl. dazu Holzkamp, a. a. O., S. 224 ff.

156 Vgl. Klaus Holzkamp, a. a. O. S. 237 f. zur Kritik an Piagets Äquilibrationskonzept, in dem ein definitiver Außenstandpunkt festsetzt, was als Akkommodation gilt, und in dem Lernen daher nicht in seiner »Eigenart aus dem jeweiligen Lernvollzug« heraus verstanden werden kann, S. 336, 326 ff. zu einem ›affinitiven‹ Lernbegriff, der Verweisungen und Offenheiten beinhaltet.

ihre Grundannahmen falsch waren, mit anderen Worten, bei größeren Entdeckungen oder Paradigmenwechseln. Obwohl alle einmal akkommodiert hatten, versperrte das Modell, in dem verstanden wurde, die Sicht auf Dinge oder einige ihrer Aspekte. Möglicherweise wird das in normalen Phasen wissenschaftlichen Arbeitens nur nicht bemerkt. Ich will damit nicht sagen, dass alle wissenschaftlichen Modelle im Grunde genommen falsch seien; im Gegenteil, wir benötigen sie, um etwas überhaupt zu sehen. Aber daraus lässt sich ein Argument gewinnen, in Lernvorgängen stets eine forschende Haltung zu befördern und alle Äußerungen, die ›Widerständiges‹, ›Staunendes‹, ›Irritierendes‹ oder ›Befremdliches‹ anzeigen, besonders ernst zu nehmen und aufzugreifen. So wird das Interesse an der Wirklichkeit, mit der man sich im Unterricht beschäftigt, wachgehalten. Ich will die grundsätzliche Fremdheit, die Rätselhaftigkeit oder das Geheimnisvolle an der Wirklichkeit noch einmal anhand eines Zitats entwickeln.[157]

»Wenn wir plötzlich etwas sähen, das uns fremd vorkommt, etwa eine Wolke mit rechtwinkligen Ecken, dann würden wir bestimmt wissen wollen, was es ist. Und wenn man uns dann sagte, es sei eine Fuba, dann würden wir fragen, was eine Fuba ist. Aber die vielen Dinge, die uns umgeben, sind schon solange zu einem Bestandteil unseres Lebens geworden, daß sie uns nicht fremd sind und wir auch nicht fragen, was das für Dinge sind.«[158]

---

157 Entgegen: Gruschka, a.a.O., 2014, S. 67 f., mit zweifach schiefem Bezug auf Sokrates: Das von Gruschka verwendete Beispiel der Lehrbarkeit der Tugend dient Sokrates gerade dazu aufzuweisen, dass man sehr wohl über etwas nachdenken (und darüber etwas lernen) kann, von dem man nichts weiß; ja, gerade erst dann kann sich tieferes Lernen einstellen. Außerdem missdeutet Gruschka das gesuchte Wissen als propositionales; Sokrates hingegen geht es um Gebrauchswissen, wie die Einbettung des Sklavengesprächs in den Dialog *Menon* deutlich zeigt (vgl. Wolfgang Wieland, Platon und die Formen des Wissens. Göttingen 1982; vgl. Michael Fröhlich: Philosophieren mit Kindern. Münster 2004, S. 31 ff.); vgl. aber auch: Gruschka, a.a.O., S. 74; zu einem erweiterten prozessualen Verstehensbegriff sowie zu Verstehen als offener Nachdenklichkeit: Andreas Gruschka: Verstehen lehren. Stuttgart 2011, S. 148 ff.
158 Joseph Weizenbaum: Die Macht der Computer und die Ohnmacht der Vernunft, Frankfurt/M. 1978, S. 65–67.

Wenn jemand etwas Neues als irritierend erfährt, könnte das im eingeschränkten Begriff des ›Verstehens als Einfügen‹ als Motivation begriffen werden, aus der heraus jemand verstehen will. Die Wahrnehmung einer Differenz, eines Unterschieds – ›Moment, das hier ist anders, als ich es kenne!‹ – begünstigt anschließendes Verstehen, das auf einer Differenzerfahrung ruht, die dann in das Einfügen eines Unbekannten umgewandelt wird.

Es könnte aber, provokant gesagt, vielmehr geboten sein, die Differenzerfahrung, die Sehen erlaubt, selbst Verstehen zu nennen, statt die Differenzerfahrung als Vorbedingung für das dann erfolgende Verstehen anzusehen. In Wirklichkeit ist das natürlich ein unabschließbarer Prozess: Wir bemerken etwas auf Basis unserer Denkstrukturen, wir fügen es in die eigene Struktur ein oder erweitern sie, und wir handeln auf ihrer Grundlage, so dass wir Neues und Fremdes bemerken und in den Blick nehmen können. Dieser Prozess ist Verstehen. ›Ich habe verstanden‹ ist vielleicht ein Satz, den jemand, der solchen Prozess oft durchlaufen hat, nicht so häufig sagt, denn er hat erlebt: ›Mein ehemaliges Verstehen hat sich immer wieder als begrenzt erwiesen.‹ Er kann Dinge durch verschiedene Wahrnehmungsbrillen sehen.

Verstehen als offenen Prozess aufzufassen bedeutet, einordnendes Verstehen in einen größeren zeitlichen Zusammenhang zu stellen, der Holzkamps Begriff des Lernens nahe rückt: Ich verstehe etwas, das ich in einen Verweisungszusammenhang stellen kann. Dieser besteht unter anderem aus meinen bisher erworbenen Denkstrukturen und Erfahrungen, aber das, was ich verstehe, zeigt sich mir dennoch (und auf dieser Grundlage) in einem jeweils vorläufigen Sinn; es eröffnet sich mir.[159]

Gemeinsamkeit, geteiltes, jeweils nur vorläufiges Verstehen und die Eröffnung einer gemeinsamen Welt entstehen überhaupt erst, so rekonstruiert Hannah Arendt, durch die Berücksichtigung von *Unterschieden*.

»In der Welt zusammenleben heißt wesentlich, daß eine Vielzahl von Dingen zwischen denen liegt, deren gemeinsamer Wohnort sie ist, und

---

159 Vgl. Holzkamp, a. a. O., S. 326 ff. (328).

zwar in dem gleichen Sinne, in dem etwa ein Tisch zwischen denen steht, die um ihn herum sitzen; wie jedes Zwischen verbindet und trennt die Welt diejenigen, denen sie jeweils gemeinsam ist.«[160]

Aus diesem Zitat ergibt sich ein (hier) überraschender Zusammenhang zwischen den Gedanken der vorigen beiden Kapitel und diesem: Erst die Eröffnung von Unterschieden zwischen Perspektiven und die Bereitstellung eines (unterrichts-)öffentlichen Raums, in dem solche Unterschiede kultiviert werden, ergeben eine gemeinsame Welt, die *gesehen* wird. Arendt macht darauf aufmerksam, dass der öffentliche Raum in unseren modernen Gesellschaften verschwindet, gerade weil gesellschaftliche Identitäten nur jeweils *eine* Verstehensperspektive eröffnen.[161]

---

160 Arendt, a. a. O., S. 52. Arendt verbindet diese Diagnose mit der Forderung, unterschiedliche Perspektiven in Gesprächen aufeinander zu beziehen. Nur so entstehe eine gemeinsame ›Welt‹: „Was die Verhältnisse in einer Massengesellschaft für alle Beteiligten so schwer erträglich macht, [… es …] handelt sich vielmehr darum, daß in ihr die Welt die Kraft verloren hat, zu versammeln, das heißt, zu trennen und zu verbinden.

161 »Nur wo Dinge, ohne ihre Identität zu verlieren, von Vielen in einer Vielfalt von Perspektiven *erblickt* werden, so daß die um sie Versammelten wissen, daß ein Selbiges sich ihnen *in äußerster Verschiedenheit darbietet*, kann weltliche Wirklichkeit eigentlich und zuverlässig *in Erscheinung treten*. […] So […] ergibt sich [Realität] daraus […], daß alle mit demselben Gegenstand befaßt sind. Wenn diese Selbigkeit der Gegenstände sich auflöst und nicht mehr wahrnehmbar ist, so wird […] sicher nicht der künstliche Konformismus einer Massengesellschaft […] verhindern können, daß die gemeinsame Welt selbst in Stücke geht; dieser Zusammenbruch vollzieht sich vielmehr zumeist gerade in der Zerstörung der Vielfältigkeit […] haben wir es mit radikalen Phänomenen der Privatisierung zu tun, das heißt mit Zuständen, in denen keiner mehr *sehen* und *hören* oder gesehen und gehört werden kann. Ein jeder ist eingesperrt in seine Subjektivität wie in eine Isolierzelle, und diese Subjektivität wird darum nicht weniger subjektiv […], weil sie ins Endlose multipliziert erschein[t]. Eine gemeinsame Welt verschwindet, wenn sie nur noch unter einem Aspekt gesehen wird; sie existiert überhaupt nur in der Vielfalt ihrer Perspektiven.« Arendt, ebd., S. 57 (Hervorhebungen von mir). – Über den Rahmen dieses Kapitels hinausgreifend: Es könnte sein, dass einige Probleme in schulischem Unterricht damit zusammenhängen, dass er nach dem Modell des *Herstellens* gedacht wird. Gemäß dem Vorbild eines Unterrichtsplans organisiert der Lehrende, dass Lernende ihre Ziele herstellen, die als überprüfbare Produkte heraus-

Inwiefern ist dieses erweiterte Konzept von ›Verstehen‹ (als Kultivierung von Differenzen und Nichtverstehen sowie als Sehen) geeigneter, Adaptivität von Lehrkräften zu befördern? Insofern, als wir nicht in der Schule ein Konzept von Verstehen als erschließendem Einfügen proklamieren und dann die berechtigte Hoffnung hegen können, Lehrende würden ein anderes Konzept von Verstehen praktizieren, um Schülerinnen und Schüler wahrnehmen zu können! Lehrkräfte würden ebenso Schüleräußerungen eingemeinden, d. h. in ihr geplantes Konzept einfügen, statt aufmerksam auf Abweichendes zu werden. Daher wird Adaptivität durch ein Konzept von Verstehen als offenem Prozess begünstigt, in dem Unterschiede bemerkt und Zusammenhänge sichtbar werden, in dem also Sehen auftaucht – im Berücksichtigen des Unterschieds zwischen Modell, Perspektiven und Betrachtetem.[162]

Solches Sehen ist immer das Erblicken eines Geheimnisses oder von etwas Eigensinnigem, Fremdem bzw. anderem. Denn es bleibt etwas am Gegenüber unbekannt (vgl. zum Wahrnehmen auch das folgende Kapitel). Den Unterschied zwischen den eigenen Denk-

---

kommen sollen. Arendt setzt gegen das Herstellen ein Verständnis des Zusammenlebens von Menschen als *Handeln* – als Gespräche freier Menschen, die ihre unterschiedlichen Perspektiven aufeinandertreffen lassen: »andererseits ist diese Unabsehbarkeit dem Medium der Pluralität geschuldet, in dem das Handeln sich bewegt, insofern ja die Folgen einer Tat sich nicht aus der Tat selbst ergeben, sondern aus dem Bezugsgewebe, in welches sie fällt«. (Ebd., S. 239, vgl. S. 166 ff.)

162 Daraus folgt: Lehrerausbilder benötigen ebenfalls ein offenes Konzept von Verstehen. Offen, das heißt: Lerngegenstand eröffnend, Nachdenklichkeit eröffnend, Abweichungen zu-lassend, verschiedene Interpretationen zulassend. ›Verstehen‹ bedeutet in dieser Akzentuierung weniger Erschließung als Eröffnung. Oder, in Holzkamps Worten gesagt: *Auf*schließung. Vgl. Holzkamp, a. a. O., S. 220 f. – Zur Fähigkeit, im Unterricht adaptiv zu handeln, gehören natürlich neben einem offenen Verstehenskonzept außerdem u. a.: pädagogischer Takt, die Ausmittlung von intendierten und erlebten Lerngegenständen, Überblick, Erfahrung, Mut, Interesse an Schüler-Sach-Verhältnissen, ein Repertoire an Umsteuerungsmöglichkeiten, Fach- und Strukturierungskompetenz, breite Wahrnehmung und qualitative Einordnung von Beiträgen, Vertrauen auf eigene Intuitionen, Ernstnehmen eigenen Unwohlseins und metakommunikative Strategien. Vgl. das Heft Pädagogik 1/2017 zum Thema »Flexibel Handeln im Unterricht« (Moderation: Hans Werner Heymann/Jörg Siewert). Weinheim 2017.

strukturen und der Wirklichkeit zu bemerken, das geschieht aber durch Reflexion. Daraus wiederum folgt, dass eine durchgängige innere Reflexion im Sinne offener Nachdenklichkeit guten Unterricht leiten sollte. Nur das kann Adaptivität und Flexibilität nach sich ziehen.

Verstehen als Einfügen gleicht der Urteilskraft, nicht aber dem Urteilsvermögen. Hannah Arendt sieht die besondere Fähigkeit (und Verantwortung) moderner Menschen darin, sich Urteilsvermögen anzueignen. Das Musterbeispiel desjenigen, der nur mit festen, vorausliegenden Maßstäben urteilt, ist für sie Adolph Eichmann.[163] In Urteilen und in Urteilskraft erschließen wir Besonderes mit Hilfe unserer subjektiven Konzepte und d.h. mit Allgemeinheiten. Urteilsvermögen aber ist die Fähigkeit, ohne feste Maßstäbe zu urteilen, die sich in situativer Klugheit, in Nachdenklichkeit oder reflektierender Urteilskraft zeigt; Urteilsvermögen hat jemand, der das Nichtverstehen schult. Nachdenklichkeit als Urteilsvermögen wäre weder Assimilation noch Akkommodation, Lernen mehr als Verstehen, nämlich Auseinandersetzung mit wesentlich Unbekanntem.

Ich fasse zusammen: Lernen, verstanden als assimilierendes Verstehen – ›Einfügen‹ –, ist Umgangsvertrautheit und Komplexitätsreduktion; tiefer geht Verstehen, wenn akkommodiert wird (vorausgesetzt, das zu Verstehende ist nicht mittels einer Assimilation erkennbar). Dennoch ist die in beiden Fällen dahinterliegende Vorstellung die fester Modelle der Wirklichkeit, die erschlossen werden können und sollen. Wenn im Lernen jedoch der Sinn für etwas Unbekanntes wachgehalten werden soll und der Sinn für Begegnung mit einer eigensinnigen Welt, dann ist Verstehen nur *eine* Art des Lernens. Inklusionsorientierte Bildung in einem erweiterten Sinn hingegen – aufgefasst als Bildung, in der Fremdes begegnen kann – hieße, Lerngegenstände nicht primär zu *erschließen,* sondern zu *eröffnen* (das ist ein anderer Öffnungsbegriff als der subjektiver Konzepte). Sozial hieße es, Gespräche zu führen, in denen Unverständnis, d.h. gedankliche Differenz zur Geltung kommt und einst-

---

163 Hannah Arendt, Lectures on Kant's Political Philosophy, Chicago 1982 (dt. Das Urteilen. Texte zu Kants politischer Philosophie. München 1985; posthum erstmals veröffentlicht).

weilen verstanden wird, in der also Perspektiven angenähert werden. Verkürzend gesagt: Lernen als Begegnung und Lernen als Verstehen sind etwas Verschiedenes.

Was haben diese Überlegungen mit sinnvoller schulischer *Reflexion* zu tun, außer dass sich gezeigt hat, sie solle als innerliches Moment von Unterricht vorkommen? Zunächst sei daran erinnert, wo sie in den bisherigen Modellen dieses Buchs auftaucht. Der *Didaktischen Route* folgend dreimal und damit in Lernphasen immer wiederkehrend: als Öffnung, als Verarbeitung und als explizit so benannte Reflexion des subjektiven Konzepts. In Aeblis Modell wird ebenfalls alle Gestaltung des Lernens auf das Basisschema bezogen, das einen wesentlichen Aspekt des subjektiven Konzepts bildet; dennoch taucht Reflexion explizit gar nicht auf. Sie wird gewissermaßen begleitend in allen Phasen mitgedacht; vielleicht könnte man sagen, dass Reflexion bei begrifflichem Lernen eine größere Rolle spielt als bei Handlungen oder Operationen. Dennoch ist Aeblis Modell explizit kognitiv und nicht metakognitiv angelegt.

So wie Reflexion in Unterrichtsphasen üblicherweise am Ende auftaucht, gewissermaßen als Rundung des Prozesses und als Bilanzierung, so spielt sie bei der *Kompetenzorientierung* als Rahmung eine durchgängige Rolle und begleitet Lernprozesse gewissermaßen äußerlich, in Selbstreflexion und bei Lernbegleitung, die Feedback gibt.

Im Zusammenhang mit der derzeitigen Betonung von Reflexion in Lernprozessen tauchen drei Probleme auf. Das erste bildet ein bestimmter *Jargon* des Reflektierens. ›Wie ging es dir während der Gruppenarbeit?‹ ›Wie gut konntest du selbst zum Ergebnis beitragen?‹ ›Wie zufrieden bist du mit deinem Lernweg?‹ ›Wie gut hast du mit deinen Mitschülern lernen können?‹ Mit solchen Fragen werden Schülerinnen und Schüler konfrontiert; sie fügen sich ein in eine Gesellschaft, in der Menschen über sich selbst reflektieren und darüber Rechenschaft ablegen. Solche Reflexion ist höchst nützlich, um Bewusstheit zu erzielen. Aber: Nicht nur sehe ich Schülerinnen und Schüler, die darüber lächeln und solche Übungen geduldig, jedoch bereits auf dem Sprung in die Pause über sich ergehen lassen; mir begegnet auch schülerseitige Kritik an solchen Formen der Reflexion, wie sie beispielsweise in Lernentwicklungsgesprächen praktiziert werden. ›Streue in deine Antworten Sätze, die dem Lehrer klarmachen, dass du bereits verstanden hast, dass du nicht der beste Schüler bist!‹ ›Ja klar werde ich darauf achten, weniger zu stören. Das können wir gern als Vereinbarung festhalten!‹ ›Nicke verständnisvoll, während der Lehrer gerade deinen Eltern erklärt, wie schlecht du eigentlich bist.‹ ›Lache immer über die Witze, die der Lehrer macht!‹[164] So parodieren Schüler in einer Schülerzeitung die Verhaltenserwartungen von Lehrkräften, denen sie sich in Reflexionsgesprächen ausgesetzt sehen. Nun kann man sagen: Solche Kritik gehört dazu, und außerdem zeigt sich in ihr nur eine noch nicht selbstbestimmte Reflexionskultur. Dennoch: Speziell in Lernentwicklungsgesprächen wird mit aller Macht verlangt, dass Schülerinnen und Schüler sich selbst reflektieren, und es besteht die große Gefahr, ihnen auf subtile Art Anforderungen zu vermitteln, die nur so aussehen, als seien sie ihnen von selbst eingefallen.[165] Auch wo derartig verschleierte Macht nicht ausgeübt wird, besteht die Gefahr, einen bloßen Reflexionsjargon zu etablieren; er wird in speziellen Kontexten für Erwachsene befördert, wenn ihnen Portfolioeinträge verordnet werden, und er äußert sich allgemeiner in zwischenmenschlichen Floskeln, die umso leerer werden, je häufiger sie praktiziert werden. ›Alles gut?‹ lautet die aktuelle Version dieser nach Selbstbezügen fragenden Reflexionsaufforderung, in der doch nur gesagt werden soll: ›Ja, klar!‹ Denn die Erwartung ist eben die: Alles sei gut.

Wird zweitens dieser Jargon verinnerlicht, läuft er auf eine Dauerreflexion im Sinne eines Selbstmonitorings hinaus, in dem überprüft wird, wie weit man auf dem vorgegebenen Wege gekommen ist. Menschen werden zu Beobachtern, die sich von außen selbst überwachen, anstatt sich als Teilnehmende zu begreifen.[166] Hier wird ein Lebensmodell auf Kinder übertragen, das nicht zu deren spezifischer Situation passt – so, wie die Situation, in der Eltern ihre Kin-

---

164 Vgl. Tim Göldner: Schülerzeitung ›Osscar‹ am Carl-von-Ossietzky-Gymnasium, Hamburg-Poppenbüttel, Ausgabe 70, Juni 2016, S. 9.
165 Vgl. Lehmann-Rommel, a. a. O., S. 32–45 sowie vgl. Johannes Bastian: Vortrag auf der BAK-Tagung in Oldenburg 2015 zum Thema »Feedback im Unterricht«, sowie ders., a. a. O., S. 74–79, S. 74.
166 Vgl. diese Art der (Selbst-)Kontrolle, auch durch Lerntagebücher und Portfolios: Gruschka, a. a. O., 2011, S. 126.

der nach der Schule fragen: ›Na, wie war's? Was hast du gelernt?‹ Kinder stecken ganz in ihren Situationen und genießen oder erleben sie, jedenfalls beurteilen sie sie im Allgemeinen nicht von oben oder abschließend – sie würden ungefragt zu einer ihnen passenden Zeit das für sie Wichtige ganz von allein nennen. Viel schöner für gewisse ritualisierte Gespräche mit Eltern ist die Formulierung, die im Marte-Meo-Modell vorgeschlagen wird: ›Wir laden Sie ein, die Entwicklung von ... mit uns zu teilen.‹ Dann geht es aber in Reflexionen eher um gemeinsames Feiern von Erfolgen als darum, dass Kinder sich bemühen sollen, einen überwachenden Außenblick auf sich selbst zu werfen.

Üblicherweise ist drittens Reflexion das Ende eines Lernprozesses, der immer wieder auftauchende Bezugspunkt oder die das Lernen überwachende Metakognition. Noch am ehesten ist daran plausibel, sich in Reflexionsschleifen immer wiederkehrend zu vergewissern, wo man gerade im Lernprozess steht. Eine dauerhafte Selbstüberwachung hingegen in der Art, sich Rechenschaft über das Geleistete und noch Ausstehende abzulegen, erscheint bisweilen bürokratisch, und es lässt sich schnell an Prozesse denken, in denen Menschen sich selbst zu optimieren versuchen.

Reflexion stellt so vor allem kein *innerliches Moment* von Unterricht dar. Es findet eher eine *unverbundene Mischung* aus Verstehen und Reflektieren statt. Richtiger verstanden ist Reflexion aber der dritte Pol zum Lernen als Handlung und zum Lernen als Verstehen. Damit Auseinandersetzung nicht jeweils zu glatt ein Einfügen von Unbekanntem in Bekanntes darstellt und zu schnell die Meinung etabliert wird, in der Schule ginge es immer darum, Dinge so zu verstehen, wie sie eben seien und verstanden werden könnten – dafür ist eine durchgängige reflexive Nachdenklichkeit wichtig. Sie muss nicht eigens methodisiert werden; es genügt, wenn Schülerinnen und Schüler in ihren Verstehensbemühungen, in ihren Irritationen und Fragen zu Wort kommen; solche Auseinandersetzungen gilt es zu begrüßen und aufzugreifen.

Insbesondere in unserer modernen Welt und im Zuge der Inklusion gilt es im Sinne der Schulung des Nichtverstehens subjektive Fragen zu Lerngegenständen zur Geltung kommen zu lassen. ›Ich verstehe aber nicht, wie ... und warum ...‹ Solche Äußerungen sollten von allen Beteiligten stets willkommen geheißen werden, willkommener als allzu glatte und in Worten von Lehrkräften artikulierte Lernergebnisse. Es liegt eine gewisse Gefahr darin, Unterricht dauerhaft von Unsicherheit zu Sicherheit wandern zu lassen, wobei die Reflexion dann das Festhalten oder Verallgemeinern des Sicheren ist, des sicher Gelernten und des als sicher Geltenden. Ich könnte mir ebenso gut schulischen Unterricht als Übergang von (Schein-)Sicherheiten zu Unsicherheit vorstellen, jedenfalls bei fortgeschritteneren Lernern. Dann würde Unterricht Staunen etablieren oder eine gewisse Nachdenklichkeit. Das ist für tieferes Verstehen und für Differenzerfahrungen sowie für die Schulung von Differenzfähigkeiten wichtig.[167]

Gadamer versteht ›Verstehen‹ in diesem von ›Einfügen‹ unterscheidbaren Sinn. Er rückt verstehensorientierten Unterricht damit ab von einer Auffassung, nach der am Ende eines Lernvorgangs immer etwas Abgeschlossenes, ›Fertiges‹, sozusagen in einem Merksatz Darstellbares entsteht. Verstehen im Sinne von Gadamer ist nie abschließbar, sondern befindet sich immer in statu nascendi; es ist ein Prozess, in den man hineingelangen kann. Er ist daher auch nie auf eine Methode oder Technik reduzierbar. Verstehen kann als Schaffen eines gemeinsamen Rahmens oder Horizonts angesehen werden.[168] Gadamer würde beim Verstehen letztlich das Sich-Einfühlen in einen Zusammenhang betonen. Im Unterschied zum Begriff des Erklärens, der in den Naturwissenschaften zentral sei, werde im Verstehen, so Gadamer, eine Nähe zwischen Mensch und Verstandenem hergestellt. Unabhängig davon, dass sich diese Abgrenzung trefflich kritisieren lässt – beispielsweise mit Hinweis darauf, dass Menschen, wenn sie versuchen darzustellen, was sie verstehen, stets *erklären,* wie sie etwas verstanden haben – rückt dieses Verstehens-Modell den Unterricht ab von einem kognitivistisch verengten Ansatz.

---

167 Vgl. Hans-Georg Gadamer: Wahrheit und Methode. Grundzüge einer philosophischen Hermeneutik. Tübingen 1960, z. B. S. 394; in diesem Sinne auch: Gruschka, a. a. O. 2011, S. 137; zu einem in ›Verstehen‹ einbegriffenen Nachdenklichkeitskonzept: Arno Combe/Ulrich Gebhard: Verstehen im Unterricht. Zur Rolle von Phantasie und Erfahrung. Wiesbaden 2012, S. 101.
168 Bauman, a. a. O. 2016, S. 111.

Das Grundmodell des Verstehens ist, so Gadamer, das des Gesprächs.[169] Das könnte einflussreich sein für die Frage danach, welche Rolle Perspektivwechsel (oder neu: Ko-Konstruktivität) und Gemeinsamkeit in Lernvorgängen spielen, aber auch dafür, wie Differenzen für Lernen stets und auch schon vor der expliziten Betonung von Inklusion konstitutiv waren. Nimmt man Gadamers Begriff von ›Verstehen‹ zu dem bisherigen hinzu, wird auch die Fähigkeit geschult, wahrzunehmen und zu problematisieren. Das Unverstandene an Phänomenen wird mit wahrgenommen, Differenzen werden in unterschiedlichen Aneignungen für Lernvorgänge konstitutiv genutzt. Verstehen in einem tieferen Sinn erfordert die Fähigkeit, zu vergleichen und zu variieren, mithin die Kompetenz, mehrfach zu deuten.

»Ein tieferes Verstehen würde somit der oft anzutreffenden, schnellen Vereindeutigung eines Sachverhalts und der Suche nach einer einzig richtigen Lösung entgegenarbeiten.«[170]

Die Begrenzung des Konzepts, dem gemäß Lernen als Verstehen gedacht wird, liegt in seiner Geschlossenheit: Wenn etwas auf eine bestimmte Art als zusammenhängend begriffen wird, gilt es als ›verstanden‹. Demgegenüber können beim Lernen das Moment der prinzipiellen Unabschließbarkeit von Verstehen, das des Unverständnisses und das Sehen-Lernen als konstitutiv betrachtet werden. Reflexion begünstigt diese Erweiterung, indem in ihrer durchgängigen Praxis das Nichtverstehen kultiviert wird.

Eine weitere Kritik am Konzept des Lernens als Verstehen im Sinne des Erschließens von Zusammenhängen betrifft die mit Verstehen einhergehende Objektivierung. In solcher Objektivierung wird das Verstandene als Ding angesehen und somit tendenziell verdinglicht; es wird darüber Herrschaft ausgeübt. Es wird nicht in seiner Eigensinnigkeit angesehen. Äußerungen wie ›Verstehen, um darüber zu verfügen‹ legen eine solche Bemächtigung nahe, die sich letztlich

---

169 Vgl. Hartmut von Hentig: Bildung. Weinheim, Basel 1996, S. 80 ff.
170 Combe/Gebhard, a.a.O., S. 10; vgl. S. 59 f., 89 f., 9 f., auch zur Bedeutung der Lernatmosphäre für die Förderung von Differenzartikulationen.

auch im Modell der drei Denkebenen und Anforderungsbereiche ausdrückt, an deren Ende die Wissensanwendung liegt.

Offene Nachdenklichkeit ist stärker auf Entdeckung als auf Verstehen der Wirklichkeit ausgerichtet. In solcher Entdeckung geht es jedoch nicht um das so genannte entdeckende Lernen, das den Anfang für anschließende Erschließungsprozesse bildet; vielmehr kann Unterricht dauerhaft auf Entdeckungen ausgerichtet sein, die das Prinzip für alle Lernprozesse bilden. Tzvetan Todorov hat diesen Gedanken der Notwendigkeit des Entdeckens im Unterschied zum Verstehen bereits 1982 betont:

»Denn der andere muß entdeckt werden. [...] Für das neugeborene Kind ist *seine* Welt *die* Welt, und das Aufwachsen ist ein Erlernen der Exteriorität und der Sozialität [...]. Und da es bei der Entdeckung des anderen verschiedene Grade gibt [...], kann man durchaus sein ganzes Leben verbringen, ohne daß man die Entdeckung des anderen jemals abzuschließen vermag (einmal angenommen, dies wäre überhaupt möglich).«[171]

In diesem Zusammenhang sind noch einmal die Gedanken aus Kapitel 11 wichtig: In der Auseinandersetzung mit Fremdem und anderen ist es – inhaltlich und bezüglich der Haltung – zentral, nicht zu früh zu verstehen. Solches Verstehen ginge an der Andersheit dessen, was ich (meine, zu) verstehe(n), vorbei; es wäre die Grundlage von Etikettierung. Man kann konsistenterweise nicht gegen Etikettierung sein und zugleich Verstehen als alleiniges Merkmal von Lernen in inklusiven Bildungssettings ausgeben.

Zum Konzept offener Nachdenklichkeit gehören auf der Handlungsseite Erfahrungen und Expressivität. Expressiv wird anderes in einer Form der Entäußerung gefunden, erfahrungsorientiertes Lernen könnte man mit Combe und Gebhard als etwas begrei-

---

171 Tzvetan Todorov: Die Eroberung Amerikas. Das Problem des Anderen (1982). Frankfurt/M. 1985, S. 291, vgl. S. 295. Für Todorov führt, jedenfalls bei der Eroberung Amerikas, eine direkte Linie vom Verstehen zum Nehmen und Zerstören. Dabei ist Verstehen als das (an-eignende) Verstehen eines Objekts gedacht, das kein ebenbürtiges Subjekt wird. Vgl. ebd., S. 155 ff.

fen, in dem Verstehen als nicht abgeschlossenes praktiziert werden kann.[172]

Ich ziehe aus diesen Überlegungen eine begriffliche Schlussfolgerung. Möglicherweise lässt sich das, was Lernen ist, reduzieren, um auf bestimmte Aspekte des Lernens zu fokussieren und es zielgerichteter durchzuführen. Das ist wiederholt geschehen, beispielsweise mit der Substituierung durch Kognitionen und Kompetenzen. Jetzt geschieht das vielleicht gerade wieder, indem ›Verstehen‹ ins Zentrum gerückt wird. Solche Fokussierungen sind produktiv; gerade weil sie Aspekte genauer ausleuchten, erweitern sie Handlungsspielräume. Sie bergen jedoch immer auch die Gefahr, den Blick zu verengen, während Lernen vielleicht eine irreduzible Angelegenheit ist, die nur in ihrer begrifflichen Offenheit den Lebensbewegungen von Menschen im Vollsinn gerecht werden kann.[173] Es kann lohnend sein, an den etymologischen Wortsinn von ›Lernen‹ zu erinnern: nachspüren, einer Spur nachgehen. ›Lehren‹ ließe sich damit zusammenhängend dann vielleicht als Unterstützung deuten, sich die Welt zu eröffnen, eine Unterstützung, die dialogisch Handlungen begünstigt und die ästhetisch ist, insofern sie *poiesis* begünstigt, d. h. die Erzeugung eines offenen Zugangs zur Wirklichkeit.

---

172 Vgl. Combe/Gebhard, a. a. O. In dem Buch finden sich zahlreiche Praxisbeispiele, in denen der Zusammenhang der Generierung offener Erfahrungsräume in einen Kontext unabgeschlossenen Verstehens eingebettet wird.
173 In diesem Kapitel konzentriere ich mich zwecks Erweiterung auf die reflexive Schulung des Nichtverstehens. Ebenso gehören aber zum Lernen (beispielsweise) die Schulung von Expressivität, von Fertigkeiten, von Empathie, von solchen Entwicklungen, die nur in einer leiblichen Tiefenerfahrung Wirkung zeigen, das Modelllernen und prägende implizit wirkende Erfahrungen.

14 Wahrnehmung macht den Meister! – Können: mehr als Struktur

Vorweg gesagt: Nichts gegen *schöne* Schulen. Ihre ästhetische Gestaltung kann mehr sein als der Versuch, sie ›hübsch‹ zu machen. Sie könnte signalisieren: Hier kann Neues gefunden werden, hier ist die Architektur so fantasievoll, dass die Vorstellung schweifen kann und so das Denken anregt. Alles Abweichende, alles, was die Aufmerksamkeit über Funktionales hinaus weckt, was gegebenenfalls zum Lachen reizt, was anarchisch aussieht – das kann die tiefsten und freiesten Denkanlässe hervorrufen.

Ästhetik kann im Sinne der *poiesis,* der Erzeugung verstanden werden; so habe ich offene Nachdenklichkeit im letzten Kapitel versucht zu etablieren: In jedem Erkennen entsteht eine neue Welt, poetischer Eigensinn erzeugt Wirklichkeit.

Ästhetik ist nicht nur die Lehre vom Schönen, sondern auch von der *Wahrnehmung.* Wer unterrichten kann, der verfügt über ein Können, das es ihm erlaubt, eine jeweilige Situation gut wahrnehmen und gestalten zu können. Um eine solche Wahrnehmung zu haben, ist es wohl hilfreich, eine Weile die Wahrnehmung mit Hilfe von Modellen zu schulen, in denen sich letztlich die Wahrnehmungen anderer und ihre Analyse spiegeln. Könnerschaft bedeutet, auf diese Modelle zu vertrauen und sie hinter sich zu lassen. Ebenso wie es in der Schulung des Urteilsvermögens von Schülerinnen und Schülern darum geht, das, was sie sehen, nicht vorab zurechtzudeuten, sondern facettenreich in den Blick zu nehmen, gilt das auch für Lehrkräfte.

Das bedeutet: Sie sollen den vor ihnen liegenden ›Einzelfall‹ würdigen, sie sollen aufmerksam sein können und ihre Schülerinnen und Schüler im Lernen ›sehen‹.

Peter Heintel bestimmt den Zusammenhang von Modellen und unterrichtlichen Situationen wie folgt:

»Für alle Didaktikmodelle gilt, daß sie keinen deduktiven Subsumtionscharakter annehmen oder beanspruchen dürfen und in keinem Fall

die zukünftige didaktische Situation inhaltlich vorwegnehmen sollen bzw. können.
Erläuterung und Erklärung:
Lehr-, Lern- und Vermittlungssituationen können nicht als bloß individuelle, besser als bloß einzelne Fälle eines vorweggenommenen Modells angesprochen werden. Obzwar es zweifellos für viele didaktische Situationen vergleichbare Elemente, Erscheinungen und gleiche Aufgaben gibt, auch ähnliche Voraussetzungen in der didaktischen Umgebung und im anzubietenden Wissen und Stoff: können die Bedingungen für die Anwendung eines deduktiven Modells nicht hergestellt werden, akzeptiert man die Besonderheit und Individualität der je für sich seienden didaktischen Situation. Dies heißt schärfer: Inhaltlich Zukunft vorwegnehmende, deduzierende und antizipierende Modelle gelten nur, solange man *will,* daß sie gelten.«[174]

Wahrnehmung bedeutet auch: Die Lehrkraft nimmt wahr, wo sie selbst lernen kann, weil Schülerinnen oder Schüler ganz eigene Verstehensansätze haben und zeigen, die einen neuen Aspekt der Sache eröffnen. ›So wie du es denkst, habe ich es bisher noch nicht gesehen ...‹ Ein solcher Satz von Lehrkräften würde Schülerinnen und Schüler nicht nur groß dastehen lassen. In einer überraschenden Aneignung kann stets geprüft werden, ob etwas am Angeeigneten neu erscheint, auch wenn es der studierten Fachkraft nicht als vollständig angemessen erscheint.

Zu solcher Art unterrichtlicher Ästhetik gehört es, sich die Freiheit zu nehmen, von Plänen abzuweichen, funktional und situativ zu entscheiden, sich Raum und Zeit zu geben, um Lerngegenstände wahrzunehmen und ihnen offen zu begegnen. Eine gewisse spielerische Einstellung gehört dazu, Humor und Leichtigkeit. Vielleicht korrespondiert eine solche Gestaltung von Unterricht tatsächlich mit den Überlegungen, die Schiller als ästhetische Bildung im Auge hatte, eine Harmonie von Antrieben und Vernunft, Sinnlichkeit und Denken, Notwendigkeit und Freiheit, eine Berücksichti-

---

174 Peter Heintel: Modellbildung in der Fachdidaktik. Eine philosophisch-wissenschaftstheoretische Untersuchung. 2., unveränd. Aufl., Wien 1986, S. 91/92.

gung der vielschichtigen Natur des Menschen. Zu eingängig ist der Spruch, und zu wenig kann ich ihn hier diskutieren; genannt sei er gleichwohl: »Der Mensch spielt nur, wo er in voller Bedeutung des Wortes Mensch ist, und er ist nur da ganz Mensch, wo er spielt.«[175] Unterricht wird in diesem Sinne zum Spiel, wenn Gefühle dargestellt, Zusammenhänge verstanden und in wahrnehmende, formende Reflexion überführt werden. Zu einer solchen spielerisch-freiheitlichen Unterrichtsgestaltung passt es, das Können einer Lehrkraft eher als etwas Künstlerisches denn als etwas Wissenschaftliches anzusehen: Es gibt verschiedene lernförderliche Unterrichtsstile, mit individuell gelebter Art, einen ›schönen Umgang‹[176] zu pflegen, personengebunden unterschiedlich ausgeformt.

Vor allem gehört es zu einer individuell unterschiedlichen Unterrichtsgestaltung, dass Lehrkräfte fruchtbare Lernchancen wahrnehmen:[177] Wenn es hell wird, wenn tiefe Gedanken auftauchen, wenn aufrichtiges Interesse aufblitzt, wenn konzentriert geschwiegen wird, wenn Nachdenklichkeit sichtbar wird, wenn alle erhitzt diskutieren, wenn ›der Funke überspringt‹: Dann sollte eine Lehrkraft am besten alles vergessen, was sie geplant hatte, die eigene Strukturierungsfähigkeit und Kreativität nutzen und: ins Gespräch gehen, sich Zeit nehmen, mitdenken (oder mitmachen) und – sich freuen.

Wahrnehmen entideologisiert. Die Fragen von Schülerinnen und Schülern sind nicht nur Angriffe auf das Wissen der Lehrkraft, das sich durch sie als brüchig erweisen kann, sie sind ebenso oftmals berechtigte Kritik an den Denkmodellen, mit denen sich uns allen die Wirklichkeit als allzu erschlossen zeigt, sie sind wie die Fragen der Kinder, die den Umstehenden aufzeigen, dass sie durch zwei Schneider an der Nase herumgeführt wurden, sie zeigen den Kaiser in all seiner Nacktheit und entlarven seine Kleider.

So kurz diese Gedanken formuliert sind, so sehr zeigte ihre Beachtung erfolgreichen Unterricht an, nämlich in einer Situation zu sein bedeutet, aus dem Strom von Ereignissen aufzutauchen

---

175 Friedrich Schiller: Briefe über die ästhetische Erziehung des Menschen, 1795, 15. Brief.
176 Ebd., 27. Brief.
177 Vgl. Gruschka, a. a. O. 2011, S. 71.

und aufzumerken, was sich gerade ereignet. Wer nur in Ereignissen ist, trägt in diese seine Begriffe und Theorien hinein und handelt auf Grund ihrer Maßgabe im Modus des Autopiloten; ihm entgeht Wahrnehmung, die sich erst auftut, wenn jemand aufmerksam wird, d. h. wenn etwas Irritierendes, Interessantes, Ungewöhnliches oder Besonderes begegnet. Um in schulischem Unterricht durch Schülerbeiträge zu so einer Situation zu gelangen, ist eine Potenzialhaltung hilfreich – eine Haltung, in der man danach sucht, welche wirklichkeitseröffnenden Möglichkeiten sich aus einer Schüleräußerung ergeben[178] –, und darüber hinaus die Fähigkeit, sich als Lehrkraft in Unterrichtssituationen selbst als lernend anzusehen.[179]

Situationen lassen sich typisieren, vielleicht als Lehrsituationen, und als solche lassen sie sich in der Lehrerausbildung einsetzen. Ebenso ist es aber hilfreich, nicht vorstrukturierte Ereignisse zu Ausbildungszwecken zu nutzen. Das kann beispielsweise mit Hilfe von Videos geschehen, deren Analyse die konkrete Wahrnehmung schult.[180]

Ich möchte anhand eines Beispiels erläutern, inwiefern in gutem Unterricht ›Wahrnehmung‹ sogar in einer noch weiteren Bedeutung eine Rolle spielen soll. Die für mich (und die meisten Lehrkräfte, die ich kenne) schönste Situation im Unterricht war stets die, wenn Schülerinnen und Schüler nach dem Klingeln weiterreden oder weitermachen wollten. Dort, behaupte ich, zeigte sich immer etwas *Neues*, etwas Nicht-Verstandenes; die Situation zeigte *von großem Interesse begleitetes Nicht-Verstehen* an. Deshalb wollten alle weiterdiskutieren oder etwas weiter gestalten – sie wollten sich weiter

---

178 Vgl. Fischer, a. a. O., S. 67.
179 Vgl. zum Zusammenhang gemeinsamer Lerngegenstände mit der Idee eines gemeinsamen Lernprozesses von Lehrern und Schülern: Hoffmann, a. a. O., S. 173–194 (PDF Download). http://www.th-hoffmann.eu/texte/hoffmann.2008-gegenstand_motiv.pdf (dort S. 12, 15, zuletzt besucht am 03.04.2017).
180 Vgl. Heinz Dorlöchter u. a. (Hg.): Videographie in der Lehrerbildung. BAK-Vierteljahresschrift 19. Jg 2013. Baltmannsweiler 2013; Jan Mühlhausen/Ulf Mühlhausen: Unterrichtsanalyse online. Didaktische Kategorien mit angereicherten Unterrichtsvideos erschließen und überprüfen. Baltmannsweiler 2012.

mit etwas auseinandersetzen, weil sie etwas interessant fanden, das sie aktuell gerade nicht fertig und abgeschlossen bearbeitet hatten.

Ich denke, dasjenige, was im Unterricht mit pädagogischem Eros bezeichnet werden kann, ist wohl immer von dieser Art. Nun könnte man sagen, der Lernprozess war an der Stelle eben ›noch nicht‹ abgeschlossen, d. h. in ihm äußerte sich ein ›noch nicht‹ vollzogenes Verstehen, das sich später einstellte oder einstellen könnte. Ich aber denke, solche Situationen drücken aus, dass Lernen und Unterricht anders gedacht werden kann. Anstelle von *Verstehen* als Ziel unterrichtlicher Auseinandersetzungen könnte man auch das *Wahrnehmen eines Geheimnisses* setzen. Unterricht könnte man als Erfahrung in Wert setzen, in der die Welt als eigensinnig bemerkt werden kann.

Würde man lediglich Verstehen als Ziel von Unterricht anlegen, müsste man bestimmte Lerninhalte von vornherein ausscheiden, zum Beispiel Fragen nach Gott, nach der Quantenphysik, nach Unendlichkeiten, nach Tugenden, nach aktuellen politisch-gesellschaftlichen oder kulturellen Entwicklungen oder nach uns Menschen in unserem Selbstverständnis. Denn diese Lerngegenstände sind dadurch ausgezeichnet, dass sie prinzipiell nicht in einem abgeschlossenen Sinn verstehbar sind.

Die Idee, Unterricht als individuelles Lernen zu verstehen und dieses wiederum als Erschließung mit Hilfe individueller Denkweisen, erweist sich so gesehen plötzlich als typisch moderne, auf Selbstbestimmung ausgerichtete Idee: Im Mittelpunkt steht der Einzelne, durch dessen Denken sich die Welt zu seiner Verfügung zeigen soll; zeigt sie sich verschlossen oder in unabgeschlossener Weise eröffnet, so liege das daran, dass man sie ›noch nicht‹ erschlossen habe, nicht aber an ihrem Eigensinn.[181]

---

181 Ohne eine 1:1-Übertragung etablieren zu wollen: Anders praktiziert es z. B. das Volk der Ilahita Arapesh; dort kann sich in Lernvorgängen ein erweitertes Wissen um ein Geheimnis zeigen. Vgl. Alfred Schäfer: Unbestimmte Transzendenz. Bildungsethnologische Betrachtungen zum Anderen des Selbst. Opladen 1999, S. 48 (45 ff.) »der hier vorliegende Status des Wissens: ein Geheimnis zu sein« (S. 95). »Erworben haben sie [die Ilahita Arapesh] ein Wissen, das sie trotz aller Verfügungsillusionen immer noch und uneinholbar überschreitet.« (S. 99, vgl. S. 101).

Was etwas ›ist‹, muss jedoch nicht als in unseren Denkbemühungen aufgehend verstanden werden, sondern kann als ›Mehr‹ angesehen werden, das in allem Wissen und bei allen Verstehensbemühungen mehr ist, als wir wissen können. Dafür, so lässt sich mit Alfred Schäfer rekonstruieren, ist ein nicht (nur) auf Identifikation zielendes Verständnis von Bildung angezeigt, bei dem man nicht glaubt, mit Hilfe von Begriffen die ›Dinge‹ vollständig zu erfassen.[182]

*

Ich fasse zusammen:
Guter Unterricht
- ist individualisiert, insofern jede Schülerin und jeder Schüler einen Zugang und einen ihr bzw. ihm möglichen Lernweg erhält. Darüber hinaus berücksichtigt guter Unterricht Gemeinsamkeit, als Bedingung, als Grundprinzip des Lernens und als Ziel: Schülerinnen und Schüler sollen durch Unterricht befähigt werden, gemeinsam leben und arbeiten zu können. Vgl. *Kapitel 10, 12*
- ist differenziert, insofern in Bezug auf Lernvorgänge relevante Unterschiede zwischen Lernenden zur Gestaltung unterschiedlicher Lernwege genutzt werden. Darüber hinaus sollte guter Unterricht jedoch nicht dem Dogma verfallen, er sei umso besser, je mehr in der Sozialform Einzelarbeit differenziert werde;

---

[182] »Das moderne Denken im Rahmen jener Metaphysik der Selbstpräsenz, in der das weltkonstitutive Subjekt von der Kraft seines identifizierenden Denkens überzeugt ist, weil es glaubt, sich selbst transparent zu sein und damit über die Verwendung von Begriffen autonom verfügen zu können – dieses moderne Denken hat eine instrumentell-technische und funktionale Betrachtungsweise entwickelt, die in der Gestaltung der Wirklichkeit sich als sehr effektiv erwiesen hat. Der Preis dafür, wie er eben nicht nur, aber auch in ökologischen Problemen sichtbar wird, besteht darin, daß der Raum für Sinnfragen nicht nur privatisiert worden ist, sondern dass für diesen Bereich die semantischen Ressourcen gleichsam ausgetrocknet werden. Der Identitätszwang instrumenteller Verfügung definiert den Bereich des ›mehr‹, dessen, was in der jeweiligen Identifikation von Gegenständen wie Relationen nicht aufgeht, allenfalls als einen des ›noch-nicht‹: als einen Bereich, den man noch nicht, aber sicher irgendwann in den Griff der eigenen Logik bekommen wird.« (Schäfer, a. a. O., S. 161).

vielmehr soll Unterricht individualisiert im Sinne der Kommunikation mit Lernenden und ihrer Wahrnehmung sein. *Vgl. Kapitel 10*
- ist inklusiv im Sinne der Berücksichtigung von Heterogenität und im Sinne des Abbaus von Lernbarrieren. Darüber hinaus zeigt sich Inklusion in gutem Unterricht in gemeinschaftlichem Lernen im Sinne gegenseitiger Unterstützung und in gemeinsamer Auseinandersetzung mit Lerngegenständen. Ebenso in der Auswahl inklusiver, soziale Teilhabe und Partizipation ermöglichender Lernformen und in der Auswahl inklusionsorientierter Bildungsinhalte und -ziele, also solcher, die auf Teilhabe ausgerichtet sind, Differenzfähigkeit erzeugen und solidarische Mitwirkung an der Gesellschaft befördern. *Vgl. Kapitel 11*
- orientiert sich an zentralen Themen und entwickelt in der Art der Thematisierung aus ihnen Lerngegenstände, die verstanden, Probleme, die gelöst oder erörtert und Kompetenzen, die erzielt werden. *Vgl. Kapitel 4, 8, 9*
- stellt Verstehen in den Mittelpunkt von Lernvorgängen, durch das intelligentes Wissen und Können, d.h. flexible Aneignung von Lerninhalten ermöglicht wird. Darüber hinaus werden in gutem Unterricht Situationen offener Nachdenklichkeit und entdeckender Wahrnehmung unserer Wirklichkeit gesucht, in der diese als eigensinnig vorkommt. *Vgl. Kapitel 13, 14*
- unterstützt dabei, unsere Wirklichkeit zu erschließen, und öffnet für die Wahrnehmung von Wirklichkeit sowie für zukünftige Gestaltungsaufgaben. *vgl. Kapitel 13, 14*
- ist funktional und wohlstrukturiert, wobei handlungsleitende Modelle berücksichtigt werden. Darüber hinaus nehmen Lehrende Unterrichtssituationen als besondere wahr, in denen mit Abweichungen produktiv umgegangen wird. *Vgl. Kapitel 4–7, 8, 9, 13, 14*
- ist problemlösend, und Lerngegenstände werden in ihrem Eigenwert wahrgenommen. *Vgl. Kapitel 8, 13, 14*
- nutzt Elemente der Ausrichtung des Unterrichts auf Kompetenzen, setzt aber Lerngegenstände ins Zentrum der konkreten gemeinsamen Beschäftigung mit Lerninhalten. *Vgl. Kapitel 4, 9, 12*

- nutzt Feedback und Lernreflexion und setzt beide in einen Kontext der gemeinsamen Gestaltung eines forschenden Arbeitsbündnisses, in dem Reflexion eine durchgängige, während des Lernens praktizierte Haltung spielt. *Vgl. Kapitel 9, 13*
- fördert die Selbstständigkeit der in ihm Lernenden. Darüber hinaus und zu diesem Zweck spielen Elemente des Lehrens eine zentrale Rolle für den Erwerb neuer Zusammenhänge. Die Steuerung des Lerngeschehens erfolgt entwicklungs- und lerngegenstandsangemessen. *Vgl. Kapitel 5*

Danksagung

Ich danke den kritischen Lesern von Vorentwürfen zu diesem Text, Vanessa Böttcher, Sandra Herrmann und Klaus Langebeck. Ebenso danke ich allen Referendarinnen und Referendaren, die stets mit mir geprüft haben, wie sich die Modelle, die hier in diesem Buch auftauchen, auf ihren konkreten Unterrichtsalltag beziehen lassen. Ich danke meinen Kolleginnen und Kollegen, die kurze Partien als Tischvorlagen erhielten und freudvoll, kritisch und anregend mit mir diskutierten. Ganz besonders danke ich den Schülerinnen und Schülern, die ich unterrichtet habe, und von denen ich wahrscheinlich mehr gelernt habe als sie von mir.

Im August 2017   Michael Fröhlich

Literatur

Aarts, Maria: Marte Meo. Ein Handbuch. Eindhoven 2011
Aebli, Hans: Zwölf Grundformen des Lehrens. Stuttgart 1964/1983
Agarwala, Anant: Abi für alle! In: Die Zeit Nr. 14 vom 30. März 2017, S. 12 ff.
Altrichter, Herbert/Schley, Wilfried/Schratz, Michael (Hg.): Handbuch zur Schulentwicklung. Innsbruck, Wien 1998
Arendt, Hannah: Vita activa oder Vom tätigen Leben (1958). (orig.: The Human Condition. Chicago) München 1967
Arendt, Hannah: Lectures on Kant's Political Philosophy, Chicago 1982, dt.: Das Urteilen. Texte zu Kants politischer Philosophie. München 1985
Bastian, Johannes: Lernprozessorientiertes Feedback. In: Pädagogik, Heft 7–8/15, S. 74–79
Bauman, Zygmunt: Flüchtige Moderne. Frankfurt/M. 2003
Bauman, Zygmunt: Die Angst vor den anderen. Berlin 2016
Bauman, Zygmunt: Interview in DER SPIEGEL 36/2016, S. 122–125
Beck, Ulrich: Risikogesellschaft. Auf dem Weg in eine andere Moderne. Frankfurt/M. 1986
Beckmann, Wiebke/Hoffmann, Thomas/Zimpel, André F.: Lernen am gemeinsamen Gegenstand. In: Institut für Behindertenpädagogik (Hg.): Bewährtes sichern – Neues wagen – Zukunft gestalten. Hamburg 2003, S. 107–137. (PDF Download) http://www.th-hoffmann.eu/texte/beckmann.hoffmann.zimpel.2003-lernen_am_gemeinsamen_gegenstand.pdf (zuletzt besucht am 03.04.2017)
Benner, Dietrich: Johann Friedrich Herbart: Systematische Pädagogik. Weinheim 1997
Bergsson, Marita/Luckfiel, Heide: Umgang mit »schwierigen« Kindern (1998). Berlin 2016
Berne, Eric: Die Transaktions-Analyse in der Psychotherapie: Eine systematische Individual- und Sozialpsychiatrie (1961). Paderborn 2006
Beutel, Silvia-Iris/Höhmann, Katrin/Anand Pant, Hans/Schratz, Michael (Hg.): Handbuch Gute Schule. Sechs Qualitätsbereiche für eine zukunftsweisende Praxis. Seelze 2016
Bloom, Benjamin: Taxonomie von Lernzielen im kognitiven Bereich. Weinheim 1976
Blumenberg, Hans: Nachdenklichkeit. Frankfurt/M. 1981
Böckenförde, Ernst-Wolfgang: Staat, Gesellschaft, Freiheit. Frankfurt/M. 1976

Bohls, Hanneke: Gemeinsames fachliches Lernen im inklusiven Unterricht. Ergebnisse der Konzeptarbeit der LI – AG »Inklusiver Fachunterricht« (2016), Landesinstitut für Lehrerbildung und Schulentwicklung. Hamburg 2016 (unveröff.)

Bönsch, Manfred: Erfolgreiches Lernen durch Differenzierung im Unterricht. Braunschweig 2009

Bönsch, Manfred (Hg.): Selbstgesteuertes Lernen in der Schule. Darmstadt 2002

Bonsen, Elisabeth/Hey, Gerhard: Kompetenzorientierung – eine neue Perspektive für das Lernen in der Schule. Kiel (IPTS) 2008 http://arbeitsplattform.bildung.hessen.de/lsa/modulkonferenz/modulkonf_ghrf/070918_Bonsen_Hey_Kompetenzorientierung.pdf (letzter Aufruf: 29.03.2017)

Bonsen, Martin/Rolff, Hans-Günter: Professionelle Lerngemeinschaften von Lehrerinnen und Lehrern. In: Zeitschrift für Pädagogik 52/Heft 2, S. 167–184

Booth, Tony/Ainscow, Mel: Index for Inclusion. Developing learning and participation in schools. Bristol 2011

Brecht, Bertolt: Neue Technik der Schauspielkunst. In: Ders.: Gesammelte Werke. Bd. 15. Frankfurt/M. 1967, S. 355

Breidenstein, Georg: Die Individualisierung des Lernens unter den Bedingungen der Institution Schule. In: Bärbel Kopp u. a. (Hg.): Individuelle Förderung und Lernen in der Gemeinschaft. Jahrbuch Grundschulforschung Bd. 17. Wiesbaden 2014, S. 35–50

Brüning, Ludger/Saum, Tobias: Erfolgreich unterrichten durch Kooperatives Lernen. Band 1: Strategien zur Schüleraktivierung. Essen 2008

Brüning, Ludger/Saum, Tobias: Erfolgreich unterrichten durch Kooperatives Lernen. Band 2: Neue Strategien zur Schüleraktivierung, Individualisierung, Leistungsbeurteilung, Schulentwicklung. Essen 2009

Brüning, Ludger/Saum, Tobias: Erfolgreich unterrichten durch Visualisieren. Die Kraft von Concept Maps & Co. Essen 2017 (Neuauflage, ehem. 2009)

Brumsack, Elfriede: Ergebnissicherung in heterogenen Lerngruppen. Berlin 2014

Bruner, Jerome S.: Der Prozess der Erziehung. Berlin 1970 (Orig.: The Process of Education, 1960)

Bünder, Peter/Sirringhaus-Bünder, Annegret/Helfer, Angela: Lehrbuch der MarteMeo-Methode. Entwicklungsförderung mit Video-Unterstützung, 4. Aufl. Göttingen 2015

Canetti, Elias: »Karl Kraus. Schule des Widerstands« (1965) In: Ders., Das Gewissen der Worte. Essays. 2. erw. Auflage. Frankfurt/M. 1981

Canetti, Elias: Aufzeichnungen. München 2015

Cohn, Ruth C.: Von der Psychoanalyse zur themenzentrierten Interaktion. Von der Behandlung einzelner zu einer Pädagogik für alle. Stuttgart 1975

Combe, Arno/Gebhard, Ulrich: Verstehen im Unterricht. Zur Rolle von Phantasie und Erfahrung. Wiesbaden 2012

Dorlöchter, Heinz u. a. (Hg.): Videographie in der Lehrerbildung. BAK-Vierteljahresschrift 19. Jg. Baltmannsweiler 2013

Dubs, Rolf: Lehren und Lernen ein Wechselspiel. In: Ekkehard Nuissl (Hg.): Selbstgesteuertes Lernen. Auf dem Weg zu einer neuen Lernkultur. Deutsches Institut für Erwachsenenbildung (DIE) Materialien für Erwachsenenbildung. Frankfurt/M. 1999, S. 57–70, S. 64 f. https://www.die-bonn.de/esprid/dokumente/doc-1999/dietrich99_01.pdf (letzter Aufruf: 29.03.2017)

Echevarria, Jana J./Short, Deborah J./Vogt, Mary Ellen J.: Making Content Comprehensible for English Language Learners: Implementing the SIOP® Model. Boston 2008

Eichhorn, Christoph: Classroom-Management. Wie Lehrer, Eltern und Schüler guten Unterricht gestalten. Stuttgart 2008

Eichhorn, Christoph: Vorausschauend handeln. Durch Classroom-Management Unterrichtsstörungen vermeiden. In: Carmen Bietz u. a. (Hg.), Friedrich Jahresheft XXIII. Stuttgart 2015

Enzensberger, Hans Magnus: Das Nullmedium oder Warum alle Klagen über das Fernsehen gegenstandslos sind. In: Der SPIEGEL 20/1988. Mittelmaß und Wahn, S. 89–103

European Agency for Development in Special Needs Education (Hg.): Inklusionsorientierte Lehrerbildung. Ein Profil für inklusive Lehrerinnen und Lehrer, 2012. Odense http://www.european-agency.org/sites/default/files/te4i-profile-of-inclusive-teachers_Profile-of-Inclusive-Teachers-DE.pdf (letzter Aufruf: 30.03.2017)

Festinger, Leon: A Theory of Cognitive Dissonance. Stanford 1957

Feuser, Georg: Allgemeine integrative Pädagogik und entwicklungslogische Didaktik. In: BEHINDERTENPÄDAGOGIK, 28. Jg., Heft 1/1989, Seite 4–48. http://bidok.uibk.ac.at/library/feuser-didaktik.html?hls=Allgemeine (zuletzt besucht am 03.04.2017)

Fischer, Christian: Individuelle Förderung als schulische Herausforderung. Berlin 2015

Fogarty, Robin: Gehirngerechtes Klassenzimmer. In: Thüringer Institut für Lehrerfortbildung (Thilmm), Handreichungen für die Unterrichtspraxis, Heft 126/2007, S. 31. https://www.schulportal-thueringen.de/media/detail?tspi=2035 (letzter Aufruf: 29.03.2017)

Foucault, Michel: Die Geburt der Biopolitik. Geschichte der Gouvernementalität. Band 2. Frankfurt/M. 2004

Foucault, Michel: Ist es also wichtig zu denken? (1981) In: Ders.: Schriften in vier Bänden, Hg.: D. Defert/F. Ewald, Bd. 4. Frankfurt/M. 2005

Fröhlich, Michael: Philosophieren mit Kindern. Ein Konzept. Münster 2004

Fröhlich, Michael/Langebeck, Klaus/Ritz, Eberhard: Philosophieunterricht. Eine situative Didaktik. Göttingen 2014

Gadamer, Hans-Georg: Wahrheit und Methode. Grundzüge einer philosophischen Hermeneutik. Tübingen 1960

Göldner, Tim: Schülerzeitung ›Osscar‹ am Carl-von Ossietzky-Gymnasium. Hamburg-Poppenbüttel, Ausgabe 70, Juni 2016

Görlich, Krimhild: Anker setzen. Tischvorlage, Ida-Ehre-Schule. Hamburg 2012 (unveröff.)
Die GRÜNEN, http://www.gruene-fraktion-hamburg.de/blog/11-06-2015/der-tschadsee-und-die-kompetenzorientierung (letzter Aufruf: 28.03.2017)
Gruschka, Andreas: Verstehen lehren. Ein Plädoyer für guten Unterricht. Stuttgart 2011
Gruschka, Andreas: Was bedeutet es, das Verstehen zu lehren? Vortrag auf der Tagung zu »Selbstkompetenzen im Jurastudium« an der Universität Konstanz am 20.2.2014, http://www.boorberg.de/sixcms/media.php/1123/9783415054820_Bleckmann_LPR.pdf
Hattie, John: Lernen sichtbar machen. Dt. von Wolfgang Beywl und Klaus Zierer). Baltmannsweiler 2013
Hauptseminarleitungen LIA 2 (2015), Lernen und lernförderlicher Unterricht. Arbeitspapier Februar 2015. http://li.hamburg.de/contentblob/4566800/89ba3e1cc4d806c723d9d0ea87fa5b66/data/pdf-lernen-und-lernfoerderlicher-unterricht.pdf (zuletzt besucht am 29.06.2017)
Heintel, Peter: Modellbildung in der Fachdidaktik. Eine philosophisch-wissenschaftstheoretische Untersuchung. Wien 1986
Helmke, Andreas: Unterrichtsqualität und Lehrerprofessionalität. Seelze-Velber 2009
Hentig, Hartmut von: Bildung. Weinheim, Basel 1996
Heymann, Hans Werner/Siewert, Jörg (Moderation): Flexibel Handeln im Unterricht. Pädagogik 69. Jg., Heft 1/2017. Weinheim 2017
Hövelbrinks, Britta: Die Bedeutung der Bildungssprache für Zweitsprachlernende im naturwissenschaftlichen Anfangsunterricht. In: Charlotte Röhner/Britta Hövelbrinks (Hg.): Fachbezogene Sprachförderung in Deutsch als Zweitsprache: Theoretische Konzepte und empirische Befunde zum Erwerb bildungssprachlicher Kompetenzen. Weinheim/Basel 2013, S. 75–86
Hoffmann, Thomas: Gegenstand und Motiv: Vom Nutzen der Tätigkeitsanalyse für eine entwicklungsorientierte Didaktik. In: Kerstin Ziemen (Hg.): Reflexive Didaktik – Annäherungen an eine Schule für alle. Oberhausen 2008: Athena, 173–194. PDF Download: http://www.th-hoffmann.eu/texte/hoffmann.2008-gegenstand_motiv.pdf (zuletzt besucht am 03.04.2017)
Hogrebe, Wolfram: Der implizite Mensch. Berlin 2013
Holzkamp, Klaus: Lernen. Subjektwissenschaftliche Grundlegung. Frankfurt/New York 1995
Honneth, Axel (Hg.): Kommunitarismus – Eine Debatte über die moralischen Grundlagen moderner Gesellschaften. Frankfurt/New York 1993
Horster, Leonhard/Rolff, Hans-Günter: Unterrichtsentwicklung. Grundlagen, Praxis, Steuerungsprozesse. Weinheim 2001
Huber, Anne A.: Kooperatives Lernen – Kein Problem. Stuttgart 2010
Hume, David: Eine Untersuchung über den menschlichen Verstand (1748). Stuttgart 1976

Jank, Werner/Meyer, Hilbert: Didaktische Modelle. Berlin 1991
Jaynes, Julian: The origin of consciousmess in the Breakdown of the Bicameral Mind (1976), dt.: Der Ursprung des Bewusstseins durch den Zusammenbruch der bikameralen Psyche. Reinbek 1988
Joerger, Konrad: Lernprozesse bei Schülern. Stuttgart 1975
Johnson, David W./Johnson, Roger T./Holubec, Edythe J.: Cooperative Learning in the Classroom. Alexandria, Virginia 1994
Johnson David W./Johnson, Roger T.: Making Cooperative Learning Work. 1999, http://www.proiac.uff.br/sites/default/files/documentos/cooperative_learning_johnsonjohnson1999.pdf (letzter Aufruf: 29.03.2017)
Juul, Jesper: Aus Erziehung wird Beziehung. Authentische Eltern – kompetente Kinder. Freiburg i.B. 2005
Klafki, Wolfgang: Studien zur Bildungstheorie und Didaktik. Weinheim/Basel 1963
Klafki, Wolfgang: Didaktische Analyse als Kern der Unterrichtsvorbereitung. In: Die deutsche Schule 10/1958, S. 450–471
Klieme, Eckard: Was sind Kompetenzen und wie lassen sie sich messen? In: Pädagogik 6/2004, S. 10–13
Klippert, Heinz: Heterogenität im Klassenzimmer. Weinheim, Basel 2010
Knausgård, Karl Ove: Die Literatur und das Böse (2013). In: Ders.: Das Amerika der Seele. München 2016
Kohut, Heinz: Wie heilt die Psychoanalyse? Hg. von Arnold Goldberg unter Mitwirkung von Paul Stepansky. Frankfurt/M. 1989
Koller, Hans-Christoph/Casale, Rita/Ricken, Norbert: Heterogenität. Zur Konjunktur eines pädagogischen Konzepts. Paderborn 2014
Kopp, Bärbel u. a. (Hg.): Individuelle Förderung und Lernen in der Gemeinschaft. Jahrbuch Grundschulforschung Bd. 17. Wiesbaden 2014, S. 35–50
Lehberger, Rainer/Landfuchs, Uwe (Hg.): Schüler fallen auf: Heterogene Lerngruppen in Schule und Unterricht. Bad Heilbrunn 2008
Lehmann-Rommel, Roswitha: Reflexion und Kritik – eine professionstheoretische Bilanzierung. In: BAK (Hrsg.): Reflexion und Kritik in der 2. Phase der Lehrerbildung. Hohengehren 2016
Lehmann-Rommel, Roswitha: Partizipation, Selbstreflexion und Rückmeldung: gouvernementale Regierungspraktiken im Feld Schulentwicklung. In: Norbert Ricken/Markus Rieger-Ladich (Hg.): Michael Foucault: Pädagogische Lektüren. Wiesbaden 2004, S. 261 ff.
Lessing, Theodor: Philosophie und Kraftökonomie (1911). In: Ders., Wortmeldungen eines Unerschrockenen. Weimar/Leipzig 1987
Lo, Mun Ling: Variation Theory and the Improvement of Teaching and Learning, Göteborg 2012, dt.: Lernen durch Variation. Münster 2015
Lohmann, Gert: Mit Schülern klarkommen. Berlin 2003
Mbembe, Achille: Interview in: Der SPIEGEL 11/2017
Meyer, Hilbert: Leitfaden zur Unterrichtsvorbereitung. Der neue Leitfaden, Berlin 2009
Molander, Per: Die Anatomie der Ungleichheit (2014). Frankfurt/M. 2017

Mühlhausen, Jan/Mühlhausen, Ulf: Unterrichtsanalyse online. Didaktische Kategorien mit angereicherten Unterrichtsvideos erschließen und überprüfen. Baltmannsweiler 2012

Musenberg, Oliver/Riegert, Judith: »Pharao geht immer!« – Die Vermittlung zwischen Sache und Subjekt als didaktische Herausforderung im inklusiven Geschichtsunterricht der Sekundarstufe. Eine explorative Interview-Studie. In: Zeitschrift für Inklusion 4/2014. http://www.inklusion-online.net/index.php/inklusion-online/article/view/202/207 (letzter Aufruf: 03.04.2017)

Neuweg, Georg Hans: Könnerschaft und implizites Wissen. Zur lehr-lerntheoretischen Bedeutung der Erkenntnis- und Wissenstheorie Michael Polanyis. Münster 1999

OECD: Programme für International Student Assessment, Deutschland, PISA 2000, Beispielaufgaben aus dem Lesekompetenztest, Unit »Tschadsee«, Frage 1, https://www.mpib-berlin.mpg.de/Pisa/Beispielaufgaben_Lesen.PDF (letzter Aufruf 29.03.2017)

Oehmke, Philipp: Das PC-Monster. In: Der SPIEGEL 49/2016, S. 132–138

Pazzini, Karl-Josef: Lehren ist auch Übertragung. In: Hans-Christoph Koller/Roland Reichenbach/Norbert Ricken (Hg.): Philosophie des Lehrens. Paderborn 2012, S. 109

Polanyi, Michael: Implizites Wissen. Frankfurt/M. 1985

Reich, Kersten: Konstruktivistische Didaktik. Lehren und Lernen aus interaktionistischer Sicht. Neuwied 2002

Reich, Kersten: Inklusive Didaktik. Bausteine für eine inklusive Schule. Weinheim, Basel 2014

Reiff, Rosel: Selbst- und Partnerdiagnose im Mathematikunterricht. Gezielte Förderung mit Diagnosebögen, in: Friedrich Jahresheft Diagnostizieren und Fördern (2006), S. 68–73. Vgl. http://www.sinus-transfer.de/fileadmin/MaterialienBT/Halle_2007/Aufgabenformate_f_r_die_Partnerdiagnose.pdf (letzter Aufruf: 29.03.2017)

Ricken, Norbert/Rieger-Ladich, Markus (Hg.): Michael Foucault: Pädagogische Lektüren. Wiesbaden 2004

Rieger-Ladich, Markus: Unterwerfung und Überschreitung: Michel Foucaults Theorie der Subjektivierung. In: Norbert Ricken/Markus Rieger-Ladich (Hg.): Michael Foucault: Pädagogische Lektüren. Wiesbaden 2004

Rolff, Hans-Günther: Studien zu einer Theorie der Schulentwicklung. Weinheim 2007

Rose, Nadine: Alle unterschiedlich! Heterogenität als neue Normalität. In: Hans-Christoph Koller/Rita Casale/Norbert Ricken: Heterogenität. Zur Konjunktur eines pädagogischen Konzepts. Paderborn 2014, S. 131–148

Rosenberg, Marshall B.: Gewaltfreie Kommunikation. Paderborn 2007

Roth, Heinrich: Pädagogische Psychologie des Lehrens und Lernens. Hannover 1957

Ruch, Floyd L./Zimbardo, Philip G.: Lehrbuch der Psychologie. Eine Einführung für Studenten der Psychologie, Medizin und Pädagogik. Berlin 1974

Ryle, Gilbert: The concept of mind, Chicago 1949 (dt.: Der Begriff des Geistes, Stuttgart 2015).
Schäfer, Alfred: Unbestimmte Transzendenz. Bildungsethnologische Betrachtungen zum Anderen des Selbst. Opladen 1999
Schäfer, Alfred: Macht – ein pädagogischer Grundbegriff? Überlegungen im Anschluss an die genealogischen Betrachtungen Foucaults. In: Norbert Ricken/Markus Rieger-Ladich (Hg.): Michael Foucault: Pädagogische Lektüren. Wiesbaden 2004, S. 152 ff.
Schiller, Friedrich: Briefe über die ästhetische Erziehung des Menschen, 1795
Schischkoff, Georgi (Hg.): Philosophisches Wörterbuch. Stuttgart 1978
Schneider-Landolf, Mina/Spielmann, Jochen/Zitterbarth, Walter (Hg.): Handbuch Themenzentrierte Interaktion (TZI). Mit einem Vorwort von Friedemann Schulz von Thun. Göttingen 2009
Schnitzler, Manfred: Elementarisierung – Bedeutung eines Unterrichtsprinzips. Neukirchen-Vluyn 2007
Schratz, Michael: Guter Unterricht ermöglicht einzigartige Lernwege. Die Perspektive der Wissenschaft. In: Silvia Iris-Beutel/Katrin Höhmann/Hans Anand Pant/Michael Schratz (Hg.): Handbuch Gute Schule. Sechs Qualitätsbereiche für eine zukunftsweisende Praxis. Seelze 2016
Schulz von Thun, Friedemann: Miteinander reden. Störungen und Klärungen. Psychologie der zwischenmenschlichen Kommunikation. Reinbek 1981
Schweiker, Wolfhard: Wie kann's gehen? 2012 – Inklusive Didaktik, http://www.calwer.com/media/39/ZM_4212_Inklusive_Didaktik_AHR_inklusiv_Kap_3.pdf
Schweitzer, Friedrich: Elementarisierung im Religionsunterricht: Erfahrungen, Perspektiven, Beispiele. Mit weiteren Beiträgen von Karl Ernst Nipkow. Neukirchen-Vluyn 2003, S. 9–30
Senge, Peter u. a.: Fieldbook zur Fünften Disziplin. Stuttgart 1996
Sennett, Richard: Respekt im Zeitalter der Ungleichheit (2003). Berlin 2004
Snell, Bruno: Die Entdeckung des Geistes. Studien zur Entstehung des europäischen Denkens bei den Griechen. Hamburg 1946
Syring, Marcus: Classroom Management, Theorien, Befunde, Fälle – Hilfen für die Praxis. Göttingen 2016
Tajmel, Tanja: Möglichkeiten der sprachlichen Sensibilisierung von Lehrkräften naturwissenschaftlicher Fächer. In: Charlotte Röhner/Britta Hövelbrinks (Hg.): Fachbezogene Sprachförderung in Deutsch als Zweitsprache: Theoretische Konzepte und empirische Befunde zum Erwerb bildungssprachlicher Kompetenzen. Weinheim/Basel 2013, S. 198–211
Textor, Annette: Einführung in die Inklusionspädagogik. Bad Heilbrunn 2015
Thiele, Hartmut: Trainingsprogramm Gesprächsführung im Unterricht. Kognitives Lehrtraining zum Selbststudium. Bad Heilbrunn 1983
Thürmann, Eike/Vollmer, Helmut Johannes: Schulsprache und Sprachsensibler Fachunterricht: Eine Checkliste mit Erläuterungen. In: Charlotte Röhner/Britta Hövelbrinks (Hg.): Fachbezogene Sprachförderung in Deutsch als

Zweitsprache: Theoretische Konzepte und empirische Befunde zum Erwerb bildungssprachlicher Kompetenzen. Weinheim/Basel 2013, S. 212–233

Todorov, Tzvetan: Die Eroberung Amerikas. Das Problem des Anderen. Frankfurt/M. 1985

Tschekan, Kerstin: Kompetenzorientiert unterrichten. Berlin 2011

Tucholsky, Kurt: Schloss Gripsholm. Berlin 1931

Türcke, Christoph: Lehrerdämmerung. Was die neue Lernkultur in den Schulen anrichtet. München 2016

Von der Groeben, Annemarie: Verschiedenheit nutzen. Besser lernen in heterogenen Gruppen. Berlin 2008

Von der Groeben, Annemarie/Kaiser, Ingrid: Werkstatt Individualisierung. Hamburg 2012

Vreugdenhil, Kees: Jenaplan-Schule: Bildungspolitische Perspektive für Europa. Hagen 1995; http://www.nelecom.de/pdf/drvreugdenhil_moderner_unterricht_in_jenaplanschulen.pdf (letzter Aufruf: 31.03.2017)

Walgenbach, Katharina: Heterogenität. Bedeutungsdimensionen eines Begriffs. In: Hans-Christoph Koller/Rita Casale/Norbert Ricken: Heterogenität. Zur Konjunktur eines pädagogischen Konzepts. Paderborn 2014, S. 19–44

Watzlawick, Paul/Beavin, Janet H./Jackson, Don D.: Menschliche Kommunikation – Formen, Störungen, Paradoxien. Bern 1969

Weinert, Franz E.: Konzepte der Kompetenz *(concept of competence: a conceptual clarification)*. Paris: OECD 1999

Weinert, Franz E.: Lehren und Lernen für die Zukunft – Ansprüche an das Lernen in der Schule. Vortrag, gehalten am 29.2.2000 im Pädagogischen Zentrum Rheinland-Pfalz in Bad Kreuznach

Weinert, Franz E.: Leistungsmessung in Schulen – Eine umstrittene Selbstverständlichkeit. In: Ders. (Hg.): Leistungsmessung in Schulen. Weinheim u. Basel 2001

Weizenbaum, Joseph: Die Macht der Computer und die Ohnmacht der Vernunft. Frankfurt/M. 1978

Wimmer, Michael: Vergessen wir nicht – den Anderen! In: Hans-Christoph Koller/Rita Casale/Norbert Ricken: Heterogenität. Zur Konjunktur eines pädagogischen Konzepts. Paderborn 2014, S. 219–240

Wittgenstein, Ludwig: Tractatus Logico-Philosophicus. London 1922

Wocken, Hans: Gemeinsame Lernsituationen. Eine Skizze zur Theorie des gemeinsamen Unterrichts, http://www.hans-wocken.de/Werk/werk23.pdf (zuletzt besucht am 03.04.2017)

Ziener, Gerhard: Bildungsstandards in der Praxis. Kompetenzorientiert unterrichten. Seelze 2008

Ziener, Gerhard: Pädagogisch-Theologisches Zentrum Stuttgart, Lust auf Lehren – Lust auf Lernen. Lehren und Lernen im Fokus der Kompetenzorientierung. Stuttgart 2014, https://www.schulportal-thueringen.de/c/document_library/get_file?uuid=4629b9a3-af7f-4460-93f6-ba06566b3539&groupId=10113 (letzter Aufruf 30.03.2017)

Zierer, Klaus: Feedback. Über Kompetenz und Haltung eines pädagogischen Erfolgfaktors. 2014, Vortrag im Landesinstitut für Lehrerbildung und Schulentwicklung, Hamburg. https://li.hamburg.de/contentblob/4406138/70d29a47559c255bd48af96ffb6e68d0/data/download-vortrag-zierer-feedback-2014-pp.pdf (letzter Aufruf 29.03.2017)

Zöllner, Herman/Kahn, Ulrike/Rindt, Ingeborg: Lernen für den Ganztag, Berlin Brandenburg, Modul 8: Individuelle Förderung – Chancen, Möglichkeiten, Anforderungen. 2008